陇上丝绸之路三千里

文本和故事

马东平 著

中国文史出版社

《政协委员文库》丛书
编辑委员会

马东平（2019 年）

目錄

辑一

陇上丝路

三千里丝路诉说的“甘肃故事”

德国地理学家李希霍芬于1877年为一条东起中国古都长安，西达地中海东海岸安都奥克，全长7100余公里的线路，取了一个极富诗意的名字——丝绸之路。丝绸之路在甘肃段全长1600多公里，占其全程总长度的1/5，由于丝绸之路的创造，甘肃成了东西方经济文化交流不可替代的桥梁。丝绸之路是人类文明交流与文化融合的杰出范例，千百年来，中华民族的文化血脉沿着丝绸之路这条东西贯通甘肃全境的文化线路而搏动，因为丝绸之路甘肃文化也具备了相当的开放性、包容性、多元性和世界性。

丝绸之路在时空中甘肃具有了不可替代和唯一性。西汉建元三年（前138年），汉武帝为反击匈奴，派张骞出使大月氏、大宛诸国，此次“凿空之旅”开辟了通往西域的道路，加强了汉朝与西域各国的联系，也为“丝绸之路”的开辟奠定了基础。元狩二年

（前 121 年），汉匈河西之战使得汉王朝正式拥有了通往西方的咽喉要地——河西走廊。汉廷随后在此设立酒泉、武威、张掖、敦煌四郡，丝绸之路得以全面贯通。汉宣帝时，又在乌垒城设西域都护府，统辖西域诸国，进一步保障了丝绸之路的畅通。

西汉时的丝绸之路走向大致为东起长安，向西穿越河西走廊，经由敦煌境内的阳关或玉门关后西行至楼兰，此后便分为两条支线：一条经鄯善，沿昆仑山北麓至莎车，西越葱岭到大月氏、安息等国，称为南路；另一条则沿天山南麓西行，越葱岭至大宛、康居等国，称为北路。到东汉明帝时，汉军攻取伊吾，汉廷又开辟了一条经此西行的新北道，三条主线基本齐备，丝路走向基本奠定。

东汉迁都洛阳，政治中心东移，丝绸之路也就向东延伸至洛阳。由于政治军事因素的干扰，丝绸之路交通先后三次阻断，后经班超、窦固等人的军事、外交努力，丝绸之路得以恢复畅通，史称“三绝三通”。魏晋南北朝时期，中原战乱频繁，但沿丝绸之路的东西政治、经济往来却未曾中断。隋朝将交通西域，发展丝路贸易定为国策。大业五年（609 年），隋炀帝委派黄门侍郎裴矩赴张掖招徕西域商人，主持与西域诸国交市，继而又亲巡张掖，会见西域二十七国使臣，举行“万国博览会”，使中西交往繁盛一时。唐朝是中国封建社会发展的鼎盛时期，对西部疆域的经营超出汉代，先后设立安西都护府和北庭都护府，对天山南北广大区域实行了有效统治，也为原有丝路的畅通和新开通从敦煌北玉门关经伊州、北庭、轮台、越伊犁河至碎叶而进入中亚的北新道提供了可靠保证。公元 7 世纪中叶，丝绸之路进入全盛期。敦煌、长安、洛阳等地商贾云集，呈现出了国际大都会的繁荣景象，促进了东西方文明融合和发展。

五代宋元时期，由于经济重心南移、水陆交通发展和海上丝绸之路的兴起及西北地区民族政权分裂割据等原因，丝绸之路日趋衰落。元代曾一度对中亚、西亚等广大地区实行直接统治，东西驿道畅通使得丝绸之路再度兴盛，但也只能作为历史古道上的回光返照而已。明朝实行闭关政策，以嘉峪关为界划关而治，中西交往主要依赖海路，陆上交通干线也改道哈密，原来意义上的丝绸之路再无繁华可言。清代，西北内陆准噶尔部落的崛起和航海技术突飞猛进，遂使得千年丝绸古道更加走向沉寂。

丝绸之路在甘肃境内大体可以分北线、南线和中线：（1）北线：由长安（东汉时由洛阳）、沿渭河至虢县（今宝鸡），过汧县（今陇县），越六盘山固原和海原，沿祖厉河，在靖远渡黄河至姑臧（今武威）。（2）南线：由长安（东汉时由洛阳）沿渭河过陇关、上邽（今天水）、狄道（今临洮）、枹罕（今河州），由永靖渡黄河，穿西宁，越大斗拔谷（今扁都口）至张掖。（3）中线：与南线在上邽分道，过陇山，至金城郡（今兰州），渡黄河，溯庄浪河，翻乌鞘岭至姑臧。南北中三线会合后，由张掖经酒泉、瓜州至敦煌。

丝绸之路的开辟为东西方物资和文化交流打开了大门，它是一条世界大道，不仅把亚洲的东部、中部和西部连接起来，而且把亚洲和欧洲以及非洲连接起来；它也是一条历史的大路，不仅把古代历史的不同时期连接起来，而且把古代历史和近代甚至现代历史连接起来。丝绸之路不仅把中原文化传向祖国西部，进而传向西方，并把西方的文化传到中国，从中国的西部传到东部。

甘肃地处青藏高原、蒙古高原、黄土高原交会地带，自古以来就有拱卫中原、护翼宁青、保疆援藏的战略地位和独特的文化通道区位优势，为中原联系西北乃至中西亚的咽喉和纽带，也是东西方文化交流的通道。例如，佛教从丝绸之路尤其是河西走廊走向中原，在东渐的过程中留下了星罗棋布的石窟艺术，而敦煌莫高窟把这种东西方文明交流和文化的交融推到了极致。著名国学大师季羡林先生曾经说过：“当今世界历史悠久、自成体系、影响深远的文明只有四个，就是古希腊、伊朗、印度与中国，再没有第五个；而这四大文明汇流的地方只有一处，就是中国的敦煌和新疆地区，再没有第二个。”诚如其言，敦煌为东西交通的喉襟和具有国际意义的文化汇流之地；祁连山雪水的哺育使河西走廊成为丝绸之路沿线最为繁荣的孔道之一，在中西交通史上发挥了巨大的作用。也正是交通发达使大量的人流、物流、信息流得以流通，促进了这一地区经济与文化的发展，使武威、张掖、酒泉、敦煌等一些荒漠绿洲城市相继在这里诞生；6 万余枚甘肃汉简直接或间接地书写着丝绸之路的历史文化，真实反映了汉朝开拓河西的进取精神和沟通西域的时代壮举，更值得一提的是，甘肃汉简对西域各国的详细记载，为研究古代中国与中亚、印度、罗马等地区的中外关系、商贸往来、友好交际提供了第一手资料；文明、文化的交流，首先是人的交流、民族的交流。从古至今甘肃尤其是丝绸之路是民族交融的大走廊，不同的民族在这条美丽的走廊中来来往往，进进出出，交流、交融的脚步从未停息。春秋战国时期，丝绸之路的核心段的河西地区生活着月氏、乌孙、羌戎、塞种、丁零等许多民族。秦汉之际，兴起于北方的强大游牧民族——匈奴，进入甘肃，控制了河西走廊。魏晋南北朝时期，兴起于北方的又一个游牧民族——鲜卑族，大批进入甘肃。唐代，兴起于西藏的吐蕃又大举进入今甘肃河西和中南部，从 8 世纪中叶到 9 世纪中叶，统治这一带近百年之久，也把藏传佛教及其文化带入了甘肃。随着蒙古人的几次西征，中亚地区大批信仰伊斯兰教的牧民、商人、手工业者被迁徙到今甘肃地区，还有许多蒙古族也在这里定居。他们和当地原有的各族民众相融合，在元、明两朝，形成了回族、东乡族、保安族、撒拉族等信仰伊斯兰教的新民族和信仰藏传佛教的土族、裕固族。各种民族用自己的历史在这块神奇的土地上划出了自己兴衰的轨迹，演绎了“中华民族多元一体，你中有我，我中有你”的生存、发展格局。古往今来的各个时期的民族在这块土地上共同创造了辉煌的华夏文明，这种相互交流而又相互交融的文化是华夏文明的渊源之一，也是华夏文明的独特璀璨的重要组成部分。

习主席在系统阐述丝绸之路经济带构想的时候指出，两千多年的交往历史证明，只要坚持团结互信、平等互利、包容互鉴、合作共赢，不同种族、不同信仰、不同文化背景的国家完全可以共享和平，共同发展。历史上甘肃丝绸之路的文化及其交流体现的就是和平、交流、理解、包容、合作、共赢的精神。所以，甘肃丝绸之路沟通的是东西方的贸易和文化，却体现了开放性、多元性、包容性和共赢性的精神，丝绸之路体现的精神和价值不论在地区和国家发展乃至国家交往都是放之四海而皆准的。

开放性是丝绸之路精神最显著的特征，唯有坚持开放，才能够做到“放眼看世界”，才有足够的自信“走出去”，也才会有强大的吸引力和招徕力。历史上，纵贯三千里的甘肃本身就是一条联系中华文明与欧亚文明的文化大通道。在广为人知的张骞通使西域之前，就已有周穆王西游拜见西王母的故事传说，随着丝绸之路的凿空及其畅通，汉唐时期更是以其恢宏的气度向世界展开胸怀，广泛荟萃各种文明，促进了自身文化的繁盛。因为开放，中西交往加强，各国使节往返频繁，胡商贩客络绎不绝，汉唐时期河西走廊的敦煌、武威等地也摇身变成了国际性的大都会，成了中西文化经济交流的咽喉重镇。因为开放，“马踏飞燕”的艺术珍宝与“天下称富庶者无如陇右”的经济盛象才得以成为历史留给当世的财富。

有了多元性，丝绸之路才延续了2000多年。绵延3000里的丝路里程，狭长的甘肃东向联结中原文化，西向沟通中亚、西亚乃至欧洲文明。一边是草原文明，另一边是高原文明。自古以来，甘肃独特的地理条件决定了它始终在军事、商贸及文化三个大通道之间不停地切换转变，演绎出了丰富多彩的丝路文化，塑造出了多元的甘肃文化品质。多元性是不同背景文化在丝绸之路甘肃段共同发展、和平相处形成的局面，是对丝绸之路精神的最佳诠释。

甘肃文化开放的特征，多元的形态，注定了其必然有广博的包容性。自古至今，甘肃都是多民族的杂居区，多种文化体系的交会地，多种宗教的生长带，多种风俗习惯的聚合点。包容不是同化，也不是消灭，而是你中有我，我中有你，共同发展，并存创新。甘肃文化在极长的历史演进中形成极强的包容性体现在各个方面。如甘肃省内佛教、道教、伊斯兰教、天主教、基督教等五大宗教齐全，“儒门释户道相通，三教从来一祖风”就是甘肃宗教文化包容性的一个缩影。又如饮食文化，自汉通西域后，苜蓿、葡萄、石榴、胡桃、胡萝卜、胡椒、胡饼等中亚、西亚大量新奇的物品都已成为今天习以为常的饮食品种。完全可以说，甘肃已然成为中原本土文化和西方外来文化的交流融汇示范区。

开放的姿态，包容的气度和多元的格局，确保了甘肃能够开辟出一条互利共赢之路。甘肃东接陕西，南控巴蜀，西倚新疆，北扼宁夏、内蒙古，为古丝绸之路的咽喉。如今，甘肃是联结欧亚大陆桥的战略通道，兰州是沟通西南西北的交通枢纽，在我国与亚欧各国能源、通信传输中，甘肃都具有明显的交通区位优势；矿产资源、石油、天然气资源、文化资源非常丰富，这些都是共建“丝绸之路经济带”不可或缺的力量。比如，由中国、哈萨克斯坦、吉尔吉斯斯坦三国联合申报的“丝绸之路”成功列入《世界遗产名录》，甘肃的麦积山石窟、炳灵寺石窟、锁阳城遗址、悬泉置遗址和玉门关遗址5处文化遗产成为世界文化遗产大家庭的新成员；甘肃与中亚、西亚悠久而友好的交往友谊，为新时期进一步向西开放，加强合作，实现共赢提供了良好基础。“五色交辉，相得益彰；八音合奏，终和且平。”作为古代丝绸之路上的一颗璀璨明珠，敦煌借重“一带一路”重振恢宏。2016年9月，首届丝绸之路（敦煌）国际文博会隆重召开，成为敦煌在新的历史起点上标志性的文化盛举。贯通历史与未来，续写千年之华章。这是全球瞩目的难忘时刻，传承“和平合作、开放包容、互学互鉴、互利共赢”的丝路精神，肩负“推动文化交流、共谋合作发展”的重大使命——世界的手，又一次紧紧相握！用好文博会这张“世界名片”，大力助推“一带一路”和华夏文明传承创新区建设，不断提升甘肃文化的知名度和影响力，也必将产生持久的辐射作用、带来深远的综合效应。抓住这一契机，努力打造“丝绸之路经济带”黄金段，并以文化提振、支撑、引领经济社会发展，加快全面小康建设、推进富民兴陇大业，甘肃一定会大有作为。

（原载于《人民政协报》2018年6月2日）

凉州记忆

河西走廊因地处大河（黄河）之西而得名，甘肃省武威地区所辖天祝藏族自治县的乌鞘岭西北坡是河西走廊的起点，河西走廊是历史上中国内陆通往西域、中亚、西亚乃至欧洲的必由之路。河西走廊上的第一颗明珠就是武威。武威简称“雍凉”“凉”“雍”。凉州、雍州、姑臧、休屠、屠各都是它的曾用名。自汉代开辟河西四郡起，武威就在中国西北边疆政治、军事、经济、文化中占有十分重要的地位。两千多年来，朝代更迭、群雄争夺，凉州几经盛衰。雍凉之都、天下要冲、河西都会、“五凉古都”、西夏陪都、梦幻凉州的标签中都可窥视出古凉州繁花似锦的过往。凉州还有一个未被世人皆知——“西藏纳入中国版图的历史见证地”的标签，1247 年初，蒙古汗国西凉王阔端与藏传佛教萨迦派大师萨迦班智达在凉州举行了会谈，同意西藏归顺蒙古汗国。“凉州会盟”之后，西藏也正式并入中国版图。所以，凉州不仅是西北战略要地，也是西北边陲经济开发重地，也是东西方文化交流、民族交汇融合的熔炉，更是国家建构和中华民族共同体逐步形成的实践地。

凉州的历史从这里开始

对凉州的历史概念和记忆可能大多数人是从汉武帝设置河西四郡开始的。汉武帝元狩二年（前 121 年）春，霍去病击败匈奴，河西走廊纳入西汉版图，后置武威、酒泉、张掖、敦煌四郡。后西汉政府通过徙民实边、组织屯田等开发包括凉州的河西四郡，从河西走廊进入汉朝政治管理体系后，河西走廊特别是扼守河西走廊的东大门——凉州就和中原王朝同呼吸共命运。但凉州的历史并非始于汉代，开端于河西四郡的设置，祁连山充沛的水源造就了河西丰美的牧场和农业条件，新时期文明在凉州星罗棋布，而且早在四千年前凉州就率先进入了青铜时代，是上古中国对外开放的前沿阵地，后来自四面八方的不同民族在这条美丽的走廊中来来往往，进进出出，交流、交融的脚步从未停息。

凉州至今尚未发现旧石器早期的遗址。新石器时代，凉州作为在石羊河水系的哺育下形成河西走廊东段最大的一片沃野绿洲，是适宜人类居住和地理环境比较优越的地区，就有人类定居，并开始了半农半牧的生产活动。据考古发掘，分布在凉州新石器时代的文化遗址，有沙井子、皇娘娘台、海藏寺、前营、王景寨、半截墩、乱墩子滩、小崖子疙瘩、头墩营、瓦罐滩、乱墩子等[1]。凉州的新石

① 甘肃省武威地区文教局、文化馆编：《武威地区文物概况》。

器文化主要有以下几种类型：

一、早期马家窑文化遗存

马家窑文化是新石器时代晚期的文化，因最早发现在甘肃临洮县马家窑而得名。考古资料表明，马家窑文化是河西走廊地区最早的古文化（前3100—前2700），主要分布在武威、酒泉地区，而且遗址点分布稀疏，仅在个别地点发现零星的遗物。① 河西史前遗址较早期者显示出的生业方式一般以农业为主，以马家窑文化为典型。马家窑文化的生业方式是以农业为主的，同时兼营饲养业。② 他们用石斧砍去荆棘丛生的灌木，用石刀翻开肥沃的黄土，种植粟和黍，还养猪和羊，谷物加工工具有了磨盘、石磨棒、石杵和石臼等。武威市博物馆就收藏有这类文物。

二、代表性的齐家文化遗存

齐家文化因1924年由考古学家安特生发现于甘肃省广河县齐家坪而得名，安特生发现齐家文化时，认为它是该地最早的新石器时代文化，他认为甘肃和河南的仰韶文化源自齐家文化。③ 齐家文化既是先前仰韶彩陶文化的尾声，又是原始青铜文化的始发，同时在农业上、建筑上有独特的发展。凉州皇娘娘台遗址是甘肃近40年前正式发掘的三大齐家文化遗址之一，凉州皇娘娘台遗址1957—1975年曾进行4次系统发掘，住址、窖穴和墓葬齐全，是齐家文化最重要

① 甘肃省文物考古研究所、北京大学考古文博学院：《河西走廊史前考古调查报告》，第413—414页。

② 谢端琚：《甘青地区史前考古》，文物出版社2002年版，第71页。

③ 王志军、闫宏伟：《齐家文化艺术》，《甘肃高师学报》2011年第2期。

的代表性遗址。皇娘娘台遗址在甘肃省武威市凉州区城西北 2.5 公里，“齐家文化”遗址，距今 4000 年左右。遗址东西长 500 米，南北宽 250 米，文化层厚度 0.62 米至 2.3 米，内涵丰富，曾发掘出房址 9 座，窖穴围绕房屋，有圆形、椭圆形和长方形 3 种。出土文物以陶器为最多，石器、骨角器、铜器、卜骨都有。凉州皇娘娘台遗址出土了 30 件铜器，有锥、刀、凿，是中国成批出土年代最早的铜器。皇娘娘台成批铜器的出土表明中国西北地区率先进入青铜时代。因此，皇娘娘台遗址不仅是甘肃最重要的齐家文化遗址，而且是全国青铜时代独特的代表性遗址。

三、含有彩陶的沙井文化遗存

凉州地区齐家文化是以农业为主的文化类型，也存在一些以牧业为主的文化类型，其聚落多分布在草原地带，例如沙井文化。河西沙井文化于 1924 年在河西民勤沙井柳湖墩发现而得名，遗址在今城西南 20 公里的沙漠腹地薛百乡境内。在这里发掘出石斧、带孔石刀、手制夹砂粗红陶、单耳或双耳罐、筒形杯、鬲等器物，还有青铜制的刀和三棱镞以及金耳环、绿松石和贝等装饰品。当地还发现了城郭，时代大体相当于中原地区的周代，约为前800—前 600 年。沙井文化主要分布在河西走廊东侧的天祝、古浪、武威、民勤和张掖等地，也属于古凉州的范围之内。从沙井文化出土的工具和动物骨骼看，当时这里的人们经济生活以农业为主，兼营畜牧业。它体现了武威古文化遗存内涵丰富，自古就是一个多民族聚集的地区。

沙井文化，应为月氏的遗存。[①]沙井文化内涵丰富，是甘肃年代最晚的含有彩陶的古文化，也是我国最晚的含有彩陶的古文化。它最后随着西去的驼铃声消失在沙漠戈壁之中。到此为止，甘肃彩陶文化便画上了句号。

遥远记忆中的势力更迭

综上所述，凉州的历史最早可上溯至新石器时代晚期的马家窑文化类型时期（距今约5000—4100年），之后，齐家文化、沙井文化等新石器文化和青铜文化在凉州都存在过。先秦和秦汉之际戎、羌、氐、乌孙、月氏等游牧民族先后在这里活动。这些民族在凉州的行政、军事建置状况，史料阙如。在这些民族中，月氏尤其是匈奴却一直留存在中原王朝的记忆中，不仅仅是月氏、匈奴在凉州留下了一些文化遗存，更重要的是西去的月氏和匈奴，对“丝绸之路”的开辟和中原王朝对河西走廊的挺进起了重大的作用和非凡的意义。

一、驻牧凉州的月氏

凉州在战国和秦代是月氏民族活动的地区，西汉初为匈奴所占据。月氏是河西的老住户。月氏（读作“越知”，yuè zhī），为公元前3世纪至公元1世纪中国西北一个民族名称，也可称作“月支”。大月氏，这个民族在《史记》《汉书》中没有专门立传。但《史记》的《乌孙传》《大宛传》《张骞传》等传中保存了月氏早期历史的一

---

① 杨富学:《河西考古学文化与月氏乌孙之关系》,《瓜州锁阳城遗址与丝绸之路历史文化研究》,第507页。

些资料。《史记》卷123《大宛列传》记载：“大月氏在大宛西可二三千里，居妫水北。其南则大夏，西则安息，北则康居。行国也，随畜移徙，与匈奴同俗。控弦者可一二十万。故时强，轻匈奴，及冒顿立，攻破月氏，至匈奴老上单于，杀月氏王，以其头为饮器。始月氏居敦煌、祁连间，及为匈奴所败，乃远去，过宛，西击大夏而臣之，遂都妫水北，为王庭。其余小众不能去者，保南山羌，号小月氏。”① 关于月氏在河西走廊的居地，各类辞书和研究都有简略记述：《史记·大宛列传》记载：开始月氏居住在敦煌，后来被匈奴所打败，就远去了。因此，月氏是甘肃河西走廊最古老的民族之一，凉州也曾是月氏驻牧地之一。沙井文化是月氏人在凉州乃至河西的文化遗存。

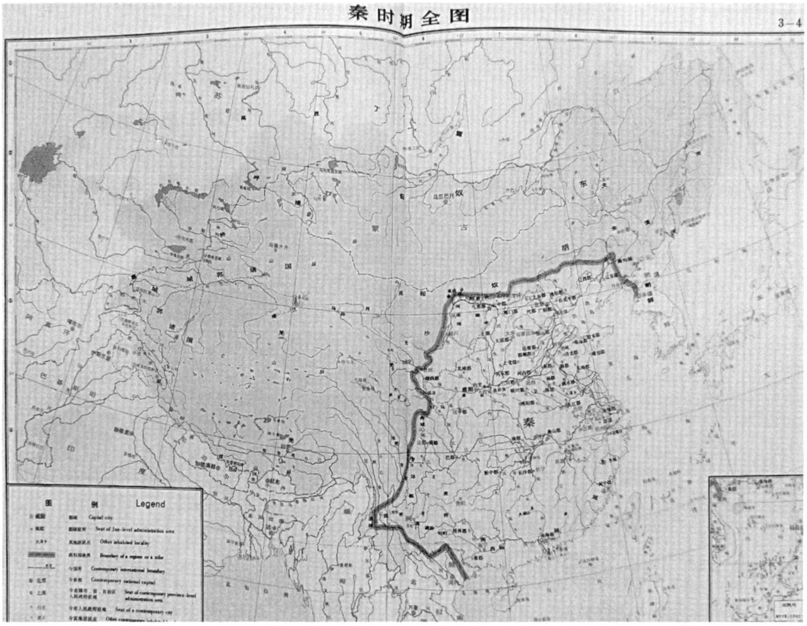

秦时期全国疆域

① 《史记》卷一二三《大宛列传》，中华书局1959年版，第3161—3162页，以下版本同。

公元前5世纪（战国时期），河西走廊东部的凉州至西部的敦煌一带，已成为月氏人的传统游牧地。长期在河西地区与当地世居民族的交融，使月氏人逐渐改变了单纯的游牧生活，开始过渡到了一种筑城定居与游牧相结合的生活方式。月氏人强盛起来后，打败了另一支也在河西走廊驻牧的乌孙人，统一了河西，修建昭武城，正式建立了月氏政权。河西走廊地处古代东西贸易的咽喉孔道，月氏政权及昭武城的建立，使月氏人得以在“丝绸之路”开辟前夕就占据了优越的地理位置，为其后来的进一步发展奠定了基础。

战国—秦汉时期的中国北方，自东向西分别为东胡、匈奴和月氏三大部族占据。公元前3世纪末（秦统一六国时期），经过长期发展的月氏，已经成为有“控弦十余万”的强大游牧部族，其在河西的统治也进入了全盛时期，对游牧于蒙古高原中部的匈奴构成了强大的威胁。月氏和匈奴经过一段此消彼长的经历，月氏开始衰落，被迫离开河西，向西退却。匈奴正式登上凉州乃至河西走廊的历史舞台。

二、匈奴对凉州的控制

匈奴国家的发展一直和中原华夏族的形势发展息息相关。战国末期在中国日趋统一形势的影响下，匈奴各部落也实现了联合，建立了统一政权，这是北方民族所建立的第一个国家。公元前310年左右，匈奴势力已发展起来，匈奴的活动对邻近的赵、秦构成很大的威胁。赵、秦两国都修筑了长城进行防御。秦灭亡后，国内大乱，为匈奴的崛起创造了机会。秦末汉初中国忙于内战，为匈奴的发展提供了空前良机。

匈奴挺进河西走廊，不能不提“乌孙”（乌孙这个民族和月氏一样，是居住在河西地区的古老民族），匈奴就是在中原力量相对薄弱，而月氏和乌孙之间存在斗争的格局下，使用策略将河西走廊的原住民——月氏不断驱赶到西方，而成为河西走廊的霸主的。匈奴占据河西地区后，按照匈奴管辖区域的规定，河西属于右贤王统治的地区。

河西走廊真正意义上的城堡建造始自匈奴。在河西走廊目前已知的匈奴城堡有四座，自东向西依次为休屠王城、盖臧城、祁连城和觻得城。其中休屠王城、盖臧城就在凉州境内。休屠王城即匈奴占据河西时休屠王的王城，位于今武威市四坝乡三岔村，石羊河位其东，北沙河在其北，两河在城址东北方向交汇。城池所在地水分充盈、土地肥沃，具有从事农业和畜牧业的良好条件。这里又处在河西走廊北出蒙古高原的南北交通要道，有着十分重要的军事地位。《晋书·地理志》记载："匈奴休屠浑邪王等居凉州之地。"据说，20 世纪 80 年代，还能见到较为完整的城墙和高大的角墩，后来被平整为耕地和学校，城址范围南北长 400 米、东西长 200 米，目前仅存几小段西墙基。1982 年曾在残垣中出土匈奴瓦当一块。

在汉武帝开辟河西四郡以前，武威有休屠和姑臧这两座城池，其中休屠城是当年匈奴休屠王的宫殿所在，而姑臧便是现在的武威城址，据说也是匈奴王城。因姑臧山为名，也被称为"盖臧"，有学者认为是匈奴语后讹为姑臧。"姑臧"这个城名的由来非常早，它最早见于《读史方舆纪要》卷六十三姑臧废县条载："姑臧城，秦月氏戎所据，匈奴谓之盖臧城，语讹为姑臧也。"① 东晋喻归《西河记》说："姑臧，匈奴盖臧城也。城不方有头尾两翅，名盖乌城。"②

---

① （清）顾祖禹：《读史方舆纪要》卷 63，中华书局 2005 年版，第 6 册，第 2991 页。

② 《晋书》卷 86《张骏传》，第 7 册，第 2231 页。

姑臧城初步建成后，便成为武威的政治经济中心。并一直出现在历代的史籍中。五代时其城依然方幅数里，这在河西是少见的，今姑臧城是明时所筑。《大慈恩寺三藏法师传》记载：“凉州为河西都会，襟带西番、葱右诸国，商旅往来，无有停绝。”这座周长十里、有数十万人口的古城，今虽只能找到一些残垣断壁，“唐之盛时，河西三十三州，凉州最大，土沃物繁而人富足”的辉煌却也令人神往。但有学者疑盖臧城原址位于今武威市西北 2 公里的金羊乡赵家磨村，详情待考。

休屠王城、盖臧城即为武威历史上最早的两个城市，它们距离汉朝统治地区很近，除政治军事用途外，其主要作用是为了发展商业，即用畜产品交换汉族先进的农牧工具及生活用品。

汉武帝挺进河西走廊

匈奴控制了凉州，乃至并由浑邪、休屠、卢胡等七八个王分占河西，这样河西便成了匈奴重要的生产基地和沟通西域、控制青海羌族的据点，在战略上对西汉王朝形成西、北两面包围逼近的态势，对京师长安构成严重威胁。汉武帝时，西汉王朝经济恢复，国力强大，为求边境安宁，谋划对匈奴实行军事打击。

一、汉匈之争初期的和亲

公元前 206 年刘邦率军攻占咸阳，秦朝灭亡。但接着楚汉相争，项羽、刘邦为争夺天下，又打了四年内战。至战争停止时，西汉到处是一片荒凉凋敝景象。而此时的匈奴在冒顿统治下，国势达到鼎盛时期，在其完成空前的扩张征伐后，频频侵掠汉边。匈奴骑兵所到之处，烧杀掳掠，劫夺财产，俘虏人口，并进而准备南下与汉朝决战。汉王朝岌岌可危。

刘邦在统一天下后，已开始策划应对匈奴的威胁。但匈汉力量对比中汉处于劣势，尚无力有效抵御匈奴，于是不得不改弦更张，“和亲政策”便应运而生。和亲政策成为汉初对匈奴的基本政策，实施长达四代之久。和亲是指两个不同民族或同一种族的两个不同政权的首领之间出于“为我所用”的目的所进行的联姻，尽管双方和亲的最初动机不全一致，但总的来看，都是为了避战言和，保持长久的和好。

西汉初期奉行和亲政策一直持续到汉武帝时期，在和亲之中，除了遣送公主外，还要年年奉送财物，后来岁奉增加了金帛、丝絮等贵重财物，直到武帝元光二年（前 133 年）为止。而和亲并没有彻底阻止匈奴对汉朝的入侵和劫掠，在和亲期间匈奴入侵大小约百次，至于扰边则岁岁时时不断。而汉最大的收获则在于赢得了时间，逐步增强了国力。所以，汉朝初年的和亲是因为国力不敌匈奴，为求得暂时的安宁，不得已而采取的对匈奴忍辱退让政策。

二、汉朝“卧薪尝胆”后的反击

汉朝面对积贫积弱的现实，对外实现“和亲”政策，对内则使用与民休养生息的国策。汉匈之间关系的逆转是从汉武帝开始的，汉武帝毕生精力也主要用在了和匈奴斗争上。他即位（前 140 年）时期，汉王朝经过初期的休养生息，国力已得到很大的恢复和发展，而此时，匈奴经历冒顿、老上、军臣三代鼎盛时期开始衰弱，内部出现不稳的征兆。面对匈奴的威胁，汉武帝决心凭借实力给匈奴以沉重打击。

元光二年（前 133 年），汉武帝便改变和亲政策，对匈奴统治集团采取了大规模的军事进攻。自元光二年，汉对匈奴战争开始后，其中大规模战役主要有三次。一是元朔二年（前 127 年）的河南战役；二是元狩二年（前 121 年）的河西战役；三是元狩四年（前 119 年）的漠北战役。其中河西战役对西汉王朝来说，是件了不起的大事。通过河西战争，汉朝打通了河西，贯通了西域。从此，匈奴退出了河西，河西走廊正式归入了西汉王朝的版图。

三、设置郡县，徙民屯田

凉州乃至河西地区入西汉版图后，汉武帝为了继续加强与西域的交通，隔断匈奴与羌人的联系，完成“断匈奴右臂”的战略目标，便在河西地区推行一系列政治、经济措施。

西汉取得河西后，中原的力量第一次扩展到河西，汉武帝在这里设置了著名的河西四郡。《汉书・武帝纪》记载说：元狩二年（前 121 年）昆邪王降，以其地为武威、酒泉郡；元鼎六年（前 111 年），分置张掖、敦煌郡。这就是人们常说的河西四郡。其中武威郡就成为河西走廊的东大门。为了配合军事防守，保证河西走廊的畅通，西汉还在河西设立了许多关塞亭障，以保障西北边地开发的顺利进行。

在匈奴占领期间河西地区地旷人稀。匈奴休屠王和昆邪王在河西地区游牧时，其所部只有五万多人。西汉王朝虽然占领了河西，并未完成“断匈奴右臂”的政治目的。为此，就必须从经济上大力开发河西，使河西地区由游牧区迅速变为新兴的农业区。这样才能加强汉朝与西域各国在政治与经济上的联系，才能完成汉朝联合西域各国共同抗击匈奴提供坚实的基地。但是在经历了多年的战乱后，初期的河西可以说是千疮百孔，随着“河西四郡”的设置，为了及时填补人口，补充劳动力，西汉政府首先便开始采取了“稍发徙民充实之”[①] 的措施。要开发河西，就必须从内地向地旷人稀的河西地区大量徙民、为农业开发提供充足的劳动力。据《汉书·地理志》的记载，河西四郡中武威郡的户口数和人口数如下：17581 户，76726 人。

河西四郡的设置和对河西的开发，促进了河西走廊经济文化的发展。西汉政府设置河西四郡后，这片古老的游牧区迅速变为新兴农业区，河西地区农业生产的发展，促成了走廊城市的发展、商业繁荣、文化发达。

四、陆路枢纽，交流肇始

张骞凿空丝路之后，汉武帝雄心壮志，通过河西战争，打通河西，使中原和西域乃至西方贯通。作为河西四郡之一的武威郡，地处河西走廊东端，是进出河西走廊的东大门和丝绸之路上最主要的连接西域与中原的陆路枢纽地带，也是西域与中原地区经济文化交流的中心。自西域而来经商的、传教的，都会在武威停下来歇一歇脚，若是有机会，便会直接把货物带到集市上交易。

自丝绸之路开通后，大宛马、苜蓿、葡萄、核桃、胡豆等经河西走廊传入中原，还有西域的音乐、乐器、舞蹈，为当时的中原注入了新鲜的精神食粮，也对后来的精神生活产生了深远的影响。相对地，中原精美的漆器、铜器、丝织品、纺织品以及冶铸、农业等先进技术以及先进的思想文化，也一路向西传播。在这条国际大通

① 《汉书》卷 96 上《西域传》，第 12 册，第 3873 页。

道中，武威始终是一个重要的驿站。这通都大邑（通长安）的作用，一直延续到后世。

“五凉”[①] 古都的繁华

东汉末年，由于中原王朝国势不振和政治中心的东移，中央政府对河西的管控和经营都大不如前，对其态度也从汉武帝时期的积极进攻转为了被动防御。终东汉之世，河西地区社会动乱，经济凋敝，这一情况一直到曹魏时才有所改观。西晋在统一全国后不久，就出现了“五胡乱华”等动乱的局面，中原地区动荡不安。这时的河西因其良好的地理位置偏安一隅，先后建立了几个割据政权，人口和经济都有所恢复和发展，而武威更因成为“五凉”中四凉的都城（前凉、后凉、南凉、北凉），在各方面都有了长足的发展。

一、偏于一隅的发展

五凉时期，尽管河西本地各政权之间也时常发生战争，但相比中原，河西走廊仍是一个相对安定的地区。正如陈寅恪先生所论：“盖张轨领凉州之后，河西秩序安定，经济丰饶，既为中州人士避难之地，复是流民移徙之区，百余年间纷争扰攘固所不免，但较之河

---

① 五凉，是十六国时期先后建立于河西的五个割据政权。汉人张轨据姑臧（今甘肃武威），为前凉（301—376），立国76年；氐人吕光据姑臧（今甘肃武威），为后凉（386—403），立国18年；河西鲜卑秃发乌孤据廉川（今青海乐都东），先后迁都乐都、西平、姑臧，为南凉（397—414），立国18年；匈奴沮渠蒙逊据张掖，后徙都姑臧，为北凉（397—439），立国43年；汉人李暠据敦煌，都酒泉，为西凉（400—421），立国22年。五凉从张轨治凉起（301年）至北凉并于北魏止（439年），历时139年，大略与十六国时期相始终。

北、山东屡经大乱者，略胜一筹。”[1]加之五凉政权的统治者大多注重安定民生，发展经济，使河西社会经济逐步恢复和发展起来。当时长安有民谣称“秦川中，血没腕，惟有凉州倚柱观”。[2]这种明显的反差反映了当时河西局势的相对稳定。

河西地多人少，有良好的自然条件和地理优势。中原移民的大量涌入，带来了先进的农业生产技术，这种土地和劳动者的结合，使河西再度出现开发高潮。针对凉州“河右少雨，常苦乏谷”的状况，当时当政者就大兴农事，“上修武威、酒泉盐池以收虏谷，又广开水田，募贫民佃之”[3]，出现了“家家丰足，仓库盈溢”[4] 的景象。据《十六国春秋·前凉录》记载，张轨出任凉州刺史后便下令“课农桑”，[5] 依靠行政、法律效力，驱民归农，将农业生产与家庭手工业相结合，实现粮食、布帛的自给。[6] 前凉的统治者都十分重视发展生产，采取了一系列发展经济的措施。史载张骏“亲耕籍田……开渠灌田，百姓蒙利而安”。[7]《晋书·张天锡传》记载：“会稽王道子曾问西土所出，天锡应声曰：桑葚甜甘，鸱鸮革响，乳酪养性，人无妒心。”[8] 说明当时桑蚕业是较为发达的。河西桑蚕业的发展在以下相关出土墓葬中的墓砖画可以看出。

五凉割据霸主普遍重视农业，如西凉国主李暠迁都酒泉后，“敦劝稼穑”，南凉秃发乌孤时期“务农业”。大量移民对土地的需求和

---

① 陈寅恪:《隋唐制度渊源略论稿》,生活·读书·新知三联书店 1954 年版。
② 房玄龄等:《晋书》,中华书局 1974 年版。
③ 《凉州府志备考·职官卷二》,第 154 页。
④ 《三国志》卷 27《魏书·徐邈传》,第 3 册,第 740 页。
⑤ 《凉州府志备考·职官卷三》,第 166 页。
⑥ 《河西通史》,第 161 页。
⑦ 《晋书》卷 86《张骏传》,第 7 册,第 2234 页。
⑧ 《晋书》卷 86《张天锡传》,第 7 册,第 2252 页。

河西走廊出土的墓室砖画《采桑图》

开发，加上各割据霸主推波助澜，实行“劝课农桑”的治国方略，五凉时期，河西地区经济有了较高的发展水平。

二、民族间的交流交融

凉州的历史，是一部多民族融合的历史。五凉时期，东晋政权虽然存在，但鲜卑、匈奴等民族拥兵割据，先后建立了地方割据政权，前后延续140多年。这一时期，各少数民族政权鼎立，战乱不断，但政治、军事、外交、经济、文化交流频繁，民族融合的步伐大大加快。

五凉各国都为多民族的融合作出了贡献。五凉之中，除前凉张氏、西凉李氏外，后凉、南凉、北凉分别为氐、鲜卑和匈奴族建立。前凉之初，凉州及河西刚刚经受了长达百余年的羌人暴乱、匈奴侵扰和鲜卑起义等剧烈动荡，张轨及其子孙，从政治、经济、文化方面多管齐下，修文偃武，励精图治，经济繁荣，社会稳定，使前凉盛极一时。张骏时，命沙州刺史杨宣率兵西征龟兹、鄯善，降服西域；遣大将谢艾等征服于阗、焉耆。此时，西域诸国俱遣使“诣姑臧奉贡”。这些举措大大促进了前凉与西域民族的相互融合。

前凉灭亡后，氐族政权前秦占有河西近 10 年，曾将大量的前凉宗臣庶民迁往长安、关中一带，使汉、氐长期杂居。前秦派大将吕光（氐族）西征龟兹、焉耆等西域诸国，不仅促成了河西民族与西域民族的融合，而且自己建立了后凉政权。南凉秃发氏（鲜卑族）与周边各国灵活相处，和西凉、臣后秦、战北凉，在与各民族的交往中大大加速了自己部落汉化的进程。五凉时期凉州一带的民族成分已十分复杂。如：氐族，汉初就散布于河西各地与汉族杂居。羌族在前凉时已有许多定居凉州，前凉曾征集“氐羌之众”作战，匈奴更是凉州的老住户。除了这些曾建立过政权的民族外，五凉时还有其他一些少数民族也在凉州定居，主要有西域胡人、突厥、吐谷浑等。实际上，当时大量涌入凉州的中原流民也并非都是汉族。

五凉时期的民族融合，还表现在各民族在政权建设上的兼容性。五凉时期的少数民族政权，都程度不同地受到中原文化浸润。氐人吕光建立的后凉政权，在其中央机构和军事部门，来自不同地区、不同民族的人士身居要职，而且以河西士人为多；秃发氏建立的南凉政权，仿汉制，置郡县，建立起以鲜卑秃发氏为核心、河西世族汉人为骨干的统治集团；匈奴沮渠氏建立的北凉政权，广揽人才，选贤任能，大量起用汉族文武贤才为其谋政。五凉时的这些民族由于汉化程度较高，极大地促进了河西经济、文化的繁荣。至于汉人建立的前凉、西凉政权，在政权稳固后，也充分吸纳这些游牧民族的长处，牧耕并重，和睦相处。五凉之后的北魏政权巩固并发展了这一成果，推进了民族融合的历史进程。

三、文化骨骼绵延而续

东晋十六国时期的中原由于十六国战乱，儒家学者或者囿于家族，或者避地他所。而身处河西的贤良文学，名儒世家在当时的十六国中可谓是首屈一指的，他们或是在河西政权中官居重要职位，或为政府所保护，著书立说，广施文教，让贫瘠土壤上的文化骨骼绵延而续。

河西走廊出土的墓室砖画

随着大批中原流民的西迁，中原文化也随之西传。在流民中不乏名门望族，这些中原大族或寓居或扎根，在河西生活几十年，带来了优秀的家学传统，带来了众多的中原文化典籍，也带来了对历史与现实的深刻思辨，影响了包括自家子弟在内的几代人。同时，河西著姓大族崛起，一时名流云集，教育发达，在相对安定的社会环境和统治者的重视下，授徒求学之风浓厚，培养了一大批有用人才，在北中国赢得了“多士”的美称。这时，河西学者向江南奉献了许多中原图书和文化典籍以及本土学者的著述，有不少是河西珍藏的孤本，加上大量的佛经译本问世，使河西成为保存、继承、创造、奉献文化最多的地域文化中心。北中国统一之后，一大批河西人士来到平城（北魏首都，今山西大同市），经过一段时间的沉默后，历史终于提供了机遇，迎来了孝文帝改革，迎来了五凉文化的总爆发，迎来了历史对五凉文化的一次检阅。这时，河西人士成为北魏思想文化和孝文帝改革的中坚，对中原文化的复兴起了重要作用，“承前启后，继绝扶衰，五百年延绵一脉”，成为以后隋唐制度的一个源头。

四、丝绸之路贸易的中转站和终点站

长期以来有一种观点，认为丝路通的时候少，断的时候多，即“断多通少”。其实这是一种以中原政权为中心的观点，中原政权不控制河西走廊了，便从自己的角度出发认为丝绸之路断了。

在有些人看来，公元 8 年，王莽篡汉，西域沦为匈奴控制，丝路断；东汉西域重归，丝路通。汉末，中原纷争，直到魏晋南北朝，西域再一次远离中央王朝的控制，丝路又断了。其实不是这样，在魏晋南北朝时期，西域是远离战乱之中原的乐土，而且西域人与中亚、波斯的交流并未中断，魏晋时期，更多的西域商人进入河西走廊，有时因交通阻隔，道路不宁，去长安洛阳不成，便将所携带的商品运至姑臧（凉州）就地出售，姑臧（凉州）就成了贸易的终点。有的长期留居武威，甚至安家落户。英国探险家斯坦因 20 世纪初曾在敦煌烽火台遗址中发现一件纸质文书，叙述很多中亚商人去长安未果而在凉州等地做买卖进行商业活动。[①]此文书是用粟特文写的，由西晋末一个大商团从姑臧发出的。这封信中提到，这位老爷家的两个仆人安玛塔和安萨其当时分别在酒泉和姑臧停留，他们已经在当地生活了三年；另外写信者提到，他还派了一人跟随着一个商队从姑臧启程去了洛阳。从这可以看出，西晋初年有大批的粟特商人来到河西地区，并以姑臧为主要基地，在河西与内地之间辗转商业贸易。

当时的粟特商人往往也兼有使臣身份，不仅在来到中国时以使臣身份进行贸易活动，而且当他们在内地定居之后，还继续扮演着原来的角色[②]。例如前凉张天锡时期的中卫将军史景，[③] 出自建康史氏，应该就担任着这个角色。

总之，理解丝路，最好将以中国为主的视角转换为以世界为中心的视角；也要将以中原为主的视角转换为以中华民族为主体的多民族的视角。这样丝路就会向你披露出许多你未曾了解的秘密。[④]

五、东西文化的交融之花——西凉乐舞

西凉乐舞是凉州当地音乐、中原汉族音乐与龟兹、印度音乐融合交流而成的一种丰富多彩、美妙动人的恢宏乐舞。西凉乐舞形成于五凉时期的凉州。对此，我国现代最负盛名的历史学家、古典文学研究家、语言学家陈寅恪先生曾有研究，他说：“唐之胡乐多因于

① 原图版藏于英国图书馆。中文译文参王冀青《斯坦因所获粟特文〈二号信札〉译注》，《西北史地》1986 年第 1 期，第 66—72 页。

② 吴玉贵：《凉州粟特胡人安氏家族研究》，《唐研究》第 3 卷，北京大学出版社 1997 年版，第 304 页。

③ 《晋书》卷 86《张轨传》，第 7 册，第 2252 页。

④ 单之蔷：《丝绸之路上的驼队真的从长安一直走到了罗马?》，http://www.uus8.org。

隋，隋又多传自北齐，而北齐实承北魏。当然北魏胡乐又是由凉州及河西传入的。追本溯源，北魏至唐数百年间宫廷乐舞的源流，均与凉州和河西地区息息相通。”

汉代以后，中原地区的旧曲雅乐流传至河西地区，五凉时随着大量的中原流民涌入凉州，太常乐工多避地河西，中原的音乐、舞蹈也随之传入，并逐步流传。在凉州与西域日益频繁的经济文化交往中，“胡声”的加入成为一种趋势，并形成了独具特色的凉州乐舞。西域乐舞传入河西，最早的记载是在前凉张重华时。《隋书·音乐志》：“《天竺》者，起自张重华据有凉州……歌曲有《沙石疆》；舞曲有《天曲》；乐器有凤首箜篌、五弦、琵琶、笛、铜鼓、毛员鼓、都昙鼓、铜钹、贝等九种，为一部；工十二人。”由此可见，前凉张重华时，天竺（印度）乐舞传入凉州，并随之传来了乐器 9 种和乐工 12 人。敦煌石窟中第 220 窟的乐舞壁画表现的就是演奏《西凉乐》的场面。演出人员共 28 人，乐师们的肤色有所不同，其演出的场面规模甚大，乐队组织，乐器种类，乐工人数及演出形式，都和史书记载中《西凉乐》演出时的“工 17 人，歌 2 人”大致吻合。

敦煌壁画中的乐舞

凉州乐舞的真正形成是在后凉。吕光于公元 384 年远征西域时，被龟兹瑰丽的文化艺术所倾倒。在班师东归时，用 2 万只骆驼运送珍宝和乐舞艺人。到姑臧后，他将带来的乐人舞伎和各种乐器编成一支庞大的乐舞队，又将大量的龟兹乐曲加以改编，与河西地区的中原乐舞融合，形成了自己的特色。后凉乐舞集曲调欢快、舞姿矫健的西域风格和轻盈柔婉、婀娜多姿的中原特色于一身，融入大量的龟兹乐舞成分，使手、眼、步、身变化无穷，形成了舞蹈语言相当丰富的独特艺术风格。后来，人们把五凉时期形成的乐舞通称为凉州乐舞或西凉乐舞。通过凉州及河西一带大量出土的墓葬壁画、石窟壁画、画像砖、随葬品等文物，今天我们仍能领略到凉州乐舞的动人风采，一睹箜篌、琵琶、洞箫、长笛、排箫、羯鼓等多种西域乐器的形状及其演奏方式和曲调。

六、佛教东渐

《史记》记载佛教在西汉末年东汉初年时，便经由西域传入内地，使得河西地区成为中国最早受到佛教影响的地区之一，然而直到西晋末年与十六国时期，佛教才在这一地区流行发展壮大起来。十六国时期战争频繁，社会动荡，为了祈求安定和美好的生活，早日脱离苦海，人们纷纷求助于佛教，同时，一些社会上层人士也看出了佛教对于巩固自身统治所起的作用，便大力扶植佛教，这也对河西地区佛教的发展起到了举足轻重的作用。“凉州自张轨后，世信佛教，敦煌地接西域，道俗交得。其旧式村坞相属，多有塔寺。”①

后凉吕光在出征西域时，带回了著名僧人鸠摩罗什。鸠摩罗什

---

① 《魏书》卷 114《释老志》，中华书局 1974 年版，第 3032 页。

在凉州一停就是 17 年，在此期间翻译了大量经书，为河西以及后来中原的佛教发展作出了巨大的贡献。后来鸠摩罗什迁往长安，在圆寂后武威修建了罗什寺宝塔来供奉鸠摩罗什的舌舍利。作为研究五凉文化的宝贵遗存，罗什寺被古人称为“由来僧宝摇篮地”，并不断被修缮、扩建，至今仍接受着人们的供奉。

南凉国主秃发傉檀，本不信佛教，后受沙门释昙霍高明法术影响开始信奉佛教。北凉的蒙逊对佛教的东传也起到了积极的作用。史称“蒙逊素奉大法，志在弘通”。蒙逊十分信奉佛教，曾厚待昙无谶、法众等僧人，请他们在凉州翻译佛经。北凉玄始十年左右，昙无谶、法众等译经者在北凉政府的支持下，陆续翻译出包括《大般涅槃经》36 卷、《菩萨地持经》8 卷、《悲华经》10 卷等 11 部经书。这些经书日后都在全国各地广为流传，为中国佛教史作出了重要贡献。

石窟寺的大量出现是十六国时期河西地区佛学兴盛的又一重要标志。河西地区现存的石窟寺之多，在全国都十分罕见。这些石窟寺许多始建于十六国时期，其中尤以著名的莫高窟为代表，就是在十六国时期开凿的。凉州长期成为河西地区的政治和文化中心，其地佛法源远流长，“凉州在晋末为禅法最盛之地”。[①] 河西石窟是中国最大的石窟群之一。在南北朝时期，我国著名的四大佛教石窟均已开凿，并且山西大同云冈石窟还是由凉州僧人昙曜主持修造的。

① 汤用彤:《汉魏两晋南北朝佛教史》,北京大学出版社 1997 年版,第 558 页。

丝绸之路在凉州的印记

凉州也是丝绸之路自东而西进入河西走廊的第一城，南靠祁连山，东北抵腾格里沙漠，西邻肃南裕固族自治县，为“通一线于广漠，控五都之咽喉”的要塞之地。

一、凿通走廊开辟了通往西域的道路

河西走廊在丝绸之路的时空中具有不可替代性和唯一性。西汉建元三年（前138年），汉武帝为反击匈奴，派张骞出使大月氏、大宛等西域诸国，此次“凿空之旅”开辟了通往西域的道路，加强了汉朝与西域各国的联系，也为“丝绸之路”的开辟奠定了基础。元狩二年（前121年），汉匈河西之战使得汉王朝正式拥有了通往西方的咽喉要地——河西走廊。汉廷随后在此设立酒泉、武威、张掖、敦煌四郡，丝绸之路得以全面贯通。汉宣帝时，又在乌垒城设西域都护府，统辖西域诸国，进一步保障了丝绸之路的畅通。

丝绸之路在甘肃境内大体可以分北线、南线和中线：（1）北线：由长安（东汉时由洛阳）、沿渭河至虢县（今宝鸡），过汧县（今陇县），越六盘山固原和海原，沿祖厉河，在靖远渡黄河至姑臧（今武威）。（2）南线：由长安（东汉时由洛阳）沿渭河过陇关、上邽（今天水）、狄道（今临洮）、枹罕（今河州），由永靖渡黄河，穿西宁，越大斗拔谷（今扁都口）至张掖。（3）中线：与南线在上邽分道，过陇山，至金城郡（今兰州），渡黄河，溯庄浪河，翻乌鞘岭至姑臧（凉州，今武威）。南北中三线会合后，由

张掖经酒泉、瓜州至敦煌。河西走廊是丝绸之路的必经之地，凉州是河西走廊的前哨。

东汉迁都洛阳，政治中心东移，丝绸之路也就向东延伸至洛阳。由于政治军事等因素的干扰，丝绸之路交通先后三次阻断，后经班超、窦固等人的军事、外交努力，丝绸之路得以恢复畅通，史称“三绝三通”。魏晋南北朝时期，中原战乱频繁，但沿丝绸之路的东西政治、经济往来却未曾中断。

二、经略凉州是为了更好地畅通丝路

凉州东拒黄河险津，西有张掖、酒泉为后盾，也处于河西经济发达地区的中心，所以在中原分裂时偏居河陇的割据政权势力都把国都定于凉州。隋大业三年（607 年），武威郡鹰扬府司马李轨自称“天子”，有过短暂的割据政权，不久，被唐击败。唐朝统治者李渊鉴于凉州所处位置的重要，特别任命了善征战的秦王李世民为凉州总管。有唐一代，凉州城不仅是州（郡）、县治，而且成为都督府和河西节度使治所。因凉州是当时仅次于长安的大都会，河西走廊尤其是凉州的得失，对唐都长安有着极大的影响，所以，唐代，河西节度使是当时所建立的 10 个节度使和经略使中最大的一个。唐代河西节度使的职责是隔断吐蕃与突厥的交通，守护河西走廊。因此，唐从建国起到以后 100 多年中，与西北边境的少数民族发生过不少战争，多数是围绕着凉州或是以凉州为基地进行的。凉州对唐朝经略大西北，通商外国具有重要的战略地位，故一直把一些著名的文臣武将任命为凉州的军事行政长官。诸如杨济仁、崔希逸、王忠嗣、哥舒翰等，都曾在凉州担任过都督、节度使等职务，不少都建树过卓著政绩和显赫功绩。

据严耕望先生在《中国历史地理》唐代篇云："凉州西控西域，北控回纥，南控吐蕃，为自陇以西之军政重镇。而其时安西入西域道之交通又极发达，凉处要冲，复为回鹘、吐蕃贸易之所，故形成一大商业中心。元宵之夜，灯树万帖，赛于长安，其盛可知，度其繁盛，恐仅次于荆、扬而在幽、广之上。"[①] 由此可知凉州在维系关中本位这一国家安全战略中的重要性 。

三、盛世丝路，繁盛一时

隋朝将交通西域，发展丝路贸易定为国策。大业五年（609年），隋炀帝委派黄门侍郎裴矩赴张掖招徕西域商人，主持与西域诸国交市，继而又亲巡张掖，会见西域二十七国使臣，举行"万国博览会"，使中西交往繁盛一时。

唐朝是中国封建社会发展的鼎盛时期，对西部疆域的经营超出汉代，先后设立安西都护府和北庭都护府，对天山南北广大区域实行了有效统治，也为原有丝路的畅通和新开通从敦煌北玉门关经伊州、北庭、轮台、越伊犁河至碎叶而进入中亚的北新道提供可靠保证。公元7世纪中叶，丝绸之路进入全盛期。凉州敦煌等河西走廊的城郭商贾云集，呈现一片繁荣景象。

《大慈恩寺三藏法师传》卷第二记载，玄奘西行时"遇凉州人送官马归，又随去至彼。停月余日……凉州为河西都会，襟带西番、葱右诸国，商旅往来，无有停绝。时开讲日，盛有其人"。有这样多的外商住凉州，可见丝路上客舍之多。天宝十三年岑参赴北庭途经武威时作《凉州馆中与诸判官夜集》，记载了当时丝路大都会凉州客

① 石璋如：《中国历史地理（下）》，中国文化大学出版部1984年版，第423页。

焉支山下的万国博览会

舍中旅客们的生活："弯弯月出挂城头，城头月出照凉州。凉州七里十万家，胡人半解弹琵琶。琵琶一曲肠堪断，风萧萧兮夜漫漫。河西幕中多故人，故人别来三五春。花门楼前见秋草，岂能贫贱相看老。一生大笑能几回，斗酒相逢须醉倒。"从岑参的诗句"七里十万家、多故人"等可以看出当时的凉州是何等的繁华。

丝绸之路的开辟为东西方物资和文化交流打开了大门，它是一条世界大道，不仅把亚洲的东部、中部和西部连接起来，而且把亚洲和欧洲以及非洲连接起来；它也是一条历史的大路，不仅把古代历史的不同时期连接起来，而且把古代历史和近代甚至现代历史连接起来。丝绸之路不仅把中原文化传向祖国西部，进而传向西方，也把西方的文化传到中国，从中国的西部传到东部。在这条联系和沟通历史和文化之路中，河西走廊无疑无法被替代，河西走廊中的凉州也因为丝绸之路而永存史册。

西夏政权对凉州的争夺与经营

公元 1804 年（即嘉庆九年）的一天，凉州知名学者张澍[①]在家乡武威（凉州）城内北隅的清应寺中，发掘了砖砌封闭达数百年之久的西夏文《重修凉州护国寺感应塔碑》，并撰文介绍，确认其碑阳文字为史籍记载的，由西夏大臣野仁荣或西夏皇帝元昊所造的“夏国字”。此碑的发现无疑是当时金石学上的一大贡献，的确是为“金石家又增一种奇书”。尽管张澍并不认识西夏文字，以后也没有去考释这种文字，但仅就此碑的发现与介绍，在这种意义上说，张澍堪称考定西夏文字的第一人。同时人们拂去凉州护国寺感应塔碑历史的尘埃，感受到了宋、辽、吐蕃、回鹘等民族政权在河西走廊角逐之时，西夏也曾是凉州的重要存在。

北宋时期的凉州是河西走廊东端的门户，不仅是中国西北边疆的军事要塞，同时也是东西方文化和物资交流的重要驿站和商埠，商业贸易繁荣发达。凉州中部是河西走廊东段最大的一片沃野绿洲，不仅是西部较好的生存场地，也是历代中原王朝屯田畜牧的重要场所，地理位置和自然条件极其优越。五代宋初，党项族为主体的西夏政权在西北崛起，各方面条件优渥的凉州自然引起了游牧民族党项的注意。早在 881 年，党项羌人的大首领拓跋思恭即割据夏、绥、银、宥四州，因为出兵助唐镇压黄巢为首的农民大起义而有功，被唐僖宗赐姓李氏，升任为夏州节度使，封夏国公。至 10 世纪末期，西夏统治者李继迁坚决抵制宋朝实施的削除藩镇、加强中央集权专

① 张澍（1776—1847），清代著名文献学家、学术大师，字百瀹，又字寿谷、时霖等，号介侯、鸠民、介白，凉州武威县（今武威市凉州区）人。

制主义的政策，独立自主，公开与宋朝为敌，形成了地方割据政权。为了进一步扩充西夏国力，西夏早在李继迁时代就确立了“西掠吐蕃健马，北收回鹘锐兵，然后长驱南牧”[①] 的战略方针，开始了对凉州的争夺。历经西夏霸主李继迁和儿子德明、孙子元昊三朝50余年的奋斗，经无数次与吐蕃、回鹘的交锋，凉州几经易手，1032年，李元昊击败回鹘，才最后夺取凉州，河西走廊的瓜、沙、肃等州失去屏蔽。1036年秋月，元昊攻回鹘，夺取瓜、沙、肃三州，全部占有河西走廊，西夏统一河西后，确立了与宋、辽三足鼎立的局面。

西夏夺取凉州和其他河西地区，也意味着西夏控制了陆上丝绸之路的主要通道，东西方之间贸易往来的利益大量收归西夏所有，从而使西夏的经济得到了长足的发展，政治和军事实力因此大为增强，出现了元昊至乾顺的全盛时期。

1038年，元昊称帝建国，同年十一月便“自诣西凉府祀神”[②]，西夏统治者开始对凉州进行系统管理，在政权机构上，设立了地位仅次于首都的西凉府，府下又设县、乡、社、卡等各级行政部门。

从1032年元昊夺取凉州到1226年蒙古攻占西凉府，西夏控制凉州长达190多年，几与西夏历史相始终。西夏对凉州的经营，在凉州历史上产生了积极的社会影响，有极为重要的历史意义。

西夏对凉州的经营，进一步奠定了凉州作为西北政治中心的地位，也使独具特色的西夏文化成为历史的必然。凉州自古以来就是个多民族聚居的地区，凉州成为西夏在河西的政治中心，便利的交通为各民族、各地区人民的交流融合创造了条件，各民族人民在这

---

① 李焘：《续资治通鉴长编》，中华书局1993年版。

② 脱脱 ：《宋史》，中华书局1977年版。

西夏文字

里交流、融合并发展，各具特色的民族文化也在这里交会、发展。西夏统治者则采取开放的文化政策，兼收并蓄，博采众长，并在此基础上，创造出富有民族特色的西夏文化。20 世纪 70 年代以来，凉州地区发现了大量西夏时期的古墓葬、窖藏、寺院遗址，出土的西夏文物，融汇了党项族、藏族、汉族、回鹘族等各个民族的文化，可见，民族成分的多元性也成为凉州西夏文化的特点之一。我国是一个多民族成分的大家庭，各民族都是中华民族的重要历史存在，西夏文化也是中华文化的重要历史存在，是中华民族历史文化园地中的一簇奇葩。

凉州——西藏正式纳入中国版图的见证地

可以说西夏曾是蒙古铁蹄扫荡亚欧大陆时遇到的顽强抵抗的劲旅，蒙古和西夏的战争，从 1205 到 1227 年，持续时间长达 23 年之久。蒙古于公元 1227 年灭西夏，当时凉州为西夏陪都。公元 1229 年，成吉思汗的三子窝阔台即汗位，窝阔台把原属西夏和甘青部分地区划给了他的次子阔端作为封地[1]，阔端坐镇凉州。历史又一次在凉州浓墨重彩地写下了一笔。阔端代表蒙古汗廷与西藏萨迦派活佛萨迦班智达在凉州成功举行了“凉州会盟”。蒙古王室与西藏地方正式接触，确立臣属关系，是从阔端开始的。“凉州会盟”这一重大历史事件使西藏正式纳入中国版图，从此成为中国不可分割的一部分。

一、蒙元王朝对西藏的征服

从各种文献记载看，蒙古人虽然在成吉思汗时期便与藏传佛教的一些僧人有过接触，但其对西藏地区的征服，则始于窝阔台时期。蒙古大汗窝阔台之子阔端受命统治西夏故地和指挥西路进攻南宋，由于阔端自己的战争经历和地位，使他在蒙古皇室的主要成员中首先认识到青藏地区的重要性，他在统治西夏故地和甘青藏区的过程中，通过和甘、青的藏族僧人接触了解到西藏地区的山川地理和政治、宗教情况。为了巩固对西夏和甘青藏族地区的统治，保障蒙古军在南下四川时的侧翼安全，阔端决定对西藏采取军事行动，把整个藏区纳入蒙古汗国的统治。经过短期准备，约在1239年，阔端派部将多达那波带领一支蒙古军队，从甘、青藏区出发，前往西藏。1239年秋，多达那波率部途经青康多堆、多迈和索曲卡，进入前藏。当时有三座有名的寺院，分别为热振寺、杰拉康寺和达隆寺。蒙古军在藏北由于遭到部分武装僧人的反抗，烧毁了西藏佛教噶当派的寺院热振寺、杰拉康寺，数百名僧俗群众被杀。蒙古军与西藏寺院一部分武装势力的战斗平息后，多达那波供施了许多布施，修复了

---

① 与唐、宋、金、辽的治理方式不同，蒙元帝国在其广袤的领土之上实行的是一种双重体制——中央直接管辖和宗王分封管理的模式。宗王分封是成吉思汗晚年依蒙古习俗，将帝国领土作为“兀鲁思”（汗国领地）分封给家族宗王诸子。

被毁寺院和佛殿，重塑了释迦牟尼金身佛像，并做了开光法事等，得到了当时西藏僧俗群众的广泛支持。这支蒙古军在西藏留驻两年多，多达那波还与当地藏族僧、俗势力，进行了和平接触和频繁友好交往，调查了解西藏的宗教、军事、经济等各方面的情况，然后向阔端写了一封详细真实的调查报告《请示迎谁为宜的详禀》。阔端从这封《详禀》中得知后藏萨迦派直接控制着当地宗教、政治、经济权力，是西藏地区实力最强的一个教派，邀请寺主萨迦班智达来凉州商谈西藏归属问题，是最合适不过的了。1244 年秋，阔端向萨迦班智达发出正式邀请诏书，请他前来凉州商谈西藏归属问题。

二、萨迦班智达踏上凉州之途

萨迦班智达（简称萨班），藏传佛教萨迦派第四代祖师，原名贝丹顿珠，1182 年（宋淳熙九年）生于后藏昆氏家族，幼年从伯父扎巴坚赞“尽学萨迦先祖所传口教精华甚深显密要旨”，取名贡噶坚赞。后师从释迦师利等高僧学习《声明》《量论》等大五明和诗学、藻词等小五明，因精通大小五明，被尊称为“班智达”。当萨班见到阔端的信时，已经 63 岁，但他仍毅然决定接受邀请前往凉州。之所以如此，虽然可能有多种原因，但最主要的原因乃在于他清楚地意识到，如果自己不去凉州，将会给西藏招致巨大灾难。因此，当噶当派的南喀本问萨班前往蒙古地方有何好处时，萨班回答说：“若不去的话，军队即来。若军队来此，就会给雪域西藏带来灾难。为饶益众生和牲畜，只好暂时前去，无有其他裨益。总之，为饶益众生，敢于牺牲自己的生命。”①

① 阿旺·贡噶索南著，陈庆英等译注：《萨迦世系史》，西藏人民出版社 1989 年版，第 68 页。

公元1244年（南宋理宗淳祐四年），萨班带着侄子八思巴和恰那多吉以及随从从萨迦动身。到拉萨以后，他让10岁的八思巴和6岁的恰那多吉与部分随从先去凉州，他自己则在沿途逗留，与卫藏各地方势力广泛接触，多次会晤各地僧俗领袖，解释自己之所以去蒙古的理由，各教派首领人物则分别给萨班赠送大量礼品，希望萨班到了蒙古地方后，在宗教方面对自己加以护持，商量西藏地面归顺蒙古事宜。直到1246年，萨迦班智达才到达凉州。时值阔端回漠北参加其兄长贵由汗即位的忽里勒台大会，直到1247年阔端返回凉州后，才与萨迦班智达进行了具有重大历史意义的会见。

三、阔端凉州礼遇萨迦叔侄

萨迦班智达叔侄在凉州备受阔端的优待和礼遇，萨迦寺则由他的弟子夏尔巴喜饶炯乃和邻由巴索南僧格等人主持。阔端在凉州城外特地为他建造了宿舍和化身寺，供应一切讲经说法之所需。正如萨迦班智达在致蕃人书中说："此菩萨（化身）汗于佛法三宝深为崇敬，教化修明；善遇臣下，于余恩泽更异于他人，曾谓：'尔静心传法，所需吾悉与焉，尔善事吾，吾知之，所为良善与否，上天知也。'"[①] 萨班在西凉曾为阔端治愈过一次比较严重的脚疾，深得阔端信任。当他在西凉讲经说法时，有四个人为他做翻译，分别把他的话译成蒙古语、畏兀儿语、汉语和当地的安多藏语。在他的努力下，藏传佛教得到蒙古宗王的保护并逐步传播，奠定了藏传佛教萨迦派在元朝备受恩宠的基础地位。

八思巴和恰那多吉兄弟到凉州后，阔端让恰那多吉着蒙古服，

① 阿旺·贡噶索南著，陈庆英等译注：《萨迦世系史》，西藏人民出版社1989年版，第68页。

习蒙古文，其政治目的显然是想把萨迦派的世袭继承人培养成为蒙古王室的代言人。后来恰那多吉成为元朝在西藏的首任行政长官。阔端又将公主墨卡顿嫁给恰那多吉，忽必烈汗又将恰那多吉封为白兰王，赐金玺，委派他治理整个吐蕃地区。恰那多吉在完成西藏行政体制建设的 1267 年七月初，在贝康森康去世，享年 29 岁。恰那多吉的儿子达玛巴拉饶吉塔被尊为帝师时，忽必烈仍命达玛巴拉饶吉塔娶阔端儿子，储王启必帖木儿之女贝丹为妻。

四、蒙藏达成会盟协议

虽然蒙古人非常尊重萨班，但谈判依旧是唇枪舌剑、你来我往，蒙古谈判代表便曾直言不讳地诘问萨班，是否有权代表西藏会盟，以及谈判结束后，将如何说服那些心怀二意的领袖。

萨班并没有被这些尖锐的问题激怒，他温和地向蒙古代表说道："我来凉州之前，曾和大量藏区领袖长谈过，他们都表示愿意让我前来。另外，如果我们的会盟对藏区有利，又何必担心会有人不满呢?"随后，双方在西藏归属后，蒙古人如何介入管理、税赋征收标准等几个问题上，进行了反复争论。

经过几轮谈判，在双方妥协下，终于达成了一致。

1. 西藏向蒙古汗国臣服，承认是汗国的臣民。

2. 西藏领主有义务向蒙古汗国缴纳税赋，蒙古汗国则保留各位领主的职务、领地和特权，并发放正式官署印证。

3. 萨迦派被任命为藏区总辖官，所有藏区领主都必须接受萨迦金符官的管理。

4. 蒙古汗国将进行户口统计（括户）并建立驿站系统，西藏各领主均有义务协助。

5. 西藏的户籍、官吏和贡赋文件，一式誊写三份，一份由各地官吏留存，一份上缴汗国，另一份则由萨迦总辖官保管。

6. 具体的征税科目和数量，则由蒙古派驻官吏和萨迦官员根据情况协商制定。

协议条款确定后，萨班亲笔撰写了《萨迦班智达致蕃人书》，向全体藏族同胞讲述各条款的深意及始末由来，规劝他们顺应天下大势，接受蒙古汗国的条件。[①]

《萨迦班智达致蕃人书》，是一份关系西藏后来生存发展的告白书，是一份使西藏人民免受兵戈之苦的重要文献，著名的藏文史籍《萨迦世系史》对它作了完整记录。《萨迦班智达致蕃人书》全文翻译如下：

祈愿吉祥利乐！向上师及怙主文殊菩萨顶礼！

具吉祥萨迦班智达致书乌思、藏、纳里速各地善知识大德及诸施主：

吾利益佛法及众生，尤为利益所有操蕃语之众，前来蒙古之地。召我前来之大施主（指阔端）甚喜，曰："汝领如此年幼之八思巴兄弟与侍众（当指阔端派去邀请萨迦班智达的使臣）一起前来，是眷顾于我。汝以头来归顺，他人以脚来归顺，汝系因我召请而来，他人是因恐惧而来，此情吾岂能不知！八思巴兄弟先前已习知吐蕃教法，可仍着八思巴学习之，着恰那多吉学习蒙古语言。若我以世间法护持，汝以出世间法护持，释迦牟尼之教法岂有不遍弘于海内者欤？"

此菩萨汗王对佛教教法，尤其对三宝十分崇敬，以良善之法度

① 五世达赖喇嘛阿旺洛桑嘉措著，陈庆英、马连龙、马林译：《五世达赖喇嘛传》，中国藏学出版社 2006 年版。

护持臣下，对我之关怀更胜于他人。曾对我云：“汝可安心说法，汝之所需，吾俱可供给。汝作善行吾知之，吾之所为善否天知之。”彼对八思巴兄弟尤为喜爱。彼有“为政者善知执法，定有益于所有国土”之善愿，曾曰：“汝可教导汝吐蕃之部众习知法度，吾当使之安乐！”故众人俱应努力为汗王及王室诸人之长寿而祈祷祝愿！

当今之势，此蒙古之军旅多至不可胜数，窃以为赡部洲已全部入于彼之治下。与彼同心者，则苦乐应与彼相共。彼等性情果决，故不准口称归顺而不遵彼之命令者，对此必加摧灭。畏兀儿之境未遭涂炭且较前昌盛，人民财富俱归其自有，必阇赤、财税官及守城官（八剌哈赤）均由其人自任之。汉地、西夏、阻卜等，于未灭亡之前，将彼得与蒙古一样看待，但彼等不遵命令，攻灭之后，无计可施，只得归降。其后，因彼等悉遵命令，故现在各处地方亦多有任命其贵人充当守城官、财务官、军官、必阇赤者。吾等吐蕃部民愚顽，或企望以种种方法逃脱，或希求蒙古因路远而不来，或期待与蒙古交战而能获胜，凡以欺骗办法对待（蒙古）者，最终必遭毁灭。各处投降蒙古之人甚多，因吐蕃人愚顽之故，恐只堪被驱为奴仆贱役，能被委为官吏者，恐百人之中不到数人。吐蕃投顺者虽众，但所献贡品不多，此间贵人们心中颇为不悦。

此前数年，上部地方未曾被兵，余率白利归顺，因见归顺甚善，故上部阿里、乌思、藏等部亦归顺，白利各部亦归顺，故至今蒙古未遣军旅前来，亦已受益矣！此情上部众人或有不知者。当时，有口称归降但所献贡品不多、未能取信而遭兵祸者，其人民财富俱被摧毁，此事想尔等必有所闻。与蒙古交兵者，往往自恃地险、人勇、兵众、甲坚、弓马娴熟，希冀战胜，但终遭覆亡。

众人或以为，蒙古本部乌拉及兵差轻微，他部乌拉及兵差甚重，殊不知与他部相比，蒙古本身之乌拉及兵差甚重，两相对比，他部之负担反较轻焉。

（汗王）又谓：“若能遵行命令，则汝等地方各处民众部落原有之官员俱可委任官职，由萨迦之金字、银字使者召来彼等，任命为吾之达鲁花赤等官。”为举荐官员，汝等可派堪充来往信使者，将该处官员姓名、百姓数目、贡品数量缮写三份，一份送来我（汗王）处，一份存放萨迦，一份由各该官员收执。另需绘制一幅标明某处已降，某处未降之地图，若不区分清楚，恐已降者受未降者之牵累，遭到毁灭。萨迦金字使者应与各处之长官商议行事，除利益众生之外，不可擅作威福，各地长官亦不可未与萨迦金字使者商议而擅权自主。不经商议而擅自妄行是目无法度，若狱罪谴，吾在此亦难求情，惟望汝等众人齐心协力，遵行蒙古法度，必有好处。

对金字使者之接送侍奉应力求周到，盖因金字使者返回时，（汗王）必先问彼：“有逃遁者乎？遇拒战者乎？对金字使者善为接待乎？有乌拉供亿乎？降顺者坚诚乎？”若有对金字使者不敬，彼必进危害之言，若恭敬承事，彼亦能福佑之。若不听从金字使者之言，补救甚难。

此间对各地贵人及携贡品来者俱善礼待之，若吾等亦愿受到礼遇，吾等之长官俱应以上好贡品，遣人与萨迦之人同来，商议敬献何种贡品为好，我亦可在此计议，然后回自己地方，对己对他俱有利益。我于去年遣人告知汝等如此方为上策之议，然未见汝等照此行事者，岂汝等愿在败灭之余方俯首听命耶？汝等今日不听吾言，将来不可谓：“萨迦人去蒙古后对我毫无利益。”吾怀舍己身利他人之心，为利益所有操蕃语之众而来蒙古地方，听吾之言，必得利益。汝等未曾目睹此间情形，对耳闻又难以相信，故此仍有心怀犹豫者，诚恐将有如俗谚：“安乐闲静鬼当头”所说之灾祸降临，乌思、藏之子弟生民将有被驱来蒙古之虞。我无论祸福如何，均无后悔，盖因上师及三宝护佑之恩或可得福也，汝等亦应向三宝祈祷。

汗王对吾关切逾于他人，故汉地、蕃、畏兀儿、西夏之善知识大德及官员百姓均视为奇事，前来听经，十分虔敬。不必顾虑蒙古对吾等来此之人如何对待，均甚为关切，待之甚厚。听众我之人均可放心安住。

贡物以金、银、象牙、大粒珍珠、银珠、藏红花、木香、牛黄、虎（皮）、豹（皮）、草豹（皮）、水獭（皮）、蕃呢、乌思地方氆氇等物为佳，此间甚为喜爱。此间对于一般财物颇不屑顾，然各地可以自己地方最好之物品进献。

“有金能如所愿”，其深思焉！

愿佛法遍弘于各方！吉祥！

凉州会盟协议的达成，顺应了藏族同胞渴望和平生活的诉求，也反映了藏区人民的愿望。因此，当《萨迦班智达致蕃人书》传到西藏后，“卫、藏之僧人、弟子和施主等众生阅读了此信件后，无不欢欣鼓舞”。

阔端与萨班凉州会谈是西藏历史上的一件大事。这次会谈标志着整个藏区纳入蒙古帝国的统治范围，为以后元朝的有效统治奠定了坚实基础。同时凉州会谈使西藏地区免于遭受蒙古铁骑的更大蹂躏，从而使得西藏地区的农牧业生产和人民生活能够正常进行，经济得以继续发展。这是西藏上层人物在当时形势下为本民族存亡作出的明智选择，也顺应了藏族人民渴望结束各地割据势力为争夺地盘不时发动战争的强烈愿望，反映了人们希望统一，反对分裂，并通过与内地各兄弟民族联系与交往，促进民族间团结，带动藏区经济社会发展进步的心声。自此以后，包括西藏在内的整个藏族地区结束了长达近400年的分裂割据局面，分散于青藏高原各地域的诸多大小地方势力集团统统归入到一个统一的行政管理体系中。从此，藏族人民与中华民族的命运更加紧密地联系在一起，汇入中国历史发展变迁的洪流之中，为共同创造中华民族的灿烂文明作出贡献。自西藏地方纳入元王朝版图之后，不论中央政权和具体管理西藏事务的地方政府怎样更替，西藏一直接受中央王朝的管辖，从未脱离过祖国大家庭。

（选自唐蕃古道申遗前期研究成果《凉州会盟》）

交流交往交融中的陇上回族

甘肃是个多民族省份，现有55个少数民族，少数民族总人口241.05万，占全省总人口的9.43%。民族地区总人口333万人，占全省总人口的12.9%。世居甘肃的少数民族有回、藏、东乡、土、裕固、保安、蒙古、撒拉、哈萨克、满等16个少数民族。其中，东乡族、裕固族、保安族为甘肃独有民族。省内现有甘南、临夏两个民族自治州，有天祝、肃南、肃北、阿克塞、东乡、积石山、张家川7个民族自治县，另外，全省还有34个民族乡，分布在酒泉、张掖、白银、陇南、平凉、庆阳、甘南、临夏等8个市（州）的16个县（市、区），总人口31.1万人，少数民族人口20.6万人。其中有23个民族乡分布在非民族自治地方。民族自治地方土地面积17.9万平方公里，占全省面积的39.8%。从目前民族分布情况来看，回族主要聚居在甘肃省临夏回族自治州和张家川回族自治县，散居在兰州、平凉、定西等地市；藏族主要聚居在甘肃省甘南藏族自治州和河西走廊祁连山的东、中段地区；东乡、保安、撒拉族主要分布在甘肃临夏回族自治州境内；裕固、蒙古、哈萨克族主要分布在河西走廊祁连山的中、西段地区。

古往今来，不同时期的民族在甘肃这个大通道中此消彼长，各个民族用自己的历史在这块神奇的土地上尤其是在丝绸之路上画出了自己兴衰的轨迹。不同民族在丝绸之路上生存发展的历史说明，各个时期的民族在这块土地上用开拓进取、交流包容的丝路精神，共同创造了辉煌的沟通东西方文明的丝绸之路文化。在丝绸之路上的发展繁衍以及和其他民族的文化碰撞，呈现了多姿多彩的独特文化，展现了在丝绸之路这个历史的空间舞台上的存在和发展，也呈现了他们在中华民族多元一体的民族格局中的意义和价值。

陇上丝路之回族

回族是我国少数民族中分布最广的一个民族，回族总人口 1058 万余人（2010 年第六次全国人口普查数统计）。目前，甘肃回族主要聚居在临夏回族自治州和张家川回族自治县，散居在兰州、平凉、定西、陇南等地市，据 2010 年第六次全国人口普查统计数据，甘肃回族总人口为 1258641 人，人口数仅次于宁夏回族自治区的人口数（2173820 人），位列第二位。

学术界较为一致的观点认为，回族是由不同时期到达中国的穆斯林在中国社会历史的发展演进中，融合汉、维吾尔、蒙古等兄弟民族成分，于元末明初在中华大地上形成的一个民族。回族的形成、发展离不开陆路丝绸之路和海上丝绸之路，也可以这样说，没有丝绸之路就没有回族这个民族。

一、从丝绸之路探析甘肃回族历史渊源

（一）唐宋时期的甘肃穆斯林商客

从唐宋时期开始，就有一些中亚、西亚穆斯林商客沿着丝绸之路到达甘肃河西走廊。在公元7、8世纪，雄踞世界东西方的大帝国非阿拉伯帝国和唐帝国莫属，在中国，唐王朝前期，经过数代李氏王朝的励精图治，国家疆域不断扩大，葱岭以西的广大地区纳入了唐朝的势力范围。而同时阿拉伯王朝的实力也不断东进，阿拉伯人逐步控制中亚大部分地区，一度阿拉伯帝国和唐代曾向中国纳贡的吐火罗、安国（布哈拉）、康国（撒马尔罕）、石国（塔什干）相邻。而此时由西亚经波斯及中亚地区到达新疆南北，再经丝绸之路甘肃段各条线路抵达长安的交通线畅通无阻，成为大食与中国交通的重要通道。

西亚、中亚等地的穆斯林商人通过丝绸之路，在甘肃最先到达甘肃河西地区。河西地区位于甘肃省西北部，东西长近1000公里。自西汉张骞出使西域以后，河西便成为丝绸之路上的重要通道，西域各国使者、商贾等来往于此间，东西经济文化交流日益频繁。唐王朝的富强繁荣吸引了世界范围的经济、文化交流。而河西地区以其特殊的地理和交通环境、发达的经济和繁荣的商业，吸引了大批西亚、中亚地区的穆斯林商人，与中国商人互市于河西诸郡，“及其日久，多有留居不去，冠汉姓，娶汉人女子为妻妾者”。①

随着对丝绸之路及其研究的深入，逐步认识到历史上的丝绸之

---

① 金吉堂：《中国回教史研究》，宁夏人民出版社2000年版。

路不是商品和文化交流的一条直线路，而是网状的商贸之路，“甚至可以把丝绸之路理解为一个首尾相接的长条形的网络，每个局部都有起点和终点，但整个网络没有什么起点和终点”。[①]也可以说，哪里有商机，哪里就有交易和交流。这也可以理解在唐宋时期除了河西走廊，甘肃其他地区也是吸引域外穆斯林商客的原因了。

唐代，在今天甘肃回族最集中的临夏回族自治州（时称河州）已经有大食穆斯林活动的踪迹。“盛唐时在西域设羁縻州，当时‘丝绸之路’的南道，自内地经临夏、乐都而到敦煌（为丝绸之路三条通道之汇合点），然后穿过新疆，经葱岭到波斯、阿拉伯等地。唐贞观开元年间，大食来使不绝于途，随地入居的大食人亦不在少数，其中也有留居临夏的。”[②] 唐天宝年间以后，甘肃的史籍中已明确记载了伊斯兰教在甘肃的传播和穆斯林留居的情况，“唐天宝后，（伊斯兰教——引者）由西域流入甘肃，其教徒多西域人”[③]。唐代甘肃境内的丝绸之路，河西虽为总汇之区，但网络状的线路仍不少，在这些线路经过的地方，大食国经商者在这些线路上来往或暂时留居，应该说是符合客观事实的。

宋王朝建立后，十分重视海外贸易，尤其是海上贸易，“宋代既奖励外商在中国贸易，则外商，尤其是回教徒之来中国者，较之唐时必更多若干倍”。[④] “由于北宋初期，河西地区的瓜沙归义军曹氏政权、甘州的回鹘政权、凉州以六谷族为主体的蕃汉联合政权，都积极向宋朝靠拢，贡使不断，保证了此道的畅通。”[⑤] 所以，陆路丝

① 单之蔷：《丝绸之路上的驼队真的从长安一直走到了罗马?》，http://blog. sina. com. cn。

② 《临夏回族自治州概况》编写组编：《临夏回族自治州概况》，民族出版社2008年版。

③ 《甘宁青史略》卷首3。

④ 李兴华、冯今源编：《中国伊斯兰教史参考资料选编》上册，宁夏人民出版社1985年版。

⑤ 郭厚安、陈守忠主编：《甘肃古代史》，兰州大学出版社1989年版。

绸之路也是西亚、中亚等穆斯林商人或使臣来往的通道。但随着河西地区被西夏占领，自汉代以来甘肃境内丝绸之路，以河西为“总汇之区”的局面不复存在，而绕道河西经青海达新疆通西域的青唐道一时繁盛起来。所以说，宋代沿甘肃境内的丝绸之路各条通道到中原的西亚、中亚穆斯林，几乎没有间断过，留居者也不罕见。元朝初年，游历中国的杰出旅行家马可·波罗到河西时，就发现河西生活着一部分穆斯林，他在《马可·波罗游记》中写道：沙州（敦煌）“居民大部分是土库曼族，少部分聂斯脱利派基督教徒和回教徒”。综上所述，甘肃作为丝绸之路的必经之地，是历史上西亚、中亚等国穆斯林路经和活动、留居的主要区域之一，从唐宋时期开始，穆斯林就源源不断地从丝绸之路走来，并留居。

（二）元代的甘肃回族人

元代是西亚、中亚穆斯林大量进入甘肃的时期，也是由于这一时期中亚等地穆斯林在甘肃的分布和留居，奠定了甘肃回族形成的基础。大量穆斯林的东来，与蒙古军队的西征密切相关。蒙古军队的西征，横扫亚欧两洲。在西征中攻陷和占领了大量的中亚乃至西亚的国家和地区，作为蒙古的沦陷区，以穆斯林为主大批的阿拉伯、波斯及中亚地区俘虏，作为蒙古贵族的战利品和随从，被迁徙到中国，他们中有军士、工匠、商人、学术人士以及投降蒙古贵族的穆斯林上层分子。其中大部分被征调编入蒙古军队，这部分人员随着军事的进展也散布到中国各地，尤其以西北、西南及中原地区为多。

有阿拉伯文字的元青花

元代的临夏回族自治州，成为蒙古军的屯戍点，由于在“临夏地区所驻蒙古军很多，往来使者、商人、贡使络绎于道，又有‘哈志’所等宗教管理机构，遂形成了回回色目人活动的主要地方”，后随着战争的结束，“留在河州‘屯、垦、牧、养’的回回炮手、军匠及回回军工匠人等，自然就成为当地回族的先民了”[①]。元代的张家川回族自治县，据《张家川的回族与伊斯兰教》记载：张家川位居陕甘要津，是古丝绸之路必经的交汇点，也是安插回族军屯垦的地区之一。

屯田也是元政府安置被征调回回人的一种重要方式。回族先民在甘肃的屯田，大部分在河西地区。这主要是因为，河西是丝绸之路的主干道，加之这一地区久遭战争的破坏，荒地很多，所以移居河西屯田的信仰伊斯兰教的各族人很多。至元二十八年（1291 年），“以甘肃旷土赐回回昔宝赤、哈散等，俾种耕之”[②]。哈散曾任甘肃行省参知政事，就职于当时的甘肃省会甘州，其属下回回人当不在少数。在至治二年（1322 年）下令“免回回人户屯戍河西者银税”[③]。可见当时河西地区是回族人重要的屯田集聚地之一。元代在河西屯田，从事农业生产的回回人，是甘肃回族形成中最主要的来源，也奠定了甘肃回族至今仍以从事农业为主的基本生产方式。当然，随着蒙古军队势力的延伸，丝绸之路史无前例地畅通，甘肃与中亚、西亚各国的交通大开，商业经济又一次呈现繁荣景象，这时进入甘肃的穆斯林商人，也是甘肃回族形成中的成分之一。

元代乃至更早的穆斯林们因战争、经商等原因通过丝绸之路来

---

① 《临夏回族自治州概况》编写组编:《临夏回族自治州概况》，民族出版社 2008 年版。

② 《甘州府志》卷 2。

③ 《元史》卷 28。

到甘肃，来到中国，绝大多数不携带家眷，他们留居甘肃，逐步与周边的汉族、蒙古族等民族通婚。“忽必烈当朝时期，正式鼓励外国穆斯林迁居中国……迁居中国的穆斯林人数日增，开始与中国汉族、蒙古族等民族通婚。他们的人口增长很快。”① 经过元代近百年的发展，迁居中国的穆斯林和当地的汉族、蒙古族等民族融合，逐渐在中华大地形成了一个新的民族——回族。

（三）明代甘肃回族的形成及其发展

学术界较为认同：元末明初回族作为一个民族已经形成。在明代，甘肃回族作为一个民族共同体出现在甘肃大地上，而且在各个方面都有稳固长足的发展。

明代回族不仅分布在丝绸之路的主干道河西走廊和丝绸之路的南道——临夏周边，在甘南临潭、陇南、陇西等地都有回族分布。竹篱在《回教在甘肃》一文中记道：“甘肃在明代，几为回民全部区域，如河西各县，陇西、甘谷、靖远、景泰、临洮，过去曾为回胞住居最多的地方。”

明代甘肃回族人口不断增长。嘉靖初年，当时肃州城内的寄居西域回族已达2000多人。明代甘肃回族人数增长的另一个原因是自身的繁衍，这与明政府制定的婚姻政策有关。《明律集解》卷6载：“凡蒙古色目人听与中国人为婚姻。不许本类自相嫁娶，违者杖八十，男女入官为奴。其中国人不愿与回回、钦察为婚姻者，听从本类自相嫁娶，不在禁限。”这条法律在客观上促使了回族通婚范围的扩大，回族人口也自然大为增长。

---

① ［巴基斯坦］赛义德·菲亚兹·马茂德著，吴云贵等译：《伊斯兰教简史》，中国科学出版社1981年版。

洪武四年（1371 年）五至六月间，冯胜、傅友德率兵平定河西一带，随后，明政府在今甘、青、新一带设置了“关西七卫”，最西者为哈密卫，直通西域，“关西七卫”的设立，使一度断绝的丝绸之路复趋活跃，而许多中亚、西亚各国商人、使臣都只能经河西走廊这条丝绸之路与明朝进行交往，由此更促使西域回族贡使和商人等不断进入和留居甘肃。

建于明代的甘肃陇南徽县东关清真寺

明代甘肃的回族从事农业生产、商业贸易，甘肃回族“亦农亦商”的经济特征明显，伊斯兰教也成为形成回族的精神纽带，在语言上，甘肃回族逐步丧失了自己原来的民族文字，汉语成为民族语言。从元末明初形成的甘肃回族，经过明代的不断发展，已成为一个稳定而又不断前进的新型民族。甘肃回族先民是从丝绸之路走来，没有丝绸之路，尤其是没有陆路丝绸之路，也就没有甘肃回族。

二、甘肃回族文化中体现的商业文化特质

探讨商业文化特质离不开甘肃回族的先民，也离不开丝绸之路。在以上的论述中我们谈到甘肃回族的先民是从陆路丝绸之路而来的穆斯林，隋唐以后，逐步在甘肃大地上聚居。我们现在不能精确地确定甘肃回族先民具体是什么人，但可以确定的是甘肃回族就是千百年来由于经济、政治等因素往来、留居于陆路丝绸之路的西亚、

中亚商业民族和当地汉族、蒙古族等民族融合而成的。甘肃回族的商业文化首先是对先民文化基因的传承。

当然特殊的地理位置为甘肃回族的商业文化创造了机遇和平台，为甘肃回族的商业文化提供了生命力。马克思写道："人们自己创造自己的历史，但是他们不是随心所欲地创造，并不是在他们自己选定的条件下创造，而是在自己直接碰到的既定的、从过去继承下来的条件下创造。"[①] 甘肃回族所处的特殊的地理位置就是他们"自己直接碰到的既定的"创造和延续出自己商业文化特征的条件了。甘肃临夏回族尤其如此。

甘肃回族的先民从丝绸之路而来，然后又定居于丝绸之路沿线，在新的生存环境中，使甘肃回族的商业文化特质得到了发展和发扬。临夏回族自治州乃至甘肃的许多地区包括张家川回族自治县地处黄土高原向青藏高原、中原农区向高原牧区、中温带气候向寒带气候的"三过渡"地带，西南部广袤的藏区牧场，与东面的中原腹地，两者在经济类型、民族背景、文化特征、生产生活方式诸多方面存在着显著的差异，尤其在生产和生活方面，具有很强的互补性，因此，在历史上形成了以中原农产品与牧区畜产品相互交换为主的"茶马互市"。明末清初河州（临夏回族自治州的旧称）官方专营的"茶马互市"衰落之后，由回族人为主导的民间群众性的回藏贸易填补其空白，因其顺应了历史发展的潮流，很快繁荣起来，成为农牧之间经济互动的主流。这一时期显著的特点是，甘肃回族人尤其是河州人积极经营（进藏区，下中原），藏区贸易逐渐代替了原来官方守株待兔的固定"茶马互市"贸易。随着内地和藏区商品贸易的扩

---

① 《马克思恩格斯全集》第8卷，人民出版社1965年版，第121页。

大，回藏贸易致使大量的甘肃回族人涌入周边藏区，兴起了几座新兴的回藏商业城镇，例如：夏河拉卜楞。而甘肃回族人以这些商业城镇为聚点，更加积极地承担着内地和藏区商品流通过程中中介角色的作用。甘肃回族充当的是流通者作用和中介的角色。这种中介作用正如费孝通在三次考察临夏后所写的《临夏行》中谈到的："我认为必须有人把提高牧民生活所需要的用品送上高原去换取牧业产品。……但不应忘记藏族牧民是居住在三千米上的高原和交通十分不便这一事实。商品自已不会走动，要有人去运输，还要有人去出售。这支流通队伍在哪里呢？藏族牧民还很少有商品意识，汉人又大多不习惯上高原去活动。我曾为此发愁。这次访问临夏，却见到了这支队伍事实上已经形成，而且正在活动，这支队伍主要就是……历史上形成的，生活在陇西走廊里的回族。"而甘肃回族就是费孝通所指的"陇西走廊里的回族"中最重要的部分。

所以，临夏历史上不仅是陆路丝绸之路南道之要冲，同时也是唐蕃古道之重镇。古老的"茶马古道"的青藏路线中的"唐蕃古道"，从秦州（甘肃天水）、渭州（甘肃陇西）、临州（今临洮）、河州（临夏），到鄯州（今青海乐都），再从青海连接西藏。所以，临夏历来是茶马互市的重镇，这种商业重镇也造就了穆斯林在此的大量聚居，也成全发扬了甘肃回族穆斯林的商业意识和善贾能力。

（选自《丝绸之路三千里》，科学出版社 2017 年版）

开拓多元的东乡族

东乡族因居住在甘肃临夏回族自治州东乡地区而得名。主要分布在甘肃临夏回族自治州东乡族自治县境内，少数散居在甘肃兰州市城关区和临夏州广河县、和政县、白银市会宁县及玉门市等县市及新疆，宁夏、青海等省区也有少量定居。根据2010年第六次全国人口普查统计，东乡族人口数为515000人。主要从事农业，善种瓜果。使用东乡语，属阿尔泰语系蒙古语族。大部分人会说汉语。没有本民族文字，通用汉文。

一、东乡族从哪里来?

东乡族，自明以来世代居住于甘肃临夏回族自治州东乡地区，其信仰同于回族、撒拉族和保安族，语言相近于蒙古，文化上独具特色，民族性格鲜明。清代、民国时人们多称其为“东乡回”“东乡回民”等 。东乡族有自己的语言，没有本民族的成熟文字。由于东乡族历史上偏居临夏回族自治州一隅，和回族的认同度高，又没有自己的成熟文字，所以，关于东乡族的历史文献资料留存稀少，当20世纪50年代的民族识别工作中，东乡族成为中华人民共和国56个民族之一后，东乡族民族意识逐步增强，对东乡族从哪里来？是如何形成一个独立的民族？学术界产生了多种观点。

主要有蒙古人为主说。民国时期就有学者如马鹤天、李安宅、顾颉刚、马兹廓等人在他们的文章中提到东乡族的来源，都认为东乡族是蒙古人改信伊斯兰教后形成的；[①] 还认为东乡族脱胎于中亚回回色目人的观点。在解放前东乡族也被称为“东乡回”，这也是东乡族脱胎于中亚回回色目人的一种语言留存和反映。改革开放后，随着学术的百花齐放，东乡族的族源研究进入了百家争鸣时代。马通的《浅谈东乡族族源与伊斯兰教》，马国忠、马自祥的《关于东乡族的族源问题》以及《东乡族简史》《东乡族自治县概况》等研究到东乡族的族源问题，并且以上的学人都比较明确地支持东乡族脱胎于中亚回回色目人的观点；还有一种观点就是东乡族的族源为撒尔塔说，其实这个观点就是东乡族脱胎于中亚回回色目人的进一步深化的研究观点。这一观点主要由东乡族学者提出，他们将东乡族的自称Sarta与历史记载中的撒尔塔人联系在一起，并对历史上撒尔塔的概念进行了考辨，指出撒尔塔人是居住在中亚地区的、以商业为主要经济生活方式、信仰伊斯兰教的居民。马虎成《撒尔塔：一个曾经被忽略的民族名称》一文比较全面地论证了这一观点，2004

---

① 马鹤天：《赴藏日记》，《新亚细亚》1936年第2期。

年马志勇《东乡族源》一书的出版标志着这一观点达到鼎盛；[①] 还有一种观点就是东乡族是多个民族融合而成的民族。[②] 至今东乡县锁南镇的王家、张王家，汪集乡高家，达板乡黄家等村以及唐汪乡的一些东乡人，自说祖先是汉族。东乡县百和乡千腊家村等，说其祖上是藏族。明代在河州设有“番客百户所”，所设的屯寨中，东乡有锁南坝、红崖子、喇嘛川、三条沟、梨子山5寨，这些屯寨的屯民编入千户、百户，给土官交纳贡赋，承担差役。任何民族在历史发展的过程中都会吸纳其他民族，都是由多种民族融合而成，这是不争的事实，东乡族也不例外。也可以这么说，蒙古人的三次西征，使得中西交通大开，陆上丝绸之路前所未有的畅通，大量中亚、西亚信仰伊斯兰教的穆斯林或被签发、或经商等来华，通过陆路到达西北，也造成了民族大迁徙、民族大融合以及文化大交流，在这个过程中，东乡族先民和河湟地区的汉族、藏族，和更早来到中华的回族，以及元代大量散布河州地区并改信伊斯兰教的蒙古族在相互的交往交流中逐步交融形成了东乡族。

本文在此不讨论东乡族的族源问题，只是想阐述丝绸之路对于东乡族的历史意义。可以这样说，没有丝绸之路，没有丝绸之路上族群的迁徙往来，没有东西方的物质和文化交流，就不可能产生东乡族。

甘肃东乡族史话

① 陈文祥：《东乡族族源“撒尔塔”说商榷—— 兼论东乡族的形成》，《西北第二民族学院学报》（哲学社会科学版）2007年第2期。

② 马虎成、伊布拉：《五十年来东乡族研究简述》，《甘肃民族研究》2000年第3期。

东乡族自称“撒尔塔”（Sarta）。撒尔塔原意为“商贾”，12、13 世纪的撒尔塔是指定居于中亚一带的信仰伊斯兰教的各族人，主要是色目人。首先，《蒙古秘史》载，13 世纪初，成吉思汗“征撒尔塔兀勒凡七年”，大量的撒尔塔人被“签发”东迁，部分屯戍河州东乡一带。后被元世祖下令将军户变为民户，遂定居东乡地区。其次，相关学者研究发现东乡地区今天还保留着许多以手工业者的行业性质命名的村庄和表示屯垦、牧养活动的村庄名。最后是东乡地区有很多奇僻的、在东乡语中没有具体意义的地名，有人认为这些地名和中亚的某些地名相同或相似，如东乡的甘土光、纳伦光、萨勒、库麦土、胡拉松、乃曼等地名，分别与中亚的干土城、吉尔吉斯斯坦的纳伦城、布哈拉和撒马尔罕之间的萨里普勒、土克曼、霍拉桑、乃蛮相同或相似。这一现象在明《河州志》“孝奇名于地志，与大夏而西通”的记载中有所反映。

所以，东乡族的形成离不开丝绸之路的畅通，也可以说从丝绸之路上战争和商旅中裹挟而来的东乡族先民和当地的汉族、藏族，和更早来到中华的回族，以及元代大量散布甘肃临夏地区并改信伊斯兰教的蒙古族在相互的交往交流交融中逐步形成了东乡族。

二、丝路精神是东乡族形成和发展的动力及不竭的精神源泉

习主席在系统阐述丝绸之路经济带构想的时候指出，两千多年的交往历史证明，只要坚持团结互信、平等互利、包容互鉴、合作共赢，不同种族、不同信仰、不同文化背景的国家完全可以共享和平，共同发展。甘肃是丝绸之路的核心段，甘肃的丝路文化基因中体现着开放性、多元性、包容性和开拓性的精神，这种精神也是东

乡族形成和发展的动力及不竭的精神源泉。

开放性是丝绸之路精神最显著的特征，历史上如果每个地区、每个国家和民族都是彼此闭关锁国，没有开放的胸襟，那也不存在伟大的“丝绸之路”。正是因为开放的理念，世人才能够“放眼看世界”，丝绸之路沿线的人们不仅“走出去”了，许多的文明用强大的吸引力和招徕力“引进来”了。

历史上，开放性也是东乡民族形成和发展的原动力。除了被动和必须服从的军事签发，更多的东乡族先民是奔波在丝绸之路上的商贾，即“撒尔塔”。中亚撒尔塔人曾以长于商业而闻名于世，在古丝绸之路上，继粟特人之后，执商业牛耳者就是撒尔塔人。[①] 东乡民族也善于经商，被视为擅长经商的民族。历史上，正是由于东乡族先民所秉承的开放性，从丝绸之路上战争和商旅中裹挟而来的东乡族先民像蒲公英一样落在了丝绸之路的南道——河湟地区，生根发芽、茁壮成长，和当地的汉族、藏族、回族、蒙古族等交往交流交融中逐步形成了东乡族。这种开放性的文化秉性也体现在了东乡族现代的民族发展中。在20世纪50年代中期到80年代初，由于社会政治运动、自然灾害及地理与生态环境恶劣等多重原因的驱使，出现了东乡族人口大规模的迁移，其中的绝大多数人来到了新疆。在20世纪80年代初，新疆出现了一个人口达到4万多的东乡族，其人口数量超过了新疆有些世居的少数民族。[②] 如果民族文化中没有秉承开放的文化基因，让人离开故土谈何容易！

多元性也是深深嵌于东乡族文化中的重要特质。首先我们遥望

---

① 马虎成：《撒尔塔：一个曾经被忽略的民族名称——也谈撒尔塔与东乡族族源（下）》，《西北民族研究》1993年第1期。

② 马秀萍：《东乡族人迁移至新疆的原因与趋势》，《昌吉学院学报》2008年第4期。

历史的同时感知东乡族文化，“撒尔塔”人、蒙古语言、伊斯兰信仰、带有游牧文化印记的“手抓羊肉”等文化符号，没有多元文化的交流和交融，就没有东乡族的过去和现在。东乡族在后来的历史发展和形成过程中，也不断地吸纳了汉族、回族、藏族等民族，不断充实东乡族民族文化的多元性特质。1983 年马志勇在其发表的文章中指出：“东乡族形成中同时也直接间接地与哈萨克族、塔吉克族、乌孜别克族、撒拉族、藏族等民族发生了关系…… 东乡族中杨、阎、卡、尹、多等姓的人多是改信了伊斯兰教的藏族发展演变而来的，如百合乡的杨姓东乡人解放以前还向卓尼土司上草纳粮 。”[①]东乡族的历史发展过程演绎出了丰富多彩的文化，塑造出了多元的东乡族文化品质。多元性是不同背景文化在河州东乡共同发展、和平相处形成的局面，是对东乡族精神和文化的最佳诠释。

东乡族文化开放的特征，多元的形态，注定了其必然有广博的包容性。自古至今，东乡族所处的临夏地区都是多民族的杂居区，多种文化体系的交会地，多种宗教的生长带，多种风俗习惯的聚合点。包容不是同化，也不是消灭，而是你中有我，我中有你，共同发展，并存创新。东乡族文化在她的历史演进中形成极强的包容性体现在各个方面。在民族形成中，东乡族先民即形成了自己独特的文化，同时把周边的回族、藏族以及蒙古族等包容进来，在河湟这个区域，形成了你中有我、我中有你的民族生存格局。

在东乡族的历史发展过程中，开拓性也是该民族能够繁荣发展的精神支柱之一。历史上东乡族先民在丝绸之路上的往复奔袭，最后背负着行囊落脚并扎根在了河州一隅，当面对逐步恶化的自然环

---

① 马志勇:《撒尔塔与东乡族族源》,《西北民族学院学报》1983 年第 1 期。

境以及社会环境的变化，东乡族又会离别故土，踏上寻求美好生活的征程，东乡族血液中汩汩流淌着坚韧的开拓精神！尤其是改革开放以来，东乡族把这种开拓性的民族精神发挥得淋漓尽致。东乡县作为东乡族的民族发源地，由于自然地理环境等原因已经无法承载东乡族的进一步发展，东乡族又一次次地走出去，青藏高原著名的柴达木盆地南缘，巍巍昆仑山下，有一座富有传奇色彩的城市，这就是被人们誉为中国盐湖城的格尔木市。格尔木市东郊20公里处有个河东农场，这里有七八十户、上千名东乡族农民定居，他们从干涸的家乡带来了玉米、蔬菜等种子，在格尔木扎根落户，过着江南水乡般的生活。在祖国的青藏高原，曾经还活跃着一些东乡族硬汉，那就是在青藏铁路施工过程中最险、最苦、最累的标段工程上，都有来自甘肃东乡县的农民工，他们吃苦耐劳的精神让生活在高寒艰苦条件下的藏族同胞都感到吃惊，他们为青藏线的贯通作出了很大的贡献。

现代东乡族的发展取得各种成就，无疑是东乡族民族精神中的开拓性、开放性、多元性和包容性在做支撑，而我追溯这种民族精神的渊源，丝绸之路所隐含的精神和价值也是东乡族民族文化汲取养分所在。

（选自《丝绸之路三千里》，科学出版社2017年版）

从“保安城”走出的保安族

保安族聚居区位于甘肃、青海交界的积石山下，北临黄河。保安族主要聚居在积石山保安族东乡族撒拉族自治县境内，少数散居在临夏回族自治州各县和青海省的循化县。根据2010年第六次全国人口普查统计，保安族人口数为20074人。保安族聚居区的保安族使用保安语，保安语属于阿尔泰语系蒙古语族。大多数人兼通汉语，通用汉文。保安族人主要从事农业，少数人从事畜牧业和手工业。“保安”系本族自称。旧时被称为“保安回”。中华人民共和国成立后，于1952年根据本族自愿，定名为保安族。

“保安”是由地名演变为族名的，保安族的族称来源于原居住地保安城，保安族原居住在青海省同仁县隆务河边的保安城、下庄、尕沙日一带，这里原来居住的都是藏族。大约从元代开始，蒙古人进入西北藏族地区。公元1227年成吉思汗攻取西夏五城兴庆府，夺得积石州后，连河州也相继变成了蒙军的重要据点。公元 1247 年，西藏萨班在丝绸之路核心——凉州会盟蒙古太子阔端后，蒙古军在西藏地区的往来也相当频繁，而保安一带已成为兵家必争的交通要道，同时，一些蒙古军队和“探马赤军”中的中亚色目人就地驻扎屯垦，被称为“守边防番”和“营伍人”。元世祖后期，将这些“探马赤军”编入民籍，成为民户，从此在同仁戍边屯垦的军士，成为保安族的先民。

甘肃保安族史话

据文献记载，明洪武四年（1371 年），在今青海省同仁县保安城的西山曾建立保安堡。明万历年间曾在青海省同仁地区设置保安营，修建了保安城。明末清初，保安族社会发展，人口增加，当时保安城内“番回”达百余家，城外有四屯，1000 余户，由土千户统治。同治初年，保安族因受当地喇嘛教隆务寺封建主欺压，被迫东迁。先在循化居住数年，后又转徙今甘肃积石山下大河家、刘集一带定居下来，他们居住的大墩、甘梅、高李等村庄，仍被习惯地称为“保安三庄”。从清末至中华民国时期一直处在地方军阀马安良、马步芳等统治下。1930 年起，国民党政府推行保甲制，将该地划为

“两保”。1952 年根据本民族的意愿，由国家正式定名为保安族，并成立了以“保安三庄”区域为主的保安族自治乡。一般认为该族是元、明时期以信仰伊斯兰教的一支蒙古族和色目人在长期的历史发展中，吸收了一部分回族、藏族、土族等而逐渐形成。

（选自《丝绸之路三千里》，科学出版社 2017 年版）

走向丝路的甘肃安多藏族

藏族是一个历史悠久的民族，早在几万年前的旧石器时代，藏族先民就劳动、生息和繁衍在被称为“世界屋脊”的青藏高原上。藏族的先民吐蕃人建立的“吐蕃”作为一个政权和中原王朝发生关系始于隋唐，之后，藏族逐步从青藏高原走向中原，也走向了丝绸之路。

从公元7世纪中叶至9世纪中叶，在大约200年的时间里，吐蕃先后控制了河陇、西域地区并对其加以经略。当时，在从东起河西走廊、西至新疆南部的广袤地区，蕃、汉、胡各族军民杂居互处，一起耕作、生息，相为婚姻，形成了各民族文化互相交流、互相融合的局面。正是由于经历了这种交流局面，才逐步形成了“你中有我，我中有你”的中华民族共同体。

统一的吐蕃王朝崩溃后不久，唐王朝也于公元907年灭亡。藏族逐步向内地迁移，迁移到河陇地区的吐蕃“种族分散，大者数千家，小者百十家，无复统一”。[①] 其中河西走廊成为藏族的聚居地，藏族扼守丝绸之路，以河西凉州为中心，形成了凉州吐蕃六谷部联盟政权。

一、唐代吐蕃对丝绸之路的扩张和经略

公元7世纪初，中国历史进入了一个新阶段。在内地，经过300余年的分裂动乱，一个强大、统一的唐王朝建立、巩固和发展起来，并出现了经济繁荣、文化发达、国家富强的局面。与此同时，居住在西藏高原的吐蕃在其卓越的君长松赞干布统领下，经过纷繁的兼并战争，也统一了青藏高原的各大小部落，建立了一个“雄霸西域”“四邻畏之”[②] 的吐蕃王朝，经过迁都改制、创制文字后，政治、经济、文化等各方面，出现了一个蓬勃发展的局面。到松赞干布时，基本统一了青藏高原大部，正式建立起吐蕃政权。同时，松赞干布乘势扩大疆域，武力征服了青海高原东部，使其势力东达四川西部地区和甘肃的一部分。

不断扩大疆域，向东扩张的吐蕃王朝必然会遭遇到强盛唐王朝的阻击。贞观十二年（638年）八月，新兴的唐朝与吐蕃在松州（现四川阿坝藏族羌族自治州松潘县）地区发生了大规模武装冲突，史称松州之战。此战规模宏大，双方先后共投入约30万兵力。松州之战便是唐蕃之间对抗的产物，也正是松州之战，促成了唐蕃联姻。

松州之战后期唐蕃进入对峙阶段，对双方的消耗极大，唐蕃开

① 《宋史》卷492《吐蕃传》。

② 《唐会要》卷97。

始由对抗走向和解，双方主要有两次往来，即松赞干布“遣使谢罪”“因复请婚”以及吐蕃遣其相禄东赞入唐致礼；在641—649年间双方通过联姻、通使进一步巩固唐蕃关系，而文成公主和金城公主相继进藏联姻已经是大家耳熟能详的历史了，在此不赘述。

从公元7世纪中叶至9世纪中叶，在大约200年的时间里，吐蕃先后控制了河陇、西域地区并对其加以经略。吐蕃对西北地区的经略，直接的影响就是推动了吐蕃与汉族及其他民族的交往和联系。当时，在从东起河西走廊、西至新疆南部的广袤地区，蕃、汉、胡各族军民杂居互处，在一起耕作、生息，相为婚姻，形成了各民族文化互相交流、互相融合的局面。

吐蕃占领敦煌后，在当地大兴佛事，广度僧尼，任命佛教官吏，使敦煌地区的佛事活动空前兴盛，在公元781—847年吐蕃占领的60余年中，开凿的洞窟就有40多个，比唐朝初年到781年以前的80余年中所建的洞窟还要多①。与之前的洞窟相比，在吐蕃时期的洞窟中不乏杰出的作品，其水平只有进步，没有退步。此期洞窟的特点是刻画细腻、流畅，而且在设计方面有所创新。

敦煌壁画中的《赞普礼佛图》

① 万学汇:《吐蕃统治时期敦煌石窟艺术的时代特性》,《中国藏学》2007年第1期。

吐蕃统治时期，莫高窟洞窟壁画中出现了供养人画像大大减少、吐蕃装出现以及吐蕃装与供养人画像同时并存于洞窟、僧人多于世俗人等现象[①]。其中最为典型的就是第158、359、220、225等窟吐蕃装供养像的出现，时代特性极其明显。

在壁画的内容上，此期作品明显受到吐蕃文化的影响。第159窟东壁南侧有一幅引人注目的吐蕃赞普听法图。图中，赞普与中原皇帝对面而立，在西域各国王子的簇拥下，他身着左衽长袖缺骻衫，头戴红毡高帽，手执熏香，足踏长垫，做礼佛姿势。赞普身后，还有身着左衽长袍、头束双童髻的奴婢，这应是一种蕃、汉混合装。属于晚唐的第156窟东壁下，画有一幅张议潮统军出行图，其中舞伎分两行，一行戴幞头；另一行束双髻，采络额，着缺骻花衫，她们挥舞长袖，踏歌而前，这应是吐蕃的舞蹈。这些能歌善舞的女子，即是吐蕃人，因为在张议潮的起义队伍中，有大量的吐蕃人。可见，在吐蕃统治敦煌数十年后，吐蕃文化艺术也流传到汉族人民中间，并为他们喜闻乐见。吐蕃占领河西走廊时期，蕃、汉人民在“义同一家”的长期生活过程中，服饰、习俗互相影响，自然出现新的特征。

吐蕃经略河西的时期，也是大力推动佛教发展的重要历史时期。吐蕃统治沙州初期，其地有寺院13座（其中尼寺4座），僧众共310人，到吐蕃统治瓦解至归义军初期，寺院有16座，僧尼1000人，比初期增加3倍以上，这是吐蕃统治时期大兴佛教的结果。在寺院与僧尼数均迅速增加的基础上，写经事业在敦煌迅速兴起，蓬勃发展。当时每所寺院都设有抄写经书的“经坊”，这是根据赞普之命成立的官营事业。经坊人数不等，有的寺院仅数人，有的十几人，多

① 沙武田:《吐蕃统治时期敦煌石窟供养人画像考察》,《中国藏学》2003年第2期。

敦煌壁画中《张议潮统军出行图》

者达数十人。这些僧俗写经生终日忙碌，遵照赞普之命将《无量寿宗要经》在敦煌写了数千部，一部600卷的《大般若经》也写了数部。这些经卷分汉文和古藏文两种，它们在汉藏宗教文化的交流中无疑起到了巨大的媒介作用。

综上所述，吐蕃控制了河西走廊之后，丝绸之路同样并没有断，还是通的，但这个通，是吐蕃向西和其他民族国家之间进行贸易和文化的交流，向东也一直和中原王朝保持着密切的政治、经济和文化间的交流和互动。

二、宋代吐蕃对丝绸之路凉州及南道的扼守

北宋时期，中华大地被辽、宋及西夏政权分别占据，除此之外，西北还存在一些民族政权，主要有吐蕃、回鹘等。这些民族政权的关系，尤其是吐蕃和北宋的关系，随着彼此势力的消长，特别是北宋和辽、西夏关系的变化而变化。分裂后的吐蕃在近百年的时间里，在河陇地区形成了以吐蕃为主的两个政权，凉州吐蕃六谷部联盟和青唐唃厮啰政权。

西凉府吐蕃是以六谷[①]吐蕃部族为中心组成的西北吐蕃的第一次联盟。凉州历来是多民族聚集的地区，自汉代以来，月氏、匈奴、鲜卑、羌和汉人一直在这里错居杂处。唐朝初年，回鹘、铁勒等部落迁居凉州，这里的民族构成更加复杂。安史之乱后，吐蕃乘机向凉州扩张。唐末五代初，凉州地区逐渐为吐蕃所重视，河西走廊西部的吐蕃部落开始大规模向凉州集结，凉州城外逐步成为吐蕃人聚居的重要地区。宋朝建立后，凉州吐蕃逐步形成了以阳妃谷为主的六个山谷的蕃部，后来称为六谷部。六谷部于天圣六年（1028 年）被西夏攻破。凉州六谷吐蕃部政治军事集团宣告解体，10 万余众多投奔湟水流域新兴的唃厮啰吐蕃政权。

青海西宁青唐城遗址

“唃厮啰”为藏语音译，本为人名，意为“佛子”。“唃厮啰”原名欺南陵温（997—1065），号瑕萨，吐蕃末代赞普朗达玛后裔。北宋大中祥符二年（1009 年），欺南陵温 12 岁时被河州（甘肃临夏）商人何郎业贤到西域高昌经商时带回河州。不久，河湟地区吐蕃部落大首领宗哥（今平安县）人李立遵和邈川（今青海湟中）人温逋奇以武力把欺南陵温劫持到廓州（今青海化隆县境），拥立欺南

① 六谷是指发源于祁连山东的六条河流，从南到北依次是古浪河、黄羊河、杂羊河、金塔河、西营河和东大河。这六条大河流经谷地，形成了凉州绿洲。六谷部落就是指居住在凉州城南这六条河谷中的吐蕃和吐蕃化了的各民族部落群体。

陵温为“赞普”（国王），并为之改名为“唃厮啰”。其政权也称“唃厮啰”，部属也称“唃厮啰吐蕃部”。由于打着吐蕃赞普的名义，具有很强的号召力，河、湟地区及附近吐蕃大小部落都率众来归。李立遵自立为国相，又把赞普驻地迁到经济、文化比较发达的宗哥城（今青海平安县）。此后，唃厮啰部族渐盛，又将都城迁到青唐（今青海西宁市），从此，青唐便逐步发展为甘、青一带吐蕃部落的政治、军事、经济、文化和宗教中心。而唃厮啰也正式成了湟水流域吐蕃部的首领。宋徽宗崇宁元年（1102 年），宋朝开始进取湟水河流域吐蕃部。1104 年，宋军彻底摧毁唃厮啰政权，宋朝改鄯州（治所在今乐都）为西宁，是为今西宁市之名的开始。[①] 此后，唃厮啰家族虽然还继续在青藏高原一带活动，但已经一蹶不振了。

元代蒙古统治者对藏区武力征服的同时，也十分留意在藏区寻找合作者和代理人。最终藏传佛教萨迦派第四代祖师萨迦班智达（简称萨班）被蒙古统治者阔端选中，1246 年 8 月，萨班一行经过近两年的跋涉，抵达了甘肃丝绸之路的核心段——凉州，萨班和阔端遂在凉州举行了具有历史意义的会谈。这次会谈标志着整个藏区纳入蒙古帝国的统治范围，为以后元朝的有效统治奠定了坚实基础。凉州会谈使西藏地区免于遭受蒙古铁骑的更大蹂躏，自此以后，包括西藏在内的整个藏族地区

唃厮啰家族世系史

① 《通鉴长编纪事本末》卷 140《徽宗皇帝·收复鄯廓州》。

结束了长达近400年的分裂割据局面。从此，藏族人民与中华民族的命运紧密地联系在一起，汇入了中国历史发展变迁的洪流之中，为共同创造中华民族的灿烂文明作出了贡献。

中国六大牧场之一——甘南牧场

时至今日，藏族是甘肃的主要少数民族之一，主要分布在甘肃南部的甘南藏族自治州和河西走廊核心地段的天祝藏族自治县。甘南藏族自治州地处甘、青、川三省结合部，是全国的“五大牧区”之一。自治州辖夏河、碌曲、玛曲、迭部、舟曲、临潭、卓尼七县及合作市，共有99个乡镇（街道办）、664个行政村，国土总面积4.5万平方公里，总人口73.07万，其中藏族占总人口的54.2%；天祝藏族自治县位于甘肃省武威市东南部。境内的乌鞘岭是地扼东西的通道，势控河西的咽喉，地势险要，素有“河西走廊门户”之称。全县辖域面积7149平方公里，176个行政村，18个居委会，有藏、汉、土、回、蒙古等28个民族，总人口23万人，其中少数民族占总人口的37.1%，藏族占少数民族人口的97.14%。

（选自《丝绸之路三千里》，科学出版社2017年版）

丝路曾经的守护者

——裕固族

裕固族是甘肃特有的少数民族，约 14378 人（2010 年全国第六次人口普查），有语言，分为东部裕固语、西部裕固语，无文字，通汉语文，信仰藏传佛教，裕固族以养殖山羊、牦牛和骆驼为主，主要从事畜牧业，兼营农业，崇尚骑马和射箭。裕固族有着悠久的历史和独特的文化，它和曾于公元 8 世纪在蒙古高原推翻突厥汗国而建立回纥汗国的维吾尔人以及由漠北迁到河西走廊的河西维吾尔有密切关系。现今的裕固族是以古代维吾尔人的一支——黄头维吾尔为主体，融合蒙、藏等民族而形成的。甘肃裕固族主要聚居在祁连山北麓，分布于甘肃省张掖市肃南裕固族自治县境内的康乐、大河、明花、皇城区及马蹄区的友爱乡，其余居住在酒泉市肃州区的黄泥堡裕固族乡。

一、丝绸之路曾经的主宰者——回鹘

裕固族先民可以追溯到唐代的回纥、回鹘，回纥本是铁勒的一支，是我国隋唐时期发展起来的重要民族。在西北少数民族中，回纥对丝绸之路的贡献最大。回纥之前，粟特曾经是丝绸之路贸易的主宰，并影响着丝绸之路上的突厥、回鹘等民族。随着历史的演进，回鹘后来居上，天宝四年（745 年），回纥灭东突厥汗国，占据突厥故地，“斥地愈广，东极室韦，西（至）金山，南控大漠，尽得古匈奴地”,[①] 成了漠北继匈奴、突厥之后又一个强大的汗国。在其政权存在的将近 100 年中，回纥在很大程度上维护和利用了丝路交通。

回纥与唐朝保持了较为密切的政治、经济和文化联系，贞元三年（787 年），回纥再次请求和亲，面对吐蕃逼迫，唐德宗将第八女咸安公主嫁给回纥可汗，借助回纥力量牵制吐蕃，以达到以夷制夷目的。此次和亲，唐朝争取到了回纥势力，扭转了一百多年来唐朝与吐蕃交战失利的被动局面。唐朝将“回纥”名称正式改为“回鹘”，此时回鹘汗国势力达到鼎盛的时期，击败吐蕃，收复北庭、西州、凉州后，将控制区域推进到龟兹，其势力最远达到中亚地区。此时，回鹘最大贡献是保卫丝绸之路上天山南北的交通枢纽北庭和龟兹，确保了丝绸之路在西域的畅通无阻。

开成五年（840 年），漠北回鹘汗国灭亡，大批回鹘人迁居河西走廊一带，成为吐蕃的属民。西迁后的回鹘人分居在河西各地，部分回鹘人到了甘州，逐渐发展为回鹘在河西较为集中的聚集区之一。此外还有许多部落散布于河西和陇右。后来建立了三个政权：西州

① （宋）欧阳修等撰:《新唐书》卷 217《回纥传》,中华书局 1975 年版,第 6115 页。

回鹘王国、喀喇汗王朝和甘州回鹘政权。解体后的回鹘各支，也在不断地为丝绸之路的畅通尽心尽力。

敦煌壁画中的回鹘公主形象

经过 20 多年的东征西战，至公元 900 年左右，回鹘占领甘州，成为牙帐所在地，甘州回鹘王国政权正式形成。至 10 世纪初时，甘州回鹘几乎已经控制了整个河西地区。甘州回鹘对河西走廊的统一，基本上结束了丝绸之路沿线分裂割据的局面，使河西处在其统一的管理之下，促进了当时中西方经济文化的交流。

二、甘州回鹘在丝绸之路上的最后辉煌

如前所述，9 世纪中叶，漠北回鹘汗国灭亡，回鹘各部离散，其中一支南下向西迁入河西走廊，与原先迁入的回鹘人结合，以后其势力逐渐强大，并经过几十年的发展与融合，建立了回鹘政权，因其牙帐在甘州，史称甘州回鹘，亦称河西回鹘。

五代至宋初，河西地区的回鹘，除以甘州为中心以外，还分布在沙州、凉州、肃州等地。[①] 北宋时期，中华大地被辽、宋及西夏政权分别占据，除此之外，西北还存在一些民族政权，主要有吐蕃、回鹘等。这些民族政权的关系，随着彼此势力的消长，特别是北宋和辽、西夏关系的变化而变化。

---

① 陈溯洛:《甘州回鹘始末与撒里畏兀儿的迁徙及其下落》,《西北史地》1988 年第 1 期。

宋初对西北地区采取了无意疆理的政策，主要原因之一就是，辽的强大分散了北宋对西部的注意力。在北宋将御边重点放在辽的时候，西部的党项通过接受辽的册封并与契丹联姻，赢得了相对稳定的空间与时间，大大加快了自身发展的速度。西夏不仅恢复了五州故土，还攻占了宋西北军事重镇灵州，继而向西发展，终成为在西部有影响的政权。随着北宋与党项的矛盾不断上升，回鹘诸族成为北宋在西北可以利用的牵制力量。可以说，在这一时期，少数民族的向背不仅在一定程度上关系到宋王朝西北边陲的安全，而且也决定了北宋王朝能否成功地解除来自辽、夏的威胁。

甘州回鹘统辖河西地区后，继承回鹘与唐朝友好交往的传统，同五代及宋朝建立了良好的关系，并与内地各族人民往来关系密切。一方面，回鹘可汗不仅经常遣使向统治中原的历代王朝奉贡，且接受各王朝封册，以示臣服。另一方面，回鹘可汗对中央王朝始终以“舅甥”相称，形式上表示归附。这些与中原王朝友好往来的行为，加强了与中原王朝的联系，完成了河西地区的局部统一，巩固了祖国西部边陲。

甘州回鹘地处中西交通要道，丝绸之路的中段，在占据河西之后，先后与吐蕃、西夏的统治集团围绕丝绸之路进行了一系列斗争，为维护中西交通，促进丝绸之路的经济往来，作出了巨大的贡献。甘州回鹘在丝绸之路上的最强的劲敌是西夏，据史载：“大中祥符元年（1008 年），夏州万子等军主领族兵趋回鹘，回鹘设伏要路，示弱不与，俟其过，奋起击之，剿戮殆尽”[①]，但直到大中祥符九年（1016 年），才把西夏控制的凉州归属于回鹘，回鹘控制河西走廊十

① 脱脱：《宋史》，中华书局 1977 年版，第 14115 页。

余年，维护了丝绸之路的畅通。

但最终在辽和西夏的联合夹击下，丝绸之路曾经的守护者——回鹘政权走向了灭亡。宋仁宗天圣四年（1026 年），辽国、西夏再次联合进攻甘州，围甘州城数日，甘州城未被攻破。天圣六年（1028 年），西夏军攻破甘州，甘州回鹘政权灭亡。天圣八年（1030 年），瓜沙回鹘降夏，至此，西夏完全占据了河西地区。

三、回鹘的后来——裕固族的产生

西夏攻占甘州之后，甘州回鹘遂即离散。其中一支投奔于青唐城（今青海西宁）之吐蕃首领唃厮啰，《宋史·吐蕃传》记载说："及元昊取西凉府，潘罗支旧部往往归唃厮啰，又得回纥种人数万。"另一支向西迁移，进入沙州。当时瓜沙地区仍为曹氏归义军所有，他们和甘州回鹘是几代联姻的亲家，并且当时在瓜、沙一带还居住着大量的回鹘人。甘州回鹘全部进入瓜、沙地区后，与当地的回鹘人合力，乘西夏进攻瓜、沙之际，推翻了瓜、沙曹氏归义军政权，建立了一个新的回鹘政权——沙州回鹘政权。11 世纪被称作"黄头回纥"，元代称为"撒里畏兀儿"。[①] 至于未迁走的部分回鹘人，则暂时逃居山谷间，后来均被西夏所征服。

根据回鹘学者杨富学的研究成果，裕固族民族实体的形成，皆与蒙古豳王出伯家族势力的消长息息相关。

沙、瓜二州自 9 世纪中叶以来即为回鹘主要活动区域之一，并于 11 世纪中期以瓜、沙为中心建立回鹘国。时至元代，二州分别受蒙古豳王家族的西宁王和肃王统治。1368 年，元朝灭亡，但甘肃行

---

① 高自厚：《撒里畏兀儿东迁和裕固族的形成》，《西北民族研究》1986 年第 1 期。

省北部瓜、沙、肃等州及哈密一带地区仍处于出伯家族的控制之下，直到洪武五年（1372年），朱元璋遣征西将军冯胜率大军经略河西，在瓜、沙、肃三州击败元朝留守河西军之残部。此后，明廷于西北诸地封王置卫，关西七卫，即安定、阿端、曲先、罕东、赤斤蒙古、沙州、哈密七卫由是得以次第设置，诸卫之中除了原来游牧于青海湖北部的罕东卫与罕东左卫外，分布于撒里畏兀儿、河西西部、哈密等地的安定、阿端、沙州、哈密诸卫均由察合台后王豳王出伯集团转化而来，包括撒里畏兀儿在内的当地回鹘人均受其节制。由于各卫统治者之间相互攻杀，加上吐鲁番的不断侵袭，关外诸卫相继崩溃，难以自立。随后，其他诸卫亦因不能自立而纷纷内迁。撒里畏兀儿（裕固族的先民）的东迁也发生在这一时期。

学术界认为，裕固族的迁徙与民族实体的形成，与蒙古豳王出伯家族势力的消长息息相关。元明时代，豳王及其后裔在河西走廊西端及西域东部地区的活动，对裕固族的最终形成在政治上起到了核心作用，[①] 而包括黄头回纥（撒里畏兀儿）在内的河西回鹘人在文化上却开始了重大影响，蒙古贵族逐步回鹘化，而回鹘也逐步接受了蒙古统治者信奉的藏传佛教，实现了文化上的趋同。蒙古豳王家族与回鹘人长期共处同一地域，政治、经济、文化、宗教的联系都非常密切，经过千百年的水乳交融和发展演进，形成了你中有我，我中有你的不可分离的关系，最终形成了独具特色的一个民族共同体——裕固族。

综上所述，回顾丝绸之路的历史，回鹘对保护丝绸之路畅通作出了巨大贡献。从赶走东突厥，与吐蕃争夺丝绸之路，和粟特商人

---

① 有关论述，详见杨富学、张海娟：《蒙古豳王家族与裕固族的形成》，提交“裕固族文化发展学术研讨会”（张掖，2012年7月22—25日）论文。

的贸易往来，到后来与宋朝、六谷蕃部联合抗击西夏，直至灭亡才失去丝绸之路的控制权。无论是在漠北，还是后来迁居于新疆、河西走廊等地，回鹘为疏通和利用这一中西陆路交通，进行丝路贸易，甚至独占丝路之利，同中原各朝各代都保持着密切的政治、经济、文化交流。

（选自《丝绸之路三千里》，科学出版社 2017 年版）

雪山蒙古族

甘肃蒙古族有自治的地区为肃北蒙古族自治县，肃北蒙古族自治县隶属于甘肃省酒泉市，位于甘肃省西北部，河西走廊西端南北两侧，县域分南山和北山两个不相连的区域，总面积66748平方公里，周边与一个国家、三个省（区）三个县市接壤。下辖2个镇、2个乡，总人口11741人（2012年），其中蒙古族4446人，占37.9%。肃北县境在先秦时期就有游牧民族活动；西汉时并入中原王朝版图，属敦煌郡；后战事不断，归属屡易，地方政权、游牧民族势力范围犬牙交错，中央政权控制力较弱。清代起属甘肃省，民国二十六年（1937年）设肃北设治局。1950年7月解放，1955年肃北蒙古族自治县成立。

今日的肃北蒙古人是顾实汗的后裔和硕特部落。和硕特部是卫拉特蒙古四部之一，卫拉特在中国历史上，元朝称“外剌”，明朝称

“瓦剌”或“卫拉特”，清朝称“额鲁特”。肃北蒙古族从往来于丝绸之路并逐步在祁连山脚下定居生存，并一直保留着自己的语言、历史、生活习俗、节日、服装、饮食等生活习惯至今。肃北蒙古族也被誉为“雪山蒙古族”。

一、蒙元统治时期蒙古族对丝绸之路的治理与经营

公元1227年，成吉思汗覆灭了西夏王朝之后，留重兵驻守六盘山，以控制原西夏王朝的属地。公元1229年，窝阔台即大汗位之后，以其子阔端领有今甘、青地带。公元1251年，蒙哥汗即位，以原属阔端的领地划归其弟忽必烈统管，忽必烈控制着包括原西夏王朝境地在内的西北广大地区。忽必烈取得帝位之后，为了支援西域，稳定北方，抑制西北诸王的叛乱，乃于至元九年（1272年）封其子忙哥剌为安西王，河西上下周围地带成了安西王忙哥剌的领地。至元十五年（1278年）十一月，忙哥剌逝世，其子阿难答袭封安西王，仍常驻于六盘山的开成府，抑制西北诸叛王的进攻。公元1307年，元成宗逝世，阿难答因为参加帝位的争夺，元武宗即位之后，处死了阿难答。

蒙古帝国时期和元朝初年分封亲王出镇原西夏王朝境域，并采取了一些稳定措施之后，到元世祖至元十八年（1281年），建立了直属王朝中央的甘肃行中书省。甘肃行中书省的建立，使西北一片地区的统一稳定和巩固了，改变了西夏时期的分裂局面。同时由于蒙古兵横扫中亚、西亚，建立了四大汗国，将这片广大的土地置于蒙古统治之下，东西连成一片，使得河西走廊这条传统的丝绸之路重新畅通。为了加强与西北及四大汗国的联系，统治者又在西北开辟了一些新的驿道。

元代的甘肃行省是古代中西交通丝绸之路的枢纽，而元朝在甘肃行省境内设置站赤，使中西交通设施更加具体化和制度化了。《元史·地理志三》记载，甘肃行省有马站六处；《元史·兵志四·站赤》则记载：“甘肃行中书省所辖三路：脱脱禾孙马站六处，马四百九十一匹，牛一百四十九头，驴一百七十一头，羊六百五十口。”甘肃行省境内站赤的设置，不仅有利于中央与地方间军政信息的沟通，而且打开了商业交通道路，有利于边疆经济的开发和发展，也保证了丝绸之路上东西方的经济和文化交流。

珍藏于甘肃省博物馆的八思巴文元代银牌

蒙元时期对驿道的建设，加强了西北与各地的文化交流，各种文化在相互交流与融合的过程中，又刺激了商品交换的需求。这一时期，大量外国人来华，通过陆路经过或到达西北，给这一地区文化注入了新元素，使得西北地区的文化绚丽多姿。尤其是伊斯兰文化，在丝绸之路的推动下，很多善于经商的回族人来到西北，活跃于中西联系的各个通道上，正是由于蒙古帝国的建立，才缔造了以驿道为载体的民族大迁徙、民族大融合以及文化大交流，使这种文化纷呈的局面在西北得以充分体现，更促进了西北经贸的进一步繁荣。

元朝政府对甘肃乃至西北的经营和治理，不仅恢复了传统的丝绸之路，还疏通了南西伯利亚向西的驿道。蒙古统治者向外的积极扩张，征服了亚洲的大片土地，使得国际联系变成了国内贸易，明人曾感叹“元有天下，薄海内外，人迹所及，皆置释传，往来，如行国中”。因而，蒙元统治时期，存在于东西之间的和往来于东西之间的商旅的规模都达到了空前的程度。

二、成为甘肃丝绸之路中原住民族的蒙古族

随着蒙元统治者实力的推进和疆域的不断扩大，蒙古族也逐步从最初的定居地漠北高原不断向西北乃至中亚、西亚扩散。元朝建立后，有大量的蒙古人移民以各种形式进入甘宁青地区，尤其是甘肃丝绸之路沿线地区。主要有以下三种情况：一为屯戍。成宗大德七年（1303 年），“蒙古军在山东、河南者，往戍甘肃，跋涉万里，装橐鞍马之资，皆其自办，每行必鬻田产，甚则卖妻子”，仅驻守在甘州并进行屯田的蒙古军便达万人以上。[①] 二为避灾迁入。由于相距较近，大漠南北发生灾荒时往往就有一些蒙古饥民南下迁入甘宁青地区。世祖至元七年（1270 年），诸王拜答寒部告饥，朝廷令无车马的贫民就食甘（今甘肃张掖）、肃（今甘肃酒泉）、沙（今甘肃敦煌）三州；至元二十六年（1289 年）徙弘吉剌部贫困者就食六盘（今宁夏境）；延祐七年（1320 年），朝廷要求甘肃将旷地给朔方民户屯种，[②] 均是此类例子，不少饥民便留居于当地。三是受封为王而迁入。为了加强对边远地区的统治，元朝政府“命宗王将兵镇边徼

① （明）宋濂：《元史》，卷一百三十四《和尚附千奴传》，卷二十一《成宗纪》。

② （明）宋濂：《元史》，卷七《世祖纪》，卷十五《世祖纪》，卷二十七《英宗纪》。

襟喉之地”,[1] 建立起诸王镇守制度。元代受封于甘宁青地区的诸王有安西王忙哥剌、阿难答父子，西平王奥鲁赤，宁王卜烟帖木儿，弘吉剌部的昌吉驸马（宁濮郡王）兄弟，西宁王忽答里迷失与速来蛮，威武西宁王出伯等。以上诸王都有部属，据芈一之先生研究，元代仅在青海的蒙古族人数当以万计。[2] 由此可见元代有大量蒙古人进入甘宁青一带。

1368 年（元至正二十八年，明洪武元年）秋，明将徐达、常遇春等北取中原，期于大都会师。元惠宗妥懽帖睦尔（卒后谥号顺帝）携后妃、太子及宗室北走。以妥懽帖睦尔为首的蒙古封建主被迫退出中原后，仍沿用元朝帝号、印玺及官制等，企图重新入主中原，与明朝形成长期对峙局面。在明朝辖境内，也还居住着几十万蒙古族，尤其是在甘肃河西走廊西端与新疆东部的沙州、罕东、赤斤蒙古、哈密等卫所所辖地区，就有不少蒙古族，明朝政府任命其已归顺的头目为卫所的都督、都指挥、指挥、千户、百户及镇抚等官职。这时候蒙古族已经成为甘肃丝绸之路上的原住民族了。

三、甘肃肃北雪山蒙古族的渊源

虽然蒙古族在元代时期曾经叱咤丝绸之路，同时经过不同的原因和途径大量的蒙古族迁移到了甘肃、河西走廊一带，但经过几百年的民族交流和融合，在甘肃丝绸之路一带许多的蒙古族逐步和其他民族融合，但有一支蒙古族却在甘肃的最西端——肃北县，顽强地生存至今。

---

① （明）宋濂:《元史》,卷九十九《兵志二》。

② 芈一之:《青海民族史入门》,青海人民出版社 1987 年版,第 22 页。

肃北是离海平面四千多米高的雪山高原地带，山顶上长年白雪皑皑，气候极为寒冷，故西北各族人民称甘肃蒙古族为甘肃雪山蒙古人。甘肃雪山蒙古人的百分之九十以上是新疆四个卫拉特部中的和硕特部和土尔扈特部之后裔。和硕特部即13世纪时的哈布图哈萨尔（成吉思汗之弟）的后裔，姓博尔济吉特。在和硕特部首领固实汗（1582—1657）以前，和硕特部一直在新疆天山南北游牧，固实汗因不满于准噶尔部首领哈剌忽喇在四卫拉特丘尔干（议事机构）中的盟主地位，于1620年带领和硕特部从新疆迁至青海，1642年又举兵入藏，击败了藏巴汗，统治了青海、康区和大部分卫藏地区，固实汗以汗王坐镇拉萨，把青海分为左右两翼（左翼包括今海北、柴达木西北部、甘肃西部及西套地区，右翼包括黄河南岸、海南、玉树、果洛及柴达木盆地西南部）。固实汗重孙苏那木达什居于左翼，他于1705年在青海东部建立了呼尔勒格旗（即和硕特部北左翼右旗），甘肃雪山蒙古人中的和硕特人就是该旗创始人苏那木达什及其属民的后裔。[①]

土尔扈特部是12世纪蒙古族最强盛的三大部落之一的克烈部首领翁汗后裔，原牧于新疆雅尔。在首领和鄂尔勒克时，因不满于准噶尔部之丘尔干盟主地位，于1628年弃雅尔牧地，和鄂尔勒克带领部众，越哈萨克西走，迁至伏尔加河流域。但18世纪下半叶，土尔扈特部首领渥巴锡不满于俄罗斯欺压扩张及繁重的徭役和赋税，于1771年带领部众返回新疆伊犁。该部最后一个汗满楚克扎布于1930年世袭汗位，在新疆称满汗王。1937年为盛世才逮捕入狱后（1944年盛世才去职后才被释放），一部分土尔扈特人迁至甘肃北部边境马

① 玛·乌尼乌兰：《甘肃雪山蒙古人溯源》，《内蒙古社会科学（汉文版）》1983年第4期。

鬃山地带，为管理这部分土尔扈特人，安西在马鬃山将军台设立了肃北设治局，历史上第一次出现了“肃北”这一新的名称。1941 年冬和 1942 年上半年，青海呼尔勒格旗（即苏那木达什于 1705 年建立的和硕特部北左翼右旗）九个套海（套海相当于现公社范围）中的沙尔格勒金、色尔德格、马成、乌格图勒四个套海的和硕特牧民 390 多户和邻近的呼尔勒格扎萨克旗（也属和硕特部）30 户牧民一起迁至甘肃省安西、敦煌、玉门等地，当地有关部门经多方协商后将这部分和硕特蒙古人归属于肃北设治局，与土尔扈特部蒙古人杂居。1950 年在肃北鱼儿红召开牧民代表大会，建立了肃北蒙古族自治区，1953 年自治区所在地迁至党诚湾，1954 年将自治区改为自治县。

（选自《丝绸之路三千里》，科学出版社 2017 年版）

河西走廊中的哈萨克族

哈萨克族是一个历史悠久的古老民族，早在公元前就在中国西部和中亚这片古老的土地上繁衍生息。史书《汉书》《史记》大量记载着公元前3—1世纪的乌孙部落、康居等部落，还有匈奴、大月氏、塞人等都与哈萨克族族源有密切关系。

一、活跃在丝绸之路上的古代哈萨克先民

根据希腊、波斯文献和中国历史文献记载，可以确定古代塞人的故乡包括今天的哈萨克大草原、中亚及中国西部一带（新疆）。中国历史著作中有许多关于塞人的记载。《汉书》中将斯基泰人称为“塞人”，称他们的首领为“塞王”。《汉书·西域志》载：“本塞地也，大月氏西破走塞土，塞王南越县度，大月氏居其地，后乌孙昆莫击破大月氏，大月氏徙西臣大夏，而乌孙昆莫居久，故乌孙民有塞种、大月

氏种云。”这一点正证实了古代塞人与哈萨克族族源密不可分。

与塞人一样，古代匈奴人也与哈萨克族族源有关。在匈奴人西迁途中，曾在现在的哈萨克大草原，也就是古代乌孙、康居居住过一段时间，在他们继续向西（欧洲）迁徙途中，部分部落留在了哈萨克大草原，并融入当地的氏族部落之中。国内外许多研究人员都认为哈萨克族中玉兹大部落中的阿尔根部落便是古代匈奴的直系后代，这无疑证明了古代匈奴人与哈萨克族族源密不可分。

古代的大月氏是公元前三四世纪居住在敦煌、祁连山一带的部族。当时居住在这一带的乌孙部落和较为强盛的匈奴都曾臣服于大月氏并送留人质在大月氏王宫。直到公元前 209 年冒顿单于登基后打败大月氏，老上单于“杀月氏王，以其头为饮器”。被击败的大月氏被迫西迁，穿过大宛，进攻大夏并征服了它，在阿姆河北岸建立了都城和王宫。而没有同他们西迁，留下来的部分大月氏人受到北山（即祁连山）一带的羌族的保护，后被称为“小月氏”。关于西迁的大月氏人，据《汉书》记载，大月氏本是游牧部族，“随畜移徙，与匈奴同俗”。有军队 10 多万人，因此他们自以为强大而藐视匈奴，并游牧于敦煌、祁连山一带。当他们败于匈奴西迁至伊犁一带时，也就是公元前 177—前 176 年间，已是“户十万，口四十万，胜兵十万”的部族，这个部族西迁后的定居地“土地风气，物类所有，民俗钱货，与安息同。出一封橐驼……西至安息四十九日行”。这说明大月氏败于匈奴西迁之后，先居于伊犁七河一带，将塞人排挤到其南部。后来，乌孙西迁，击败月氏，迫使他们再次西迁。大月氏人、塞人中没有迁徙的部分人融入乌孙部落中。乌孙人是被国内外专家一致认同的哈萨克族的先祖部落。与融入乌孙人中的塞人、匈奴人一样，月氏人当然也是与哈萨克族族源有联系的部族。因此，现在的哈萨克人中大玉兹被称为“大月氏乌孙人”是有根据的。

有关古代乌孙部落的文字记载最早见于中国的《汉书》和《史记》。其称谓至今仍然与哈萨克大玉兹部族的称谓相同。甚至在今天，人们都称“大玉兹乌孙”，而根据哈萨克史志记载和系谱，乌孙部落不仅是大玉兹主要的部族，而且还是哈萨克民族的主要部族。

据史料记载，与大月氏一样，乌孙部落的原居地也在敦煌、祁连山一带。他们最初臣服于大月氏，后又臣服于匈奴。在逐渐强盛之后，于公元前 2 世纪初、中叶向西迁徙。包括古代塞人的原居地，在东至天山东麓，西至楚河、塔拉孜河，北起巴尔喀什湖，南至热海南岸的广大地域安居下来。现代历史研究者研究的“乌孙人的居住地”就是指这一区域。哈萨克族大玉兹部落的居住地域也正是这一区域。因而，《汉书・西域传》明确说明乌孙国“其地东接匈奴，北抵康居，西达大宛，南边城郭诸国”。

古代的康居部族也与哈萨克族的渊源密不可分，这是国内外专家一致公认的。康居部族的称谓作为哈萨克族在玉兹所属的一个部落而保留到今天。古代的阿兰（即奄蔡）是又一个与哈萨克族族源有密切关系的部族。据《汉书・西域传》记载，“康居西北可二千里，有奄蔡国。控弦者十余万人。与康居同俗。……临大泽，无崖，盖北海云”。

总的说来，哈萨克族源远流长。国内外许多历史学家都认为哈萨克之所以成为古老的民族，是源于公元前的塞人、匈奴人、大月氏人、乌孙人、康居人等，特别是作为哈萨克三个玉兹中的大部落而基本保留下来的乌孙、康居、阿兰更为密不可分。许多历史研究者根据文献记载和考古发现，认为古代哈萨克族形成于公元前一二世纪的乌孙、康居、阿兰等国的发展时期。

二、哈萨克民族形成

国外学者多认为“哈萨克”名称最早出现于15世纪初期。15世纪20年代，在金帐汗国东部出现了乌孜别克汗国，以锡尔河下游为中心，北至托波尔河，东北至额尔齐斯河。1456年，汗国有两个苏尔坦（吉来和扎尼别克），由于内讧向东逃入亦力把里统属地区，亦力把里主把楚河、塔拉斯河流域西七河区让给他们游牧，以增强自己的实力。这一部分脱离乌孜别克汗国的人被称为哈萨克人，意为“避难者”或“脱离者”。“哈萨克”族名的含义：一共有四种说法：1.《中国少数民族》《中国少数民族简况》《哈萨克简史简志合编》等书认为：“哈萨克”这一名称出现于15世纪，锡尔河流域的白帐汗国属民在克烈汗、贾尼别克汗率领下，东迁至巴尔喀什湖以南的楚河流域立足后，由于摆脱了阿布勒海尔汗的压迫和剥削，因此自称为“哈萨克”，他们创建的国家也称为哈萨克汗国。“哈萨克”一词的含义是“避难者”“脱离者”。2. 何秋涛的《朔方备乘》卷3《乌孙部族考》、现代学者张西曼的《西域民族新考》认为“哈萨克是乌孙的对音意译”。3. 清末学者丁谦在《耶律楚材西游录地理考证》一文中认为“哈萨克”是《唐书》所说的“可萨”“曷萨”的对音意译。4. 哈萨克族的《白天鹅的传说》则认为哈萨克是kaz（天鹅）、ak（白）的连缀词，意为白天鹅，因其族崇拜白天鹅而得名。

哈萨克民族形成是较晚的，直至15世纪还在继续着，并且在哈萨克民族形成过程中，每个重要的历史时期，都不断加入了许多新的族体，如乌孙、康里等古代部落名称是在很久以前就有的，而钦察、乃曼、阿尔根等部落名称是在成吉思汗蒙古及以后时期才有的，所以哈萨克民族的族源成分，是历史上数千年来不同部落经过无数次的混合和复杂的移民过程的产物。

三、河西走廊中的现代哈萨克族

哈萨克族是跨境民族，哈萨克是哈萨克斯坦的主要民族和中国的少数民族，人口 1600 万。在中国主要分布于新疆维吾尔自治区伊犁哈萨克自治州、木垒哈萨克自治县、巴里坤哈萨克自治县，在甘肃省河西走廊的西段阿克塞哈萨克族自治县也分布一些哈萨克族。

甘肃阿克塞哈萨克族自治县新貌

甘肃的哈萨克族是 1934 年至 1947 年间从新疆分批迁入的，流浪游牧于祁连山、阿尔金山、疏勒河两岸一带，没有固定的地方，直至 1952 年后才定居下来，并在党和政府的关怀下，于 1954 年 4 月 27 日设立了阿克塞哈萨克族自治区（县级），1956 年依据宪法改为阿克塞哈萨克族自治县，下设 4 个乡、13 个行政村，县府设在博罗转井（从 90 年代起县城开始搬迁到距原县城以北 20 公里处的红柳湾）。

（选自《丝绸之路三千里》，科学出版社 2017 年版）

一带一路，古城又逢新机遇

国家“一带一路”战略的提出和实施，让甘肃从内陆欠发达省份变成了向西开放的前沿阵地。甘肃省委省政府依据国家发改委、外交部和商务部联合发布《推动共建丝绸之路经济带和21世纪海上丝绸之路的愿景与行动》和甘肃对外开放需求，编制了《甘肃省参与丝绸之路经济带和21世纪海上丝绸之路的实施方案》，进一步细化了全省丝绸之路经济带建设的发展目标、战略布局、重点任务和项目清单。

围绕国家《推动共建丝绸之路经济带和21世纪海上丝绸之路的愿景与行动》以及《甘肃省参与丝绸之路经济带和21世纪海上丝绸之路的实施方案》提出的定位和要求，兰州市为加速释放节点城市的效应，制定了《兰州市贯彻落实“一带一路”建设战略规划实施方案》，提出了“1851”的发展思路。即：建设国家向西开放战略平台、丝绸之路经济带重要节点城市；实施综合交通枢纽、商贸物流中心、丝路信息走廊、产业合作基地、园区示范载体、城市功能聚集、人文交流纽带、体制机制创新八大任务；打造自由贸易园区、国际人文交流、国际展会展示、国际机构汇集、科技创新驱动五大平台；五年内实现项目投资 1 万亿元。以此为支撑，不断增强兰州发展的活力和动力。特别是立足兰州产业基础与中西亚资源优势的互补性，兰州将把向东承接产业转移和中西亚资源产业导入结合起来，促进产业基地建设和产业链延伸。所有这些，都为广大客商投资兰州拓展了新空间，带来了新商机。兰州市城关区作为甘肃省省会兰州市的政治、经济、科研、交通、商贸中心，更需以领头羊的姿态把握“一带一路”战略机遇，拓展对外合作、深化沟通交流，率先建设向西开放的前沿高地。

一、“一带一路”战略机遇对兰州城关区的影响及机遇

丝绸之路经济带当中，甘肃定义为“黄金段”，而这个黄金段的重要支点就在兰州，重要支点的核心是兰州城关区。“一带一路”建设拓宽了兰州发展的新空间，为兰州包括兰州城关区的各方面发展带来了新的影响和机遇。

· 国际化程度更高

“一带一路”战略体现一种国际视野，应用的是国际知识体系，兰州作为古“丝绸之路”重镇，兰州城关区作为兰州的核心，在“一带一路”战略实施中无疑会提升她的国际化程度。打造向西开放经贸合作平台是兰州走向国际化的重要途径，2015 年城关区在“兰洽会”期间成功举办首届“东方 · 西方 +”年度丝绸之路艺术节系列活动，在全国已经有较大影响的“兰洽会”逐步被打造为具有国

际影响力的向西开放经贸合作平台。充分借助深圳文博会、省文博会等国家级展会平台，使兰州城关区本土文化企业走出甘肃、走出中国。

甘肃兰州雕塑——黄河母亲

国际的直通通道逐步被打开。为了和“一带一路”战略对接，2014 年开通了兰州至迪拜、第比利斯和新加坡的航线，今年上半年又新开了兰州至圣彼得堡、法兰克福和日本大阪的航线。截至目前，全省已开通 14 条国际和地区航线。

· **带动新兴产业发展**

兰州城关区集中了兰州大学、中科院物理研究所等众多科研院所，重点发展飞行控制仪器、航空仪表照明等产业。在黄河北集中了一些生物医药企业，已经形成了特色鲜明的高新技术及生物医药产品和产业链，同时兰州城关区聚集了甘肃省最优质的人才资源，这些硬件和软件是兰州城关区成为向东承接产业转移、向西扩大开放合作的重要平台和内陆开放型经济战略高地的基础，也是兰州城关区在更高层次上参与国际合作和区域竞争的决定性力量。随着国家“一带一路”战略逐步落实，无疑将带动兰州城关区新型产业发展。

“一带一路”使甘肃跃为开放的前沿阵地，带来了前所未有的发展机遇。2016 年 4 月，美国微软、迪士尼、霍尼韦尔、荷兰飞利浦、意大利费列罗、芬兰诺基亚、法国施耐德、英国渣打银行等 15 家世界 500 强跨国企业高管在兰州对接“一带一路”建设合作，与甘肃省官方洽谈产业合作项目。美国安博公司中国区高级副总裁徐俊表示，过去，从甘肃向东货运，比沿海省份多了几千公里，如今向西开放、向中欧货运，甘肃比内陆其他省份少了这几千公里，具有很好的“通道优势”。该企业提出将在兰州新区“砸大钱”参与物流建设、开展跨境电商，并引进医药生物公司，同时助力甘肃精准扶贫工作。

·创新能力明显增强

“一带一路”战略为兰州城关区融入世界发展提供了机遇，但企业参与“一带一路”要走出去，特别是进入国际市场，创造自己的名牌，自主创新以及企业的管理都会提升到一个新的水平。现在兰州城关区许多企业已经开始行动起来，到丝路沿线的一些国家进行考察、了解，已经开始做了多方面投入。以发展创新型经济为导向，大力实施创新驱动战略，着力推动要素集成、产业集聚、经济集约，培育壮大新兴产业，加快构建现代产业体系，努力打造城关经济升级版是兰州城关区今后发展的战略目标之一。而“一带一路”战略的实施在客观上会促进兰州创新能力的明显增强。

·促进文化旅游融合

兰州市城关拥有黄河文化、民族文化、现代文化等多样性文化，文化和旅游融合是兰州市城关区旅游走出国门的必由之路。旅游业是朝阳产业，截至 2016 年 5 月底，城关区接待国内外游客 1066.4 万人次，同比增长 30%；实现旅游总收入 92.2 亿元，同比增长 30%。借助“一带一路”战略，着力加大对外宣传，大力规范旅游秩序，促进文化旅游融合，把国内外游客请进来，留下来，真正带动兰州成为“一带一路”黄金地段，成为“一带一路”上的钻石城市。

在“一带一路”建设中，文化相关产业的发展不仅要注重“引进来”，更要注重“走出去”。在这方面兰州中医药行业走在了前列。首先甘肃省卫计委、食品药品监管局等部门联合制定了《甘肃省中医药产业发展先行先试实施方案》，加强中医药在“一带一路”建设过程中的“黏合剂”作用。这是甘肃鼓励中医行业“走出去”提出的顶层设计。在兰州城关区的佛慈制药有限公司总经理孙裕看来，当前，甘肃中医药在“一带一路”建设中与相关国家多层次的合作发展已经全面开始，并在探索模式，寻求更大突破。“‘一带一路’建设势必为甘肃的中医药事业发展带来全新机遇。”中医药行业“走出去”已取得明显进展。2013 年以来，甘肃在乌克兰、吉尔吉斯斯坦等国挂牌成立“岐黄中医学院”，这是中国首次在国外建立的中医学院。不仅如此，去年以来，甘肃还抢抓机遇，借助互访、论坛等平台，推广传统医学。

二、在“一带一路”战略中精准发力

随着国家“一带一路”战略的深入推进，地处丝绸之路黄金段的甘肃，也逐步加快了向西开放的步伐。“十三五”期间，甘肃省将以经济、文化、经贸等领域为重点，加强与“一带一路”沿线国家和地区的合作交流，推进全方位对外开放。而在全省对外开放合作平台的建设中，兰州将为全省挑起大梁，而在兰州的“一带一路”战略实施中，城关区则是主角。

· 建成综合经济走廊枢纽

《甘肃省国民经济和社会发展第十三个五年规划纲要》提出，“十三五”时期，甘肃省将建设“一带一路”综合经济走廊，在综合经济走廊建设过程中，兰州将充分发挥综合性交通枢纽、西部商贸和区域物流中心的地位作用，优化布局，打造中欧运输中转中心城市。此外，推进中国（兰州）自由贸易园区争取工作，并将以“兰洽会”为重点，打造具有国际影响力的向西开放经贸合作平台。争取国家丝绸之路基金在兰州新区设立办事处，争取丝绸之路沿线重点国家和上海合作组织在甘设立经贸联络机构。

过去的丝绸之路是东西方先民用双脚和一列列驼队走出来的，而现在丝绸之路可以借助现代通信技术，大力发展电子商务、现代物流、网上交易、电子金融等新兴服务业态，构建先进完备的贸易服务体系，带动单纯的商贸向经济合作、技术开发与商品贸易相结合的方向转变，把兰州建设成现代化、国际化的现代丝绸之路贸易带或者贸易圈中的综合经济走廊枢纽。

为此目标，2015 年 9 月 7 日至 10 日，首届“一带一路”中国（兰州）国际跨境电商物流大会于兰州召开，此次大会上，由兰州市政府和“一带一路”沿线城市及有意愿的企业和社会组织共同发起，成立“一带一路”跨境电商物流合作联盟。“一带一路”跨境电商物流合作联盟的功能和作用将具体落实到搭建多层次、多元化、高效的对话、协商服务平台等行动上。未来，联盟将运用各城市间国际铁路货运班列的优势和电商物流资源，加强协作沟通，加大资源整合，实现优势互补，形成协作、高效、畅通的物流通道。

· 大力发展国际展会展示

利用兰州城关区会展场馆、星级酒店、综合商场集聚优势，加强与国内外的联系，加强同国家部委、周边地区、各类协会商会、国内外知名会议展览机构的沟通联系和业务合作，积极承办国际国内大型赛事、文体表演及商品交易会、展览会、博览会、招商会和研讨会等，促进会展与旅游、娱乐、文化、购物等服务业互动融合发展，拉长会展业产业链条，培育、壮大会展经济。制定相关政策，鼓励、引导和扶持社会资本投资会展场馆建设，完善会展业基础设施。力争到 2020 年，每年举办各类展会活动达到 100 场次以上。

甘肃会展中心有限责任公司党委书记、总经理张柱表示："兰州在'丝绸之路'上是重要的黄金节点城市，目前初步构想以兰州为中心，把与会展业发展相关的行业'串'起来，与'一带一路'沿线中心城市一同打造'会展联盟'，充分发挥会展经济在城市发展中的作用。"

· 有效加强国际人文交流

发挥兰州城关区高校资源多、智力密集的优势，努力打造"创产学研销"一条龙的发展模式，筹备建设文化产业校企实训基地、对外交流培训基地、国学文化基地。大学、科研机构进一步优化学科设置，拓宽学术视野，着力促进产学研用深度融合，主动加强与"一带一路"沿线国家和地区的交流与合作，努力为"一带一路"建设有力的智力支持和人才保障。

· 创新融合文旅体

努力通过创意创新将已消逝的历史转化为城市特色景观，以彰显城市文化个性，从而促进文体旅相关产业创新转型，将丰厚的历史遗产转化为具有创意的文化体育旅游商品，提高产业附加值。一方面要把城关区本土的创意力量发挥出来，另一方面借助"一带一路"战略引入国内外文化资源。提升文化产业整体实力，着力提升文化产业各门类创意和设计水平及文化内涵，加快构建结构合理、门类齐全、科技含量高、富有创意、竞争力强的现代文化产业体系，推动文化产业快速发展。

·加大科技创新驱动

兰州市城关区紧紧围绕“四个全面”战略布局，坚持创新、协调、绿色、开放、共享发展理念，牢牢抓住国家建设“丝绸之路经济带”总体部署及兰白科技创新改革试验区的重大机遇，切实提高全面创新能力、协同创新能力、开放创新能力和精准创新能力，推进新技术、新产业、新业态蓬勃发展，促进产业和社会发展迈向中高端。

兰州市作为“丝绸之路经济带”甘肃黄金段重要节点城市，兰州市城关区作为兰州的核心区，必须坚持主动作为、精准发力，以加快转变发展方式为主线，实施投资拉动、产业培育、创新创业三轮驱动，不断增强经济发展的内生动力。以共建“丝绸之路经济带”为契机，坚持对内全面深化改革和对外加强经贸合作，统筹向东（承接产业转移）和向西（扩大对外开放）两个大局，不断优化和完善发展战略，努力让兰州城关区在新丝绸之路上绽放绚丽光彩。

（原载于《中国西部》2016年第7期）

辑二

民族追忆

甘肃特殊狭长的走廊式地理位置分割了青藏高原和蒙古高原、关内和关外。从古至今甘肃尤其是丝绸之路是民族交融的大走廊，不同的民族在这条美丽的走廊中来来往往，进进出出，交流、交融的脚步从未停息。春秋战国时期，丝绸之路核心段的河西地区生活着月氏、乌孙、羌戎、塞种、丁零等许多民族。秦汉之际，兴起于北方的强大游牧民族——匈奴，控制了河西走廊。魏晋南北朝时期，兴起于北方的又一个游牧民族鲜卑族大批进入甘肃。唐代，兴起于西藏的吐蕃又大举进入今甘肃河西和中南部，从8世纪中叶到9世纪中叶，统治这一带近百年之久。随着蒙古人的几次西征，中亚地区大批信仰伊斯兰教的牧民、商人、手工业者被迁徙到今甘肃地区，他们和当地原有的各族民众相融合，在元、明两朝，形成了回族、东乡族、保安族、撒拉族等民族。古往今来，不同时期的民族在甘肃这个大通道中此消彼长，各个民族用自己的历史在这块神奇的土地上尤其是在丝绸之路上划出了自己兴衰的轨迹。时至今日，许多民族已经成为遥远的记忆，也有许多民族生存发展至今。

西去的月氏

据考古发掘，河西走廊的历史最早可上溯至新石器时代晚期的马家窑文化类型时期（距今约5000—4100年）。先秦和秦汉之际戎、羌、氐、乌孙、月氏等游牧民族先后在这里活动。这些民族在河西的行政、军事建置状况，史料阙如。在这些民族中月氏却一直留存在中原王朝的记忆中，不仅仅是月氏在河西留下了一些文化遗存，更重要的是西去的月氏，对“丝绸之路”的开辟和佛教的东传起了重大的作用并具有非凡的历史意义。

月氏是河西的老住户。月氏（读作“越知”，yuè zhī），为公元前3世纪至公元1世纪中国西北一个民族名称，也可称作“月支”。大月氏，这个民族在《史记》《汉书》中没有专门立传。但《史记》的《乌孙传》《大宛传》《张骞传》等传中保存了月氏早期历史的一些资料。关于月氏在河西走廊的居地，各类辞书和研究都有简略记述:《史记·大宛列传》记载:开始月氏居住在敦煌,后来被匈奴所打败,就远去了。《汉书·西域传》所记载与《史记》记载大体相同。日本学者羽田亨研究,"匈奴的西边,也就是今天甘肃省地方,尤其是西边的敦煌地方,不知从何时起(大概在战国时代)已为月氏种族所据,之后,月氏渐渐地扩张了自己的势力"。因此,月氏是甘肃河西走廊最古老的民族之一,曾占据过河西走廊。但是,月氏似乎不是河西走廊的土著民,但他们到底从哪里来?

关于月氏的来源,中外史学家看法颇不一致。据中国学者王国维考证,月氏即《逸周书·王会解》中的"禺氏",《穆天子传》中的"禺知"或"禺氏"。欧洲学者也在西方古文献中搜求相当于月氏的记录,异说不下六七种。关于月氏的族属,中国古籍如《魏略》称其为羌,《旧唐书》称其为戎。近百余年来,学术界更加异说纷纭:有藏族说、突厥说、印欧语族说、波斯说等。由于他们没有文字,而且月氏本身的记录也不齐全,现在我们要了解他们,只能透过中国史书里的片面记录和在河西走廊的些许遗存来展现月氏在河西存在的模糊影像。

一、月氏沙井文化

沙井文化是月氏人在河西的文化遗存。沙井文化的发现、发掘和研究还要从赫赫有名的安特生说起。安特生(Johan Gunnar Andersson,1874. 7. 3—1960. 10. 29),瑞典地质学家、考古学家 。1914 年受聘任中国北洋政府农商部矿政顾问,在中国从事地质调查和古生物化石采集。1921 年发掘河南省渑池县仰韶村遗址,发现仰韶文化,揭开中国田野考古工作的序幕。后到甘肃、青海进行考古调查,发现遗址近 50 处,后被称为"仰韶文化之父"。而河西走廊沙井文化的挖掘和发现起源于安特生的甘肃、青海考古之旅。1923年安特生的助手在腾格里沙漠边缘地带的民勤县征集到了一批彩陶和铜器，并在沙井东墓地发掘到陶器和铜器。1924 年夏季，安特生结束了洮河流域的考古调查之后，为了寻找仰韶文化与青铜文化的缺环，又继续西行。在民勤柳湖村、沙井子、黄蒿井，以及永昌三角城等地进行了详细的考古调查，并在沙井南发掘了 53 座墓葬，出土彩陶双耳圜底罐等器物，其中的连续水鸟纹尤为独特，不见于其他彩陶文化。由于此前发现铜器，安特生将它列为甘肃远古文化“六期”之末，称为沙井期。岁月沧桑，安特生发现的这些遗址后来大多被流沙覆盖，地面无迹可寻。因此，之后的较长时间内沙井文化的研究处于停滞状态。1948 年，裴文中先生带领西北地质考察队赴甘肃、青海考察，调查了民勤柳湖墩、沙井东和永昌三角城等遗址，新发现了一些同类遗存，并首次提出沙井文化的命名。

沙井文化遗址广泛发现于永昌、金昌、民勤、景泰、永登等地，测定的 7 个碳十四数据，早的距今为 2730 ± 95 年，晚的距今为 2540 ± 80年，也就是说，沙井人生活于距今 2800—2400 年间，也就是中原地区的春秋战国时期。沙井文化内涵丰富，遗物有彩陶、石器、铜器和铁器等。陶器以夹砂红褐陶为主，陶质较粗糙，均为手制，器型较小，多单耳罐、筒状杯和双肩耳圜底罐。彩陶以紫红色绘制图案，纹饰有三角纹、菱形纹、网纹、鸟纹等，纹饰多饰于器物的颈部和肩部，下部基本不绘彩。在沙井文化的诸多遗址中发现了铜器，器型丰富，有铜刀、铜炮、铜连珠形饰、铜管、铜坠和铜铃等，还有铁器，其中有很大的铁犁头，有锋利的青铜剑，还发现了大量殉葬的马、牛、羊。可以说，月氏人兼具了农耕民族和游牧民族的特点。沙井文化带有鲜明的北方草原文化风格，许多学者判断，它应该是月氏人的遗存。沙井文化是甘肃年代最晚的含有彩陶的古文化，也是我国最晚的含有彩陶的古文化，它最后随着西去的驼铃声消失在沙漠戈壁之中。到此为止，甘肃彩陶文化便画上了句号。

二、月氏昭武城和三角城遗址

河西走廊现存年代最早的古城堡是月氏人建立的昭武城和三角城。昭武城位于今临泽县北约 15 公里处的黑河岸边。这一带地势低平、水源充足、土地肥沃、交通便利，是设县置城的理想场所。昭武城今已不存，但在其旧址旁，至今有一个以“昭武”为名的村子。不过，现在的昭武村，地点已稍有挪动，因为历史上河流改道，旧时的昭武城已变为河床，但今天的昭武村离昔日的昭武城也不远。古时月氏人的昭武城和今天的昭武村，绝不是偶然的巧合。由昭武村想象着两千多年前的历史变迁，昭武古城仿佛就在历史的远处巍然屹立。但现实中，距村东北千余米处原有一座长、宽各约 280 米的古城址，城内曾发现过为数甚多的汉代遗物。今原址旁仍可见到残高 1 米、宽约 5 米的墙基。有专家认为，此城即月氏所建昭武城旧址。昭武城是月氏在河西的故都，“昭武”是吐火罗语“王都、京城”之意。汉时，在此设置昭武县。

河西走廊今存最古的古城遗址为金昌市金川区双湾乡尚家沟村 2 队的三角城。系距今 2700—2500 年的青铜时代沙井文化遗址。三角城遗址墙垣以泥巴垒砌，南北 145 米，东西最宽处 132 米，略呈三角形，故名三角城。基宽 6—8 米，残高 2—4 米，南开门。墙壁高处有红烧土块、木炭碎屑，间或出现陶片。城东北角有一条低槽，似曾用作水渠。城内灰土厚处达 2 米以上，多为 10 厘米许的薄层叠压而成，有的多达一二十层，每层都不坚硬。有人认为这是人们随同畜群转移草场，由移徙生活所造成的结果。城内遍布沙井文化期的夹砂红陶片、泥质红陶片等，亦有少量素面和绳纹灰陶片。三角城遗址范围内，发现房址6座、窖穴12个，共清理墓葬580座、祭祀坑4个，西岗墓地中有一个贮藏谷物的大窖穴；共出土各类文物600多件，有石、角、骨、木、金、陶、铜、铁各类器具及纺织物、皮革、绿松石等。房址均平地建筑。形制有圆形和椭圆形两种，直径为4.5—7.5米，中央有锅底形灶坑。墓葬以竖穴偏洞墓最具特色，其次是长方形竖穴墓。葬式均为仰身直肢葬，头向多朝东北，均无木棺，绝大多数是单人葬。多数学者认为沙井文化是月氏族的遗存，所反映的是以畜牧业为主的社会经济，也有农业、手工业的存在。

有关月氏的研究书籍

三、月氏西去的悲歌

公元前5世纪（战国时期），河西走廊西部的张掖至敦煌一带地区，已成为月氏人的传统游牧地。长期在河西地区与当地世居民族的交融，使月氏人逐渐改变了单纯的游牧生活，开始过渡到了一种筑城定居与游牧相结合的生活方式。月氏人强盛起来后，打败在敦煌一带游牧的乌孙人，统一了河西，修建昭武城，正式建立了月氏政权。河西走廊地处古代东西贸易的咽喉孔道，月氏政权及昭武城的建立，使月氏人得以在“丝绸之路”开辟前夕就占据了优越的地理位置，为其后来的进一步发展奠定了基础。

战国至秦汉时期的中国北方，自东向西分别为东胡、匈奴和月氏三大部族占据。公元前3世纪末（秦统一六国时期），经过长期发展的月氏，已经成为有“控弦十余万”的强大游牧部族，其在河西的统治也进入了全盛时期。公元前210年，匈奴头曼单于入侵秦国，被秦国大将蒙恬率军击败，原本强大的匈奴遭此重创，元气大损。此消彼长的经历，使月氏一跃成为匈奴的劲敌。强盛的月氏开始与蒙古高原东部的东胡联手，从东西两面对游牧于蒙古高原中部的匈奴构成了强大的威胁。据《史记·匈奴列传》称：“东胡强而月氏盛，匈奴介乎其中，东西皆臣事惟谨。”公元前209年，匈奴头曼单于一方面为讨好月氏，换取部族平安，另一方面企图借月氏之手除掉冒顿，以便实现立庶子为单于继承人的目的，将嫡子冒顿遣送月氏作为人质。公元前208年，头曼单于起兵突然袭击月氏，企图激怒月氏借刀杀死冒顿。遭到匈奴偷袭的月氏人非常愤怒，果然决定杀掉冒顿以解遭袭之恨。由于提前得到风声，处境险恶的冒顿盗快马逃回了匈奴。

公元前207年，心怀怨恨的冒顿经过周密准备，射杀父亲头曼单于及继母和同父异母兄弟，自立为匈奴单于。之后，冒顿按照从月氏人处学到的先进领导方式，对匈奴军队进行了改组整合，开始对月氏及邻近各族展开了强大的军事行动。匈奴经过冒顿的苦心经营，迅速强大起来。公元前203年，冒顿单于打败东胡，解除了来自东部的威胁。与此同时，月氏也在匈奴的沉重打击下，遭受了极大的损失，开始衰落。经过一系列的惨痛打击，月氏人不敢再与匈奴人为邻，被迫离开河西，向西退却。西迁时，一小部分不愿迁徙的月氏人继续留在了河西及青海一带，与羌族杂居，被称为“小月氏”。南北朝时期在河西地区建立北凉政权的沮渠家族，就是被匈奴化了的小月氏人。而西迁的月氏人则被后世史家称为“大月氏”。

月氏的西边是曾被其打败而逃离祁连故土的乌孙，月氏人向西进发，自然又要侵犯乌孙领地。此时的月氏人虽然敌不过匈奴人，但实力仍然远比乌孙强大。公元前 178 年，月氏与乌孙之间再次爆发战争。乌孙在交战中失败，国王难兜靡被杀死，乌孙在天山中北部准噶尔盆地的大片领地被月氏人侵占。为了联合其他部族彻底打败月氏，匈奴人收留了难兜靡之子猎骄靡及其部落。在匈奴王的大力扶持下，20 年后，猎骄靡重新统领了乌孙部众，乌孙的实力也迅速得到了增强。

公元前 177—前 176 年，冒顿单于曾派遣右贤王率部再次大败月氏。公元前 174 年，冒顿之子老上继位匈奴单于。公元前 162 年，老上单于再次大败大月氏。迫使月氏人再次西迁到了伊犁河流域及伊塞克湖附近，原居此地的塞种人则大部分被迫南迁到了兴都库什山以南。这次战争使以准噶尔盆地为游牧地的月氏王国迅速毁灭，月氏王也在战争中被杀掉。匈奴王将月氏王的头盖骨外部蒙上牛皮，内部镶嵌金箔，做成酒杯，以此炫耀匈奴的武力。公元前 139—前 129 年间，长大成人的乌孙王猎骄靡在匈奴老上单于支持下，与匈奴联手，发乌孙大军西击大月氏，夺取了伊犁河流域等处的大月氏领地。

受到匈奴、乌孙双重打击的大月氏人，再也无法在伊犁河谷立足，只好翻越天山和帕米尔西部继续迁徙。他们历尽坎坷，经大宛南下定居于阿姆河北岸。大月氏西迁至中亚后，开始慢慢有了国家的雏形。公元前 1 世纪初叶，大月氏又越过阿姆河，征服了南岸的大夏国（初为吐火罗人所建，后沦为希腊化的巴克特里亚王国领地）。至公元初，西迁的月氏人建立了强大的大月氏国（贵霜帝国）。大月氏人立国后，因占据中亚地区东西贸易中转的区位优势而迅速繁荣起来。

贵霜王国金币

公元前 138 年，汉武帝得到月氏王被杀的消息后，立即传旨招募出使月氏的使者。张骞应募成为中原王朝第一个遣往西域的使臣。由于中途被匈奴扣留 10 年，张骞历经艰辛，辗转抵达中亚时，月氏人已暂时臣服于大夏国，得到了一块水草肥美的土地，过着安居乐业的生活，向匈奴报仇的心理已明显衰退，加以他们认为中原的西汉王朝距离遥远，难以提供及时和必要的帮助，所以无意与西汉联手。因此，张骞虽然在大月氏逗留了一年，却始终未能圆满完成西行联合月氏抗击匈奴的使命，只好绕道返回了长安。但是，张骞西使的另外一些收获却是很丰厚的。他带回了中亚地区的诸多信息，为西汉及后来的历代中原王朝对西域实施治理，提供了重要的决策依据，同时为他的第二次出使西域打下了坚实的基础。张骞从中亚捎回的特色农作物品种，对中原地区农业文明的发展产生了巨大的促进作用。而其中意义特别重大、影响极其深远的，则是开通了东西文明交流的陆上通道——“丝绸之路”。大月氏人的两次迁徙对中亚地区的历史影响非常巨大。它造成了希腊化的巴克特里亚王国的灭亡，促使塞种人南下入侵印度北部，引起汉武帝重视并派张骞出使西域，从而开辟了“丝绸之路”。

四、月氏与佛教东传

“金人入梦，白马驮经”，通常我们会说，这是佛教由印度传入中国的开端。张骞通西域之后，丝绸之路不仅成为东西方物质文明交流的重要通道，而且也是一条重要的精神文明传播渠道。而奔走于丝绸之路上的民族承载了文明尤其是信仰的传播，其中佛教的东传与月氏人密不可分。

公元前 1 世纪中期，在中国河西曾称雄一时的大月氏人在为汉所败而西迁的匈奴人挤压下，悲走西方，到达中亚后又南下攻取巴克特里亚，彻底结束了希腊人对巴克特里亚的统治。大月氏人共分五部，其中一部名为贵霜（Kushan）。公元 1 世纪中叶，贵霜王丘就却（Kujula Kadphises）击败其他四部，建立贵霜王朝（50—220）。贵霜王朝在第三位国王迦腻色伽（约 120—144 年在位）统治时期达到鼎盛，领土辽阔，包括东伊朗大部分地区和印度西北地区，成为丝绸之路上的重要帝国。

大月氏人原信仰琐罗亚斯德教，进入巴克特里亚后逐渐改信了佛教。迦腻色伽原本也是一位琐罗亚斯德教教徒，后皈依佛门，大兴佛教，在他统治时期，贵霜帝国成为佛教的中心，佛教影响达至安息东部地区，并波及安息王室。迦腻色伽还在克什米尔的斯利那加召开了佛教历史上著名的第四次大结集，对佛教教义进行修订，由此形成大乘佛教。

贵霜时期的另一重大佛教事件，是产生了艺术史上具有重大意义、堪称瑰宝的佛像艺术。在印度早期的佛教艺术中，并没有佛陀释迦牟尼的形象，因为早期佛教思想认为，佛陀具有神圣性，不能表现其具体的相貌，一般以象征的手法在纪念佛陀的地方雕刻法轮、菩提树，或佛陀的脚印等。由于贵霜帝国的中心区域巴克特里亚曾长期受希腊人统治，希腊的艺术精神在该地区影响深厚，佛教思想与用人体来表现神的希腊艺术精神在该地区结合，诞生出了影响深远的佛像艺术。由于该艺术在巴克特里亚的犍陀罗一带（Gandhara，今巴基斯坦白沙瓦到阿富汗的喀布尔之间）尤为兴盛，因此这种带有明显希腊艺术风格的佛像艺术又被称为犍陀罗艺术。犍陀罗地区在贵霜帝国分裂瓦解之后，被伊朗萨珊王朝（224—651）再次纳入伊朗的版图。该地区雕刻佛像的艺术传统并没有因萨珊王朝大兴琐罗亚斯德教而受到影响，而是一直延续到7世纪后期禁止偶像崇拜的伊斯兰教进入该地区，才退出了历史的舞台。这时期的佛像艺术被称为后犍陀罗艺术，其中最著名的佛像是大约雕刻于4—5世纪的两尊巴米扬大佛，东大佛高37米，西大佛高55米，是世界上最高的立式佛像，玄奘《大唐西域记》言其“金色晃曜，宝饰焕烂”，玄奘经过这里时，曾亲眼见到。这个大佛像是在沙岩质的峭壁上雕凿而成，住处阿富汗兴都库什山西部的一个山谷，距喀布尔西北方面偏北约97公里，从白沙瓦去巴里黑的大道，必经过这里。综上所述，可见在那个时期，大月氏佛教呈现出了空前盛况。可惜这座具有1800多年历史的著名巴米扬大佛像于2001年被阿富汗的塔里班所毁。

佛教传入中国的最早文字记载，是西汉哀帝元寿元年（前2年），博士弟子景卢，受大月氏王使伊存口授《浮图经》。这位使者身份的伊存，就是最早来中国的大月氏僧人。有的专家研究认为，中国历史上盛行的佛教，最初就是在东汉时由大月氏贵霜王国传入的。又如支疆梁接、支法度、支道根等，都是月氏国人，他们都是在公元3世纪中叶以后，来中国从事翻译经典的人。支疆梁接，约于公元255年或次年公元256年来中国，译出《法华三昧经》。支法度，来中国后于西晋惠帝永宁元年（301年）译出《逝童子经》一卷等。支道根，来中国后于东晋咸康年间（335—342），译出方等《法华经》一卷。还有大月氏东来传译佛典的高僧，例如支娄伽谶、支亮、支谦三师徒，不仅来中国时间最早，而且贡献也极突出。支娄伽谶，原月氏国人，东汉桓帝末年来到洛阳，于灵帝光和、中平年间（178—189）译出佛经二十三部六十七卷《出三藏记集》载称十四部二十七卷，《历代三宝记》载称二十一部六十三卷。支亮（字纪明）是支娄伽谶的门下弟子，又是支谦的业师。他的传译佛经活动约在东汉、三国之际，所译经典不详或缺载。支谦，字恭明，东汉灵帝时，其祖父法度尝率月氏国人数百来中国，故支谦少时即生活学习在中国。他又是一位博学多识、兼通六国语言的学者，他所译出的经典中，有为支娄伽谶从月氏国携来而未译出的佛经。

当然，天竺（印度）高僧对佛教传入中国也居功至伟，天竺高僧摄摩腾和竺法兰携佛经随汉使来中国，汉明帝颁旨建造了中国第一座佛教寺院——洛阳白马寺。但我们显然也不能忽略月氏人在佛教东传中所起的重要作用。到东汉末年，来汉地传佛法的月氏人更多，他们在中国翻译大量的佛经，对佛教在中国的传播起了重大的促进作用。

（选自《河西丛书·民族卷》前期研究）

驻牧于祁连山下的匈奴

匈奴是一个勇敢强悍的民族。自古以来，匈奴人生存活动于蒙古高原。当时人们把这个蒙古高原地区称为瀚海，即大漠的别名。这个荒原地带，现在叫作大戈壁，几乎占了蒙古高原盆地的全部。约相当于今天的蒙古国和我国的内蒙古地区。大戈壁的土质为砾石质，土质含有石质，露出地面，也杂有泥沙，遇风则泥沙飞扬。在大戈壁中有很多小盆地，其中较大者有位于居延海一带的盆地，额济纳河流入这个地区，沿岸水草比较茂盛，是匈奴人活动的重要地域。其南是蒙古高原南缘的阴山山脉，当时其西段称作狼山，东段称作大青山。这个地区当年依山傍水，草木繁茂，禽兽众多，适合牧猎，是匈奴人生息繁衍的主要处所，同时也是匈奴人在军事上的屏障与隐蔽处所，因此是匈奴人的生命线。

关于匈奴人的起源由来，目前人们还知之甚少。司马迁在《史记·匈奴列传》中称："匈奴，其先祖夏后氏之苗裔也，曰淳维。唐、虞以上有山戎、猃狁、荤粥，居于北蛮，随畜牧而转移。"又称："自淳维以至头曼千有余岁，时大时小，别散分离，尚矣，其世传不可得而次云。"历代学者多数认为司马迁所说匈奴是夏后苗裔之说没有根据，不足为凭。但是对猃狁、荤粥等名称是否就是匈奴则意见不一。国学大师王国维在《鬼方昆夷猃狁考》一文中说："曰戎曰狄者，皆中国人所加之名；曰鬼方、曰昆夷、曰獯鬻、曰猃狁、曰胡、曰匈奴者，乃其本名。"他认为这些称谓即系匈奴，异名同族。但是，也有人认为这些称谓（据史学家冯家升的统计共有32种之多）都是华夏民族以外各族、各部落的统称。当时黄河流域有许多不同的部族部落错居杂处，这些部落部族散布地区及匈奴人的种族属性，学术界则众说纷纭，莫衷一是。

我国史书对匈奴人形貌的描绘与汉人并无异样，只是服饰、辫发不同。四五世纪罗马史学家关于欧洲匈奴人面貌形体特征的描述为：一是中等身材。匈奴人一般比欧洲人身材略短，但粗壮雄健，腿部较短，坐势较高，胸宽膀阔，四肢健壮，脖颈粗壮。二是匈奴人头颅圆形，欧洲人系长形。双目细小，脸面较平，扁鼻，胡须稀疏。这说明，尽管当时到达欧洲的匈奴人已经多年混血，但仍保持明显的黄种人特征。现在大多数学者认为匈奴是蒙古利亚人种，即黄种人。但是具体属于哪个种族则争论很大。欧洲学者争论更大，五花八门。除认为属于突厥族或蒙古族之外，还有人主张属于芬兰族、回纥族，甚至斯拉夫族等。但目前则集中在蒙古族或突厥族之间。

一、万里长城：中原抵御匈奴的防线

匈奴国家的发展一直和中原华夏族的发展息息相关。战国末期在中国日趋统一形势的影响下，匈奴各部落也实现了联合，建立了统一政权，这是北方民族所建立的第一个国家。公元前 310 年左右，匈奴势力已发展起来，其地域已与战国的燕、赵、秦相邻。匈奴的东界就在燕长城以北的今内蒙古锡林郭勒草原东部一带，西界在今天的内蒙古中西部地区。匈奴的活动对邻近的赵、秦构成很大的威胁。赵、秦两国都修筑了长城进行防御。赵长城东起代，西至高阙（今内蒙古乌拉特中旗石兰计山口），并对其以南毗邻匈奴的地区，设置云中（今内蒙古托克托县）、雁门（今山西右玉县南）、代（今河北蔚县）等郡以加强防御。但是赵国长城并没能够挡住匈奴的骑兵。在赵长城竣工不久，匈奴就越过长城，渡过黄河，进入“河南地”。赵国只好在代、雁门两地屯驻重兵进行防御。公元前 265 年，赵任命李牧为将，驻代、雁门以抵御匈奴。李牧大破匈奴十余万骑，其后十余年匈奴不敢近赵边。但公元前 228 年，赵王听信谗言，李牧被杀。匈奴与秦以秦昭襄王时修筑长城为界。秦长城以北的鄂尔多斯高原、阴山南北皆为匈奴所有，战国中后期匈奴已具有相当实力。公元前 221 年，秦王嬴政灭齐，最终结束了战国时期七国争雄的局面，建立了中国历史上第一个大一统的封建帝国，并自称始皇帝。秦始皇在统一中国后，为了消除匈奴的威胁，于公元前 214 年，派蒙恬率 30 万大军北击匈奴，占领了今内蒙古境内黄河以南地区。第二年再率兵渡过黄河，占领了匈奴控制的高厥、阳山（今狼山）和北假（今乌加河河套地区）等地。蒙恬为秦辟地数千里，把秦朝疆域扩展到阴山南麓和黄河北岸一带。秦以河为境，垒石为城，树榆为寨，匈奴不敢饮马于河。为了防范匈奴卷土重来，秦一面派蒙恬将兵30万屯戍上郡（今陕西榆林市东南），一面征发役徒，耗费大量财物及民力，修缮连接了战国时燕、赵、秦三国所建的长城。这条长城“起临洮（今甘肃岷县）至辽东，延袤万余里”。号称万里长城，言其长也。实际全长5400里。同时凭借黄河天险修筑了县城。这些县城主要隶属于九原郡和云中郡。并把一批被判刑“人犯”强制迁往实边，以巩固新设郡县。又强行把中原地区三万户迁往北河（今内蒙古内乌加河）和榆中（今鄂尔多斯高原北部）屯田垦殖。秦初定天下，全国设三十六郡，其中有云中、九原、北地、上郡、雁门、代、上谷等七个郡和匈奴接壤。从中可见，秦为应对匈奴的威胁所耗费的人力、物力和财力是巨大的。

不久，秦灭亡后，国内大乱，为匈奴的崛起创造了机会。秦末汉初中国忙于内战，为匈奴的发展提供了空前良机。

二、匈奴挺进河西走廊

匈奴挺进河西走廊，不能不提“乌孙”这个民族，匈奴就是在中原力量相对薄弱，而月氏和乌孙之间存在斗争的格局下，使用策略将河西走廊的原住民——月氏不断驱赶到西方，而成为河西走廊的霸主的。

乌孙是个什么样的民族呢？从《汉书》的记载中可以看出：乌孙和月氏一样，是居住在河西地区的古老民族。乌孙的首领称为“昆莫”或“昆弥”。公元前2世纪初叶，乌孙与月氏均是在今甘肃境内敦煌祁连间游牧的民族。近年来原甘肃省博物馆文物队在酒泉、玉门一带发现骟马类型文化遗存，可能是乌孙在河西活动期间留下的文化遗存。首先，从该文化分布的地区来看，恰好与我国古籍所载乌孙的首领难兜靡时期乌孙在河西活动地区相吻合；其次，从该文化遗存内涵分析，遗存较晚，出土陶器都是夹砂红褐色平底器，制作粗糙，多为素面，小件较多。从双耳划纹并在颈间有双望乳钉状油罐较多，是这类遗存的显著特征，当为一新的文化遗存。

秦朝时，月氏势力强大，而乌孙则较弱小，成为月氏侵夺的对象。月氏不仅攻夺了乌孙的土地，而且还杀了其首领难兜靡，迫使乌孙部众逃归匈奴，而难兜靡的幼子昆莫幸免于难，为匈奴所收养。关于匈奴收养昆莫，还有个传说：传说难兜靡被杀时，猎骄靡还在襁褓中，被遗弃荒野，乌鸦找肉喂养猎骄靡，狼又为他哺乳。匈奴冒顿单于感到奇怪，认为猎骄靡是神，于是决定养育他。

正当月氏占据河西及西迁之时，乌孙昆莫已长大成人。匈奴老上单于便让他统领其父难兜靡被月氏击破时“亡走匈奴”的乌孙旧部。以后由于昆莫屡建战功，匈奴便将自己占有的河西之地的“西城”（今张掖）让昆莫驻守。于是昆莫才趁机积极发展自己的势力。这时的乌孙虽仍臣服于匈奴，但已向西移住天山北麓。猎骄靡为了报月氏杀父之怨，便向匈奴老上单于请求两击月氏，结果在汉文帝后元之初，猎骄靡昆莫便迫使月氏离弃伊犁河流域向西南迁徙，过大宛西，越锡尔河达到河中地区。而伊犁河流域便被乌孙占领。汉文帝后元三年（前 161 年），昆莫乘匈奴老上单于初丧之际，便正式脱离匈奴的羁绊，在伊犁河流域建立起乌孙国。

乌孙不仅协助匈奴打败月氏致使月氏西迁，而且和汉朝进行了和亲、联系，来平衡和匈奴、汉朝的关系。乌孙昆莫猎骄靡感念匈奴单于救护自己的恩德，却又不愿长此蜷伏于匈奴肘腋之下，因此当张骞奉汉武帝命前来向他建议返回敦煌祁连间故地，以便与汉朝共同对付匈奴的时候，他曾坚决谢绝，可是在他了解到汉朝国富兵强以后，又愿与汉朝联姻，得藉汉朝以自重。汉武帝元封年间（前 110—前 105）以宗室刘建之女细君为公主下嫁昆莫，赠送甚丰。匈奴听到乌孙与汉朝联姻以后，也遣女与昆莫成婚。昆莫以细君为右夫人，以匈奴女为左夫人。匈奴尚左。昆莫左胡妇而右细君，显然是因为他仍畏惧匈奴的缘故。乌孙族有这样的习俗：妇女可以改嫁丈夫的兄弟、子孙或其他亲属。细君为人懦弱，年事已高的昆莫出于善意，劝她改嫁他的孙子军须靡。细君上书请示汉朝皇帝，汉廷为了实现与乌孙合力对付匈奴，命其遵照乌孙习俗行事。细君与军须靡成婚后，生一女，不久病逝。汉又遣楚王刘戊之孙女解忧与军须靡成婚。解忧公主生性泼辣，决意为完成汉与乌孙合力制服匈奴的使命效力，解忧公主活的时间比细君公主长，她对汉朝和乌孙的关系的影响更大。

匈奴在乌孙的协助下，逐步从月氏手中夺取了河西走廊地区。匈奴占据河西地区后，按照匈奴管辖区域的规定，河西属于右贤王统治的地区。《汉书·地理志》就有明确的记载："自武威以西，本匈奴昆邪王，休屠王地。"匈奴政权组织官号依次如下：单于以下置左右贤王、左右谷蠡王、左右大将、左右大都尉、左右大当户、左右骨都侯。匈奴尚左，左第一，右第二，单于以下左贤王最尊。诸王、将均有封地：左方王将居东方，直对汉之上谷及其以东，东接秽貉、朝鲜；右方王将居西方，直对汉之上郡及其以西，接月氏、氐、羌；可见河西地区，自月氏被匈奴西逐后，由昆邪王与休屠王直接驻守，说明了河西地区对匈奴的重要意义。

匈奴杰出首领冒顿单于（前209—前174年在位）登上历史舞台的时期，匈奴征服了许多邻族，控地东尽辽河，西至葱岭，北抵贝加尔湖，南达长城，在中国北方，以漠北为中心，建立了一个庞大的帝国。在匈奴帝国存在的过程中，河西走廊地区不仅在行政、军事上，而且在经济上都与匈奴族的历史活动息息相关。

三、河西的匈奴古城

河西走廊真正意义上的城堡建造始自匈奴。在河西走廊目前已知的匈奴城堡有4座，自东向西依次为休屠王城、盖臧城、祁连城和觻得城。据史料记载，匈奴还在河西地区筑有西城和小邑，由被匈奴收养的乌孙王难兜靡之子猎骄靡驻军把守，现已不可考。

休屠王城即匈奴占据河西时休屠王的王城，位于今武威市四坝乡三岔村，石羊河位其东，北沙河在其北，两河在城址东北方向交汇。城池所在地水分充盈、土地肥沃，具有从事农业和畜牧业的良好条件。这里又处在河西走廊北出蒙古高原的南北交通要道，有着十分重要的军事地位。据说，20世纪80年代，还能见到较为完整的城墙和高大的角墩，后来被平整为耕地和学校，城址范围南北长400米、东西长200米，目前仅存几小段西墙基。1982年曾在残垣中出土匈奴瓦当一块。

盖臧城即今武威市城址所在地，据说也是匈奴王城。因姑臧山为名，也被称为“盖臧”，有学者认为是匈奴语后讹为姑臧。据《元和郡县志·陇右道下》记载：“（凉州城）本匈奴所筑，汉置为县。城不方，有头尾两翅，名为鸟城。南北七里，东西三里，地有龙形，亦名龙城。”五代时其城依然方幅数里，这在河西是少见的，今姑臧城是明时所筑。《大慈恩寺三藏法师传》记载：“凉州为河西都会，襟带西番、葱右诸国，商旅往来，无有停绝。”这座周长十里、有数十万人口的古城，今虽只能找到一些残垣断壁，“唐之盛时，河西三十三州，凉州最大，土沃物繁而人富足”的辉煌却也令人神往。但有学者疑盖臧城原址位于今武威市西北2公里的金羊乡赵家磨村，详情待考。

祁连城又称月氏城、匈奴城、永固城，位于今民乐县城东南10公里的祁连山下的永固乡。城东面是焉支山和大马营草滩，南临横断祁连山，直通青海要隘扁都口。祁连城汉前先由月氏人所建，故称月氏城。后为匈奴人所占，改称祁连城或匈奴城，传为西汉时浑邪王的两座王城之一。宋时曾是甘州回鹘临时都城，清代又建新城，定名为永固城。城近方形，分内城和外城，规模宏大，南北长1600米，东西长1320米，周长5.84公里，内城城墙大部已毁，现仅存西城门墩一座和北墙残垣。西城门墩高约15米，方形，边长约20米。北墙残垣高6—8米，基厚约8米。城址范围内为永固乡政府所在地和乡民居住区。城外西南角有一高约10米、宽约12米的高台，俗称紫英台，传为霍去病点将处。距城东、西各200米处有东湖和西湖，至今水源茂盛，为祁连古城提供了充足的水源。城周数百里之内，自古至今为优良的祁连牧场。

马踏匈奴石雕（霍去病墓茂陵石刻）

觻得城位于今张掖市西北17.5公里的黑河西岸，南距312国道约2公里。传为西汉时浑邪王的两座王城之一。城址近方形，东西228米，南北254米。现存残高5.5米，底厚4米，西垣大部为流沙埋没，西南角有大型方形角墩。南墙正中开门，宽4米。另在北墙靠西处开一小门，宽2.5米。南门外还可见大片房屋遗迹。现城址破坏严重。

河西走廊地区的畜牧业、手工业和商业，在秦汉之际已是相当发达。这里的自然条件和地理位置都提供了各方面的有利因素。匈奴人控制了这个地区以后，这里的畜牧业、手工业和商业就成了匈奴社会经济的重要组成部分。河西走廊地区绿洲断续相连，水草丰茂，宜于畜牧业，是一个天然牧场，所以月氏、乌孙、氐、羌以及匈奴，都先后在这里驻牧。匈奴人入据这个地区以前，关于月氏、乌孙、氐、羌等在这里时的畜牧业发展情况，史料缺乏。但匈奴人控制这个地区以后，历史文献中就有了零散的记载。据《汉书·地理志》下载："自武威西，本匈奴昆（浑）邪王、休屠王地，武帝时攘之……地广人稀，水草宜畜牧，〔故〕凉州之畜为天下饶。"所以，后来匈奴人被驱逐出河西走廊地区，实是一次沉重打击，匈奴民间歌谣唱道：

失我焉支山，令我妇女无颜色，

失我祁连山，使我六畜不蕃息。

从中可见匈奴对祁连、焉支二山以及河西走廊的留恋，这真是匈奴给自己的悲怆总结。匈奴人的军事手工业和木器制造业中心有两个：一个是阴山地区，一个便是河西走廊地区。匈奴人入据河西走廊之后，就有了又一个军事手工业和木器制造业中心。据史书记载，河西走廊地区祁连山、焉支山都盛产木材，可提供造箭杆和车辆等的丰富原料。河西走廊也是匈奴和其他民族尤其是中原汉族进行互市贸易的重要地区，因而，在两汉时期汉匈间的全面斗争中，河西走廊地区是一个双方争夺的焦点地区。

（选自《河西丛书·民族卷》前期研究）

汉藏民族历史文化关系源远流长

经过5000多年历史发展，中华民族共同体已经形成了拥有56个民族的大家庭格局。在56个民族中，汉族和藏族之间历史文化关系源远流长。汉藏两族人民从人类历史的起点就生活在同一块土地上，在此后漫长的历史岁月中又发生了错综复杂的关系，从而在历史时空中画出了汉族人民和藏族人民在中华大地上和其他民族共同建构中华民族共同体的轨迹。

对于汉藏民族关系，多识教授（著名藏学家、西北民族大学博士生导师）指出：当前研究汉藏民族关系的大多数人，在纵向上主要是梳理了元、明、清三代的政治、经济和文化关系，最多上溯到唐蕃联姻，似乎在这以前汉藏两个民族之间相互没有任何关系，其实藏族的先民吐蕃人建立的“吐蕃”作为一个政权和中原王朝发生关系始于隋唐，但藏民族却不是隋唐时期突然冒出来的，而是在很早以前就生活在青藏高原及周边地区，与中原华夏民族有着千丝万缕的关系。大量的考古、民族学、历史及语言学甚至现代生物科学都从不同侧面证明了汉藏民族源远流长的历史文化关系。

一、考古中的汉藏历史文化关系

藏族是一个历史悠久的民族。从考古发现的材料看，早在几万年前的旧石器时代，藏族先民就劳动、生息和繁衍在被称为“世界屋脊”的青藏高原上。目前，西藏境内发现的旧石器地点有 8 处，分别为藏南定日的苏热[①]，藏北申扎的珠洛勒[②]和多格则[③]，藏北班戈色林错东南岸的各听[④]，藏西日土的扎布[⑤]和夏达错东北岸[⑥]，藏南吉隆的哈东淌和却得淌[⑦]。在上述 8 个地点中，后 3 个是在 20 世纪 90 年代西藏文物普查中发现的，其余则为 20 世纪 50 年代末期到 80 年代初期由自然科学工作者在综合科学考察中发现的。西藏发现的这些旧石器，均来自地面采集，缺乏原生地地层证据。西藏的旧石器，石片厚大，质料多为角岩。西藏申扎、双湖一带以及其他地方发现的旧石器也大多以石片石器为主，并保留着砾石面[⑧]。这和中国内地的旧石器文化有非常显著的共同特征，即石片石器在石器中占绝对多数，而且保留砾石面。所以，考古学家通过对这些石器的

① 侯石柱:《西藏考古工作的回顾——为西藏自治区成立二十周年而作》,《文物》1985 年第 9 期。

② 安志敏等:《藏北申扎、双湖的旧石器和细石器》,《考古》1979 年第 6 期。

③ 刘泽纯等:《西藏高原多格则与扎布地点的旧石器》,《考古》1986 年第 4 期。

④ 钱方等:《藏北高原各听石器初步观察》,《人类学学报》1982 年第 7 卷第 1 期。

⑤ 刘泽纯等:《西藏高原多格则与扎布地点的旧石器》,《考古》1986 年第 4 期。

⑥ 李永宪等:《阿里地区文物志》,西藏人民出版社 1993 年版,第 16—20 页。

⑦ 霍巍等:《吉隆县文物志》,西藏人民出版社 1993 年版,第 15—21 页。

⑧ 安志敏等:《藏北申扎、双湖的旧石器和细石器》,《考古》1979 年第 6 期。

形制、制造技术等加以比较，将西藏旧石器的工艺传统和渊源与我国华北旧石器系统联系在一起[1]。而且认为“西藏旧石器时代文化不仅可能与我国华北、西南及东南亚旧石器文化发生过交流，而且与喜马拉雅南侧旧石器文化发生交流在这一时期也是完全可能的”[2]。

西藏昌都卡若遗址

到目前为止，西藏发现了不少陶器、骨器、金属器及大型打制石器，而以细石器及小型石片工具为主要特征的新石器早期文化遗存，代表了西藏新石器时代较早阶段的文化，被冠以“藏西北文化类型”，其时代大约距今 7500—5000 年，经济类型以狩猎经济为主[3]。自此之后发掘的遗址有卡若、曲贡、小恩达、邦嘎、昌果沟、

① 钱方等:《藏北高原各听石器初步观察》,《人类学学报》1982 年第 7 卷第 1 期。

② 李永宪:《西藏原始艺术》,河北教育出版社 2000 年版,第 13—14 页。

③ 李永宪:《中国西南的古代交通与文化》,四川大学出版社 1994 年版,第 275—289 页。

达龙查等[①]处，另外还有林芝县的云星、红光、居木、加拉马和拉萨纳金等地[②]，以及墨脱县境内的7处采集点等[③]。晚期遗址的年代约为距今5000—3000年。在上述这些遗址中，对卡若、曲贡、邦嘎、昌果沟等做过相对较多的工作。

在西藏以卡若遗址为首的这些新石器文化遗存，独具鲜明的区域文化特征，被考古学者与小恩达等遗址一起命名为“卡若文化”。“卡若文化”遗址中发掘出大型打制石器、细石器、磨制石器，与陶器并存，陶器均为小平底器，以罐、钵、盆为基本组合，纹饰以刻画纹为主，三角折线纹为母体花纹，以石块为建筑材料，有大量谷灰和粟粒出土。相关学者从卡若文化遗址中的彩陶中发现，分布于西藏昌都地区的卡若文化与甘青地区的马家窑文化相似，小恩达文化遗址与青海地区齐家文化有一定联系。吐蕃早期遗存中陶制品的某些特征与寺洼文化一致。而马家窑文化、齐家文化和寺洼文化都是甘青地区新石器时代原始文化。至于卡若遗址中的粟类谷物，则明显来自黄河流域，是中原文化西传南传的产物[④]。

考古表明，西藏的旧石器文化起源于华北地区，西藏细石器时

---

① 分别参见西藏自治区文物管理委员会、四川大学历史系：《昌都卡若》，北京文物出版社1985年版；中国社会科学院考古研究所、西藏文物局：《拉萨曲贡》，中国大百科全书出版社1999年版；西藏文管会文物普查队：《西藏小恩达新石器时代遗址试掘简报》，《考古与文物》1990年第1期；索朗旺堆等主编：《琼结县文物志》第11—16页；何强：《西藏贡嘎县昌果沟新石器时代遗存调查简报》；四川联合大学西藏考古与历史文化研究中心、西藏自治区文物管理委员会：《西藏考古》第1辑，第1—28页，四川大学出版社1994年版，索朗旺堆：《西藏考古新发现综述》，四川大学博物馆、西藏自治区文管会：《南方民族考古》，四川科学技术出版社1991年版，第9—20页。另见李永宪：《西藏新石器时代考古学文化的几个问题》，《中国西南的古代交通与文化》第280页。

② 王恒杰：《西藏自治区林芝地区发现的新石器时代》，《考古》1975年第5期。

③ 尚坚等：《西藏墨脱县又发现一批新石器时代遗物》，《考古》1978年第2期。

④ 西藏自治区文物管理委员会、四川大学历史系：《昌都卡若》，北京文物出版社1985年版。

代文化源于北方草原，而北方草原的细石器同样源于华北地区的旧石器文化。西藏新石器时代文化既有自己的地方特色，又存在大量中原仰韶文化和南方长江流域考古文化的重要因素。具体讲，昌都卡若遗址与仰韶彩陶文化系统的马家窑、半山和马厂文化存在着广泛而密切的联系，此外，与云南大墩子文化系统有密切关系的拉萨曲贡遗址与齐家文化也存在某种联系。

西藏高原的原始文化自旧石器时代到新石器时代晚期与中原地区原始文化有某些相似，不是偶然的，良好的地理位置是文化传播的先决条件，卡若文化的中心区——昌都地区位于青藏高原东端的横断山脉之中，是连接我国西北、西南地区的重要通道，是青海、四川、云南、西藏的交汇处。这里遗存有汉藏等民族文化交流的大量痕迹。因此卡若、小恩达等所代表的西藏新石器时代文化与上述中原新石器文化存在必然联系是不难理解的，这也是史前文化中西藏与中原互相接触、互相影响的真实反映。

二、民族称谓中的汉藏关系

一个民族对另一个民族的称呼是这两个民族最初接触时代的标志。藏语称汉人为“嘉”，许多藏学历史学家、语言学家对“嘉”作了深入研究，从中窥测出汉藏民族较早来往的历史可能性。多识教授指出“藏语称汉人为‘嘉’”。藏学家黄奋生先生说“嘉”同“夏”，此说很有道理。《集韵》：“夏，举下切，音贾。”《释名》：“夏，假也。”《辞海》：“夏：1. 中国之人也。2. 大也。”这与藏语（rja）的含义完全相同，如：“嘉木”“夏人”即汉人，“嘉兰木”，意为大路。从“嘉”这个名称断定，从公元前2000年左右的夏朝开始藏汉民族已有交往。[1]

在汗牛充栋的汉族文献中，不同历史阶段也留下了对现代藏族的不同称谓。在汉族历史文献中，对许多民族的称谓因为时代差别、方言差别、翻译差别等原因通常有所不同，往往容易造成后人对同一民族历史的断裂和模糊认识，所以梳理民族在不同历史时期的自称和他称，在一定程度上也能呈现具体民族的发展脉络，反映出这个民族与其他民族的关系。

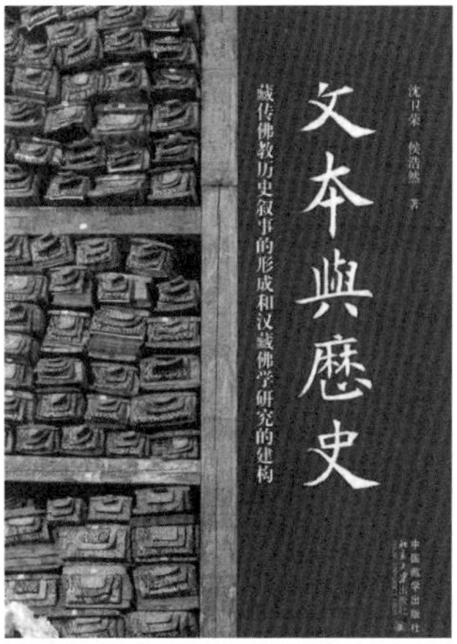

汉藏关系研究成果
——文本与历史

许多藏学家通过中国汉文文献和藏语语言中的差别和转换梳理了不同地域的藏族在不同历史期间的自称和他称。“藏族”是汉语名称，藏族的“藏”是“卫藏”（也作“乌斯藏”）一词简缩而来的。“卫藏”是西藏的地名，“卫”（Wei）指拉萨地区，“藏”（gzang），指后藏地区，原来并不代表民族。藏族自称 bod mu（康藏音）或 Wod mu（安多音）。由于方言土语的差别，bod mu 这个词在康藏方言中发音 bod mu（博牧）、bed mi（白枚）或者 pu mi（朴迷），在安多方言中发音 Wod mu（沃牧）、Wod mi（沃迷）、Wo mi（吴迷）等等。译成汉语就是“博人”或“沃人”，“博”或“沃”的音译在汉文历史文献中有多种写法，如：亳（Bo）、僰（Bo）、蕃、番、波、钵、土波、土钵、白、普、嵬、嵬名、古特（唐古特）、兀惕（唐兀惕）、沃（《山海经》西方有沃之

① 多识：《藏汉民族历史亲缘关系探源》（一），《西北民族学院学报（哲社版）》1993 年第 2 期。

国，沃民是处）、嗢（嗢末）、嗢威（威名）等，其中“亳”出现的最早，《说文》段注：“京兆之亳乃秦宁公所伐戎王号成汤者之邑”，“僰”许广说“僰，羌人之别种也”。“羌戎”是藏族的古代称呼。《两汉四裔图》今前后藏地均标有“羌戎”字样。藏族在汉文中古代称“西羌”或“西戎”，隋称“附国”（宋以前汉语中无唇齿音 f，“附”读 bu，唐称“吐蕃”，元称“唐古特”或“唐兀惕”，明清称“西番”（如：理番厅）。“藏族”这个名称的出现只有几十年的历史。

“吐蕃”是与“唐古特”相对的一个名称，“吐”是藏语“高地”的意思，“唐古特”是“平原”的意思，“吐蕃”是“高山藏人”，“唐古特”是平原藏人。前者指西藏人，后者指安多藏人。蒙古语中至今称西藏人为“台白特”，称甘青一带的藏人为“唐古特”。

总之，从藏文音译和汉文资料中对藏族的他称来看，藏族不同时期的称谓从商、周、春秋战国、两汉至以后的隋唐、元明清时代都有不间断的连续性，这种历史的连续性也反映出汉藏民族关系源远流长，和一路走来逐步融入并共同建构中华民族共同体的历程。

三、语言中的汉藏历史文化关系

语言是民族的基本特征，不同民族在语言方面的相近、相似是两个民族有着不同寻常关系的一个重要标志。这在人类历史和相关的民俗学研究中已经得到充分的论证。例如：德国的民俗学家格林兄弟［雅科布·格林（1785—1863）与威廉·格林（1786—1863）］通过比较印欧语系各民族语言词素的异同，由此推断印欧语系的各种民族在那遥远的时代曾经是一个民族，即印欧民族，或称雅利安民族。

由于各自的生存环境、经济条件、社会制度和受到外来宗教文化的影响不同，经过长期的历史发展，现在藏汉两个民族在语言和表现在文化上的心理素质有了较大差别，但从语言方面进行追根溯源性的探讨，就会发现这两个民族之间存在许多相似性和共同点。上海师范大学语言所所长潘悟云先生说：早在20世纪初，西方的一些语言学家就注意到了汉语和藏语之间的相似性。著名的瑞典语言学家高本汉在大量研究的基础上，提出了汉藏语系的概念。此后，我国著名语言学家赵元任、王力等先生的研究都证实，在周代汉语和7世纪的藏语之间存在着惊人的相似性。目前语言学家们都认为，汉语和藏语是从同一原始汉藏语发展而来的。根据语言学家俞敏的统计，现在能查出的藏语和汉语中所拥有的同源词就达600至700多个。①

以下是一些精通汉文化的藏族学者对汉藏语言进行研究后，总结出的汉藏语言之间的相似性和共同点，② 从中我们可以直观地感受到汉藏民族的紧密历史文化关系。多识教授研究指出，在汉语的基本词汇和古词中保存着相当数量的古羌语，它们和藏语完全相同。这种情况在发音变化较大，失去入声韵的汉语北方方言中不太明显，但在保持古音入声韵的南方方言，特别是闽、粤语中特别明显。现将藏汉词汇做个简单的比较。

---

① 俞敏：《汉藏同源词谱稿续》，《民族语言》1989年第2期。

② 多识：《藏汉民族历史亲缘关系探源》（二），《西北民族学院学报（哲社版）》1994年第2期。罗桑旦增：《汉音藏语由来之管窥》，《民族教育研究》2003年第1期。

（一）名词基本词汇

汉语 藏语	汉语 藏语
目（眼睛）——Mug	手 ——Shiag
心——Sem	口 ——Koa（安多方言）
狐——Whua	亥（猪）——hag（安多方言）
鸡——jia	骡马 —— rgdma
牛——nor	雀 ——jiu
狗——kei	爸 ——pa
阿姐——a jei	妈 ——ma
水——xiu（安多方言）	墙 ——jang
他——dei	洞 ——dong
萝卜——lapug	汉高祖—— han—kavo—dzung
秦始皇——tshin—hri—hang	周 ——Cevu
芹菜——jin—tshal	笔（专指毛笔）——pir
筷子——khovo—tse	哥哥——ko—ko

（二）数词类

汉语 藏语	汉语 藏语
二 ——nei	五 —— nga
二十—— ni xu	五五 ——nga nga
百 ——bja	三 ——sum
八 ——bied	三三 ——soscm
八八 ——jia bied	四 ——xi
九 ——gu	四二 ——xi ni

（三）动词类

汉语	藏语	汉语	藏语
说——shied		来——sleb	
杀——fsed		烧 ——shiag	
走——nzho		吃 ——chta	
死 ——shi		吞 ——tuang	
有——yod		剁 ——dub	
送——xien		伸 ——fshang	

随着民族交流的频繁，各民族相互之间会出现一些借词，例如，汉语中的“沙发”“干部”“咖啡”等都是从其他国家的语言中音译过来的，补充了现代汉语。但汉藏之间许多最基础的词语，如：人体的组成部分、数量词和人类最基本的动词之间有相似性，说明汉藏之间语言的交流发生在遥远的早期，这也从一个侧面证明了汉藏民族关系的源远流长。

四、文化中的汉藏渊源关系

沈卫荣先生指出，汉、藏文化从来就不是两股道上跑的车，两个民族走的常常是同一条路①。或许有人会对“汉藏同宗同源”的说法不以为然，但美国最有成就的汉藏语言学家 Christopher Beckwith 先生近年曾发表鸿文指出，古汉语文献中“吐蕃”两个字原本的音读就是“发羌”，所以，人类学家王明珂先生将他研究羌族历史源流的名著题名为《羌在汉藏之间》确实是很有见地的，或许更确切的表达还应该是“羌在汉藏中间”。至少在今天的汉族和藏族人身上都

① 沈卫荣：《汉藏交融与民族认同》，《读书》2010 年第 1 期。

还流着古代羌人的血液。汉藏是否同宗同源暂且不论，汉藏文化交融源远流长则是无可争辩的事实。

任何历史悠久的文化都不是单一发展的文化，其在发展过程中必然与周边文化发生过交融，汉藏文化亦是如此。多识教授就藏族原始苯教文化的几个主要方面和古老的华夏文化进行了比较，发现在文化习俗方面汉藏民族之间也有很多相同的地方。

首先，两种原始文化中都有崇拜“天”的思想。在原始苯文化中崇拜天有两个方面的意思：一、认为人类的祖先是天神，“人种由天神种演变而来”。二、认为“天神主宰一切”，人的祸福由天定，人要顺从天命。直到现在藏族还有口呼青天，对天发誓的习惯，谚语中也有很多上天决定命运的说法，如“大福在天、小福在人”，“人恨人交运、天恨人要命”，等等。这种天主宰一切的思想和华夏帝王号称“天子”，王权归属称“天命”，皇帝颁布命令称“奉天承运”，朝廷称“天朝”，设“天坛”“祭天”，以及“敬天保民”“以德配天”“天将降大任于斯人也”“谋事在人，成事在天”等说法所表现的崇拜天的思想观念如出一辙。

其次，汉藏文化中都有祭天、祭祖习俗。原始的苯和中原的巫师相同，苯的主要职业是主持祭祀、占卜吉凶，祛病禳灾。祭祀分红祭和白祭。“红祭”就是牲祭，宰杀牛羊，烧肉祭祀天神。“白祭”就是烧糌粑、面粉、粮食、酥油、布匹、彩缎等。今天藏民烧柏枝、松枝、香蒿、香柴等植物和食物的“煨桑”习俗就是从古老的苯教的红白祭演变来的，苯教祭祀的对象有天神、地神、人畜保护神、护城神、灶神、山神、地方神、家族神、祖先神（祖先的亡灵）、雷公、龙王、瘟神、土地神等。这种祭神祭祖的苯教习俗，与殷商甲骨文中记载的大量牲祭情况和中原历代皇帝祭太庙、祭天神，与民间的祭神、祭祖习俗以及古代所谓“国之大事、在祀与戎”反映的情况，有惊人的相似之处。

藏区转经筒

还有，汉藏文化中都盛行占卜习俗。在原始苯教中有一种专门从事占卜的卦师称“恰仙”（Chia gxian）。由于古代的人信天命、信祭鬼，凡国家和部落的政事决策、出阵、搬迁、婚丧嫁娶，出外办事都要求卜算卦，以断吉凶。古老的占卜方法主要有“结绳卜”“羊胛卜”“推算八卦”等。“结绳卜”是用细绳子搓揉、打结，然后根据结子的数量，绳子的形状进行预测。“羊胛卜”即烧羊的右肩胛骨，根据颜色和纹路推断吉凶，与中原地区的烧烤龟板看裂纹断吉凶十分类似。这类占卜习俗和卜术在藏区至今尚流行，以十二属相纪年，以五行八卦的生克关系预测命运、判断吉凶的占卜习俗也相当古老。除此而外还有“鸟鸣卜”“犬吠卜”“天象卜”等。这种情况和中原华夏民族的古老习俗十分相近。把甲骨文中 1992 卜辞和古藏文保存下来的大量占卜记事文进行比较，就可以看到藏汉民族之间存在的共同文化现象和心理特征。

每个民族的精神习俗是建立在物质、社会、制度等习俗之上的，它是反映民族最深层面的心理特质。从以上罗列的汉藏之间众多的相近甚至相同的文化事项，尤其是在精神文化习俗中，我们可以推测甚至断定被历史湮没了几千年的藏汉先民关系的本来面貌。

五、生物遗传学中反映出的汉藏关系

通过考古、民族称谓、语言等不同侧面，能够看出汉藏关系的源远流长，而通过现代科学的严格考察和测量，也能发现汉藏民族之间在遗传基因上由来已久的“打断骨头连着筋”的关系。

早在原始人时期，汉族和藏族在某些体质方面即有相近性。“林芝人”遗骨是1975年9月中国科学院青藏高原综合科学考察队在西藏东部的林芝县城附近发现的[①]，包括颅骨、下颌骨、枢椎、股骨等，属于同一个体。经分析鉴定，“林芝人”骨属女性，30—40岁。科学测量结果表明：“林芝人”的头骨弦弧指数[②]90.1，接近旧石器时代晚期“丽江人”的90.8，更接近现代人的89.7；枕骨弦弧指数为77.5，较接近“丽江人”的80.6；头骨颞线所在的位置比较接近现代华北人；枕大孔在长、宽和指数三个方面，“林芝人”比较接近蒙古人。从下颌枝最小宽度的比较来看，“林芝人的族源系接近于汉族和藏族”[③]。枢椎的测量结果表明：“林芝人”比较接近殷代中

① 《林芝人及其文化遗物》,《西藏古生物》第一分册,科学出版社1980年版。

② 人体测量中的指数是两种测量之间几何关系的最简单的表现形式,是两种测量绝对值之间的百分比关系。一般习惯上将较小的测量值作为分子,较大的测量值作为分母。因此,指数通常小于100。由于指数所反映的是人体形态上的某种比较关系,与绝对值相比,它能够较好地排除因个体大小的变异而带来的比较误差,因此,在群体间的比较研究中具有更为重要的意义。在人群中间,各种指数如同各种绝对测量一样,也存在着相当大的变异范围。人类学家根据指数的变异范围,将指数数值区分为若干等级(即型别),以利于相互比较。

③ 《林芝人及其文化遗物》,《西藏古生物》第一分册,科学出版社1980年版。

国人。

人的鼻颧角在三大人种中有明显的差别：黑种人（尼格罗人种或赤道人种）为140°—142°；白种人（欧罗巴人种或欧亚人种）为135°—137°；黄种人（蒙古人种或亚美人种）为145°—149°；而"林芝人"为149°，最接近黄种人。鼻根区高度：蒙古人2.8毫米，印第安人3.7毫米，欧洲人5.0毫米，半坡人2.4毫米，而"林芝人"是2.5毫米，最接近蒙古人种和我国新石器时代的西安半坡人。鼻根区指数：蒙古人35.8，印第安人41.9，欧洲人50.9，半坡人29.7，而"林芝人"是35.7，最接近蒙古人，其次是半坡人。此外，"林芝人"的大人种属蒙古人种，小人种与西藏A组藏人关系密切[①]。

1965年复旦大学的课题组对咸阳西藏民族学院的1542名学生进行了体质测量。这些学生来自西藏各地，代表了西藏地区藏族的基本体质特点。测量分析表明，"藏族应属蒙古人种"[②]。其体质特征如下：身材中等，肤色较深，为黄褐色，发型多为直发；眼色一般呈褐色，眼裂较宽，眼裂倾斜度外角略高于内角；具有蒙古褶；额倾斜度多直立，男性略较倾斜；眉脊微显；面宽中等，属中面型，女性稍阔；鼻根高度介于低与中等之间，女性偏低；鼻梁直，而鼻尖鼻基略向上翘，鼻孔大多为卵圆形，鼻型属中鼻型，唇厚中等，但大多为凸唇；头型属中头型。根据以上体质特征来看，现代藏族的体质特征与蒙古人种中的东亚种族类型最为接近。因此，藏族在种族上与我国绝大多数人口属于同一个种族类型。

据1980年对中央民族学院藏族干部训练班145人的体质调查结

---

① 《西藏林芝盘地新生代晚期的自然环境》，《古脊椎动物与古人类》1980年第1期。

② 《藏族体质形态的初步研究》，载中国人类学会编《中国八个民族体质调查报告》。

果表明：藏族人头发较黑，发形较直较硬；眼睛多为褐色，内眥褶出现率高，眼外角高于内角，眼裂开度中等趋窄；鼻梁较直，鼻孔卵圆形；中等唇厚，唇形稍凸；颧骨突出，面部宽而扁平；体毛稀少。[①] 这些体质特征属于我国大多数民族所具有的东亚种族类型特征。有人还以汉藏群体的遗传姻亲关系和古代藏缅群体向西和向南迁移的瓶颈效应推论，大约1万年前，生活在黄河中上游盆地并发展成东亚最早的新石器文明的远古人类，是现代汉藏群体共同的祖先[②]。

以上藏族的体质、遗传距离等调查资料和考古材料证明：无论在古代还是在现在，藏族与中华民族其他各民族的体质特征基本接近，特别是与我国北方和西北部的民族（包括汉族和其他少数民族）非常接近。这也科学地证明了汉藏关系的源远流长。

（选自《历代中央政府治藏方略研究》，民族出版社2013年版）

---

① 《藏族体质形态的初步研究》，载中国人类学会编《中国八个民族体质调查报告》。

② 王鸿良：《汉藏同根》，《北京日报》2001年5月23日第9版。

唐朝与吐蕃的历史往来

公元7世纪初，中国历史进入了一个新阶段。在内地，经过三百余年的分裂动乱，一个强大、统一的唐王朝建立、巩固和发展起来，并出现了经济繁荣、文化发达、国家富强的局面。分布在西部的突厥、回鹘、吐谷浑和党项诸羌，畏唐之威，慕唐之风，都纷纷臣服内属唐朝，尊称唐太宗为"天可汗"[①]。与此同时，居住在西藏高原的吐蕃在其卓越的君长松赞干布统领下，经过纷繁的兼并战争，也统一了青藏高原的各大小部落，建立了一个"雄霸西域""四邻畏之"[②] 的吐蕃王朝，并且经过迁都改制、创造文字等，在政治、经济、文化等各方面，出现了一个蓬勃发展的局面。此时，唐蕃之间力量对比悬殊不大，任何一方都无法以武力征服对方，在这种情况

① 《全唐文纪事》卷10,《旧唐书·太宗纪》。

② 《唐会要》卷97。

下，基于两地人民间长期形成的千丝万缕的关系，唐与吐蕃的交往十分频繁。由于唐朝“贞观之治”的良好声誉和内地先进文化的吸引，吐蕃在这种交往中通常比较主动。

一、唐帝国的建立和吐蕃王朝的崛起

隋朝末期，地方割据，民不聊生，农民起义风起云涌。大业十三年（617 年）五月，太原留守、唐国公李渊在晋阳起兵，十一月占领长安，拥立隋炀帝孙子代王杨侑为帝，改元义宁，即隋恭帝。李渊任大丞相，进封唐王。义宁二年（618 年）五月，李渊篡隋称帝，定国号为唐，都于长安，改元武德。李渊即唐高祖。而后，李渊封长子李建成为太子，次子李世民为秦王，四子李元吉为齐王。唐朝建立后，李渊派李世民征讨四方，剿灭各方群雄。武德九年六月初四，四方征战有功的李世民发动玄武门之变，李建成、李元吉被杀，李渊被迫退位，为太上皇。李世民即为唐太宗。次年改元贞观（627—649）。

唐太宗时期，逐步将原为突厥支配的蒙古高原纳入唐朝的势力范围，唐朝北方诸民族称李世民为“天可汗”。在内政方面，唐朝承继了宰相制，发展完善和确立了三省六部制和科举选士制，又推行均田制，实行租庸调制。李世民在位期间，用人不计出身，即使是降将或建成旧臣，亦可得到重用，从而网罗了一大批精明强干的大臣。这一时期社会秩序安定，经济繁荣，历史上称为“贞观之治”。

当隋、唐王朝统一中原之际，处于青藏高原的吐蕃也在崛起之中。最初是雅鲁藏布江河谷地带适农地区的氏族部落相互竞逐兼并，最后，雅鲁藏布江南岸支流雅隆河谷地区的悉补野氏获得各氏族的支持，以“天神下凡，入主人间”[1] 之势，兼并了各部落，建立了统领雅鲁藏布江南北两岸的奴隶制政权。吐蕃奴隶制政权的建立，在松赞干布的祖父达日年塞时即已做了大量准备工作，经过松赞干布之父囊日松赞的进一步努力，吐蕃统一政权初具规模，在此基础上，到松赞干布时，基本统一了青藏高原大部，正式建立起吐蕃政权。

在吐蕃政权的建立和巩固中，松赞干布成为藏族人民所认可的民族首领和吐蕃政权的缔造者。松赞干布原名赤松赞，汉文史书称为弃宗弄赞、弃苏农赞、弃苏农、弄赞、弗夜氏等。关于松赞干布的诞生，藏文史籍说法不一，汉文史籍则只记有卒年，未记生年，因而至今尚无定论。

松赞干布继承父位之时，雅隆部危机四伏，父王之臣离叛、母后之臣作乱。面对如此复杂局面，年轻的松赞干布继承祖、父之志，采取先安内后对外的步骤，开始实施统一青藏高原的宏伟计划。首先是平息内乱，调整内部关系，为实施统一计划打下基础。其次是通过和亲和征战两面手法，征服羊同（位于今西藏西部地区），说服西藏与青海接界处、长江源流区的苏毗内附。接下来，松赞干布继续挺进东北，依次吞并了青海诸羌部族——多弥、党项、白兰、吐谷浑等。与此同时，松赞干布还以武力征服了青海高原东部的附国、嘉良夷和薄缘夷等地，使其势力东达四川西部地区。至此，吐蕃王朝势力控制了今西藏全部、青海大部、四川和甘肃的一部分。

松赞干布完成统一之后，通过采取迁都和统一文字等措施，以及建立行政区划、官制、军制、法制和盟会制等制度，使吐蕃政权

① 详见王尧、陈践译注:《敦煌本吐蕃历史文书(增订本)》,民族出版社 1992 年版,第 162 页。

粗具规模，从而为吐蕃以后的发展奠定了一个较为稳固的基础。

二、唐蕃交往肇始及唐蕃联姻

贞观八年（634 年）之前，新兴的唐与吐蕃由于处于相对隔绝状态，双方既无历史积怨也无现实冲突。唐太宗贞观八年（634 年），松赞干布遣使来唐聘问，唐派使臣冯德遐前往逻些（今拉萨）通好。这是中国史上建立在中原地区的统一王朝与吐蕃建立往来关系的开始，使唐蕃双方有了初步的接触和了解。稍后唐太宗下诏大举征讨吐谷浑。在唐与吐谷浑大战将至的背景下，又开始了唐蕃的第二次交往，即唐太宗“遣使者冯德遐往慰抚之”①。冯德遐的这次出使，达到了抚慰吐蕃的目的，有助于增进吐蕃对唐的了解，增进了吐蕃对唐的好感，并直接促成了双方在贞观九年（635 年）十一月的第三次交往，即吐蕃“遣使随德遐入朝，多赍金宝，奉表求婚”②。然而令人难以预料的是，这次唐蕃交往却成为唐朝与吐蕃关系的一个重要转折点，此后双方之间好感渐失，敌意滋生，之前良性互动的态势不复存在。松州之战便是唐蕃之间这种恶性对抗的产物。然而从另一方面看，也正是松州之战，促成了唐蕃联姻，最终共同谱写了汉藏历史友谊。

（一）松州战役

贞观十二年（638 年）八月，新兴的唐朝与吐蕃在松州（今四川松潘）地区发生了大规模武装冲突，史称松州之战。此战规模宏大，双方先后共投入约 30 万兵力，对唐与吐蕃的关系影响深远。

① 《旧唐书》卷 196《吐蕃传》。
② 《旧唐书》卷 196《吐蕃传》。

松州之战爆发前，唐和吐蕃有过四次政府间往来，其中第三次吐蕃派遣使者随唐使者冯德遐向唐王朝请婚，遭到唐太宗拒绝。这件事便成为松州之战的导火线。唐太宗之所以拒婚，从大的方面看，主要是由于对吐蕃的实力缺乏了解。唐、蕃本土此时尚未接壤，缺少联系和沟通，这是造成唐太宗对吐蕃难以有较为全面深入认识的客观原因。其次是对吐蕃及西南地区的忽视。吐蕃之前，西南地区一直处在分散状态，小国林立，没有形成强大的统一政权，不能构成中原王朝的主要威胁，因而长期以来也不是中原王朝的重点经营地区。对于新兴的吐蕃王朝，唐朝也不够重视。其时唐朝已击败强大的东突厥和吐谷浑，而在唐太宗眼中，吐蕃不过是一个西陲部落而已。唐太宗的拒婚，为唐蕃关系埋下了隐患。一方面，它是在对吐蕃不"知彼"的前提下作出的决定，带有很大的盲目性；另一方面，它忽视了此次拒婚对唐蕃关系的损害，特别是敏感的吐蕃新兴政权对此的感受，在吐蕃看来，唐廷答应突厥与吐谷浑的求婚却拒绝吐蕃的求婚，这无疑是对吐蕃的不尊重甚或是蔑视。在松州之战前夕，唐蕃有了第四次交往。吐蕃赞普"遣使贡金帛，云来迎公主。又谓其属曰：'若大国不嫁公主与我，即当入寇'"[①]。这种最后通牒式的威胁显然是实力强大且正处于上升期的唐廷难以接受的，至此唐蕃再无回旋余地，松州之战终于爆发。

贞观十二年（638 年），吐蕃大举向东用兵。此次出征，吐蕃首先攻略唐的盟友吐谷浑，接着攻破唐朝松州西面的党项及白兰诸羌，最后集众 20 余万，驻扎于松州西境，进攻松州。唐廷最初对此次吐蕃出征缺乏足够准备，具体表现是没有采取有效措施遏制吐蕃的扩

① 《旧唐书》卷 196《吐蕃传》。

张，战略缓冲空间丧失，因而不得不在极其不利的形势下被动应对吐蕃的挑战，这导致唐军首战失败。但随后唐廷沉着应对，调兵遣将支援前线，积极抵抗，并伺机发起反击，“先锋自松州夜袭其营，斩千余级”。[①] 这次夜袭虽不足以决定战争的胜负，但在一定程度上展示了唐朝强大的军事实力，改善了唐军处境，遏制了吐蕃的扩张势头，保护了唐本土的安全，并增加了唐对吐蕃和谈的筹码，因而有着重大意义。

之后唐蕃进入对峙阶段。相对于内线作战的唐军，战场胶着对外线作战的吐蕃军队带来的压力更大。首先，吐蕃攻松州城十余日不能下，又被唐军夜袭所败，兵锋已钝，士气已泄，短期取胜无望；其次是吐蕃的内部分歧和压力，吐蕃政权此时尚不稳固，内部凝聚力有待增强。更重要的是，对唐作战不利导致掠夺来的作为战利品的物资大量消耗，而又难以从唐地掠夺物资进行补充，这极大地影响到吐蕃的战斗力，加剧了内部分歧。正是在如此情况下，唐蕃开始由对抗走向和解。史载：“弄赞大惧，引兵而退，遣使谢罪。因复请婚，太宗许之。弄赞乃遣其相禄东赞致礼，献金五千两，自余宝玩数百事。”[②]

松州之战是唐与吐蕃关系的另一个重要拐点。之后唐蕃关系逐渐走出战争的阴影，重归和平往来轨道。

（二）唐蕃联姻

随着唐蕃双方了解的深入，松州战后（638—649）唐蕃联系更加密切。这又可以细分为前后两个阶段，前一阶段（638—640）双

① 《旧唐书》卷196《吐蕃传》。
② 《旧唐书》卷196《吐蕃传》。

方致力于停战和解，修复破损的关系，双方主要有两次往来，即松赞干布“遣使谢罪”“因复请婚”以及吐蕃遣其相禄东赞入唐致礼；后一阶段（641—649）双方通过联姻、通使进一步巩固唐蕃关系。

《步辇图》（贞观十五年唐太宗李世民接见吐蕃赞普求婚使者禄东赞场面）

唐贞观十四年（640年），吐蕃再次求婚，“赞普遣其相禄东赞献金五千两及珍玩数百，以请婚”[①]。与上次拒婚不同，此次唐太宗许婚于吐蕃，贞观十五年，命“礼部尚书江夏郡王道宗持节送文成公主于吐蕃”[②]。

对于唐蕃这次联姻，唐蕃双方都非常重视。在吐蕃方面，松赞干布派往长安迎亲的使节为在吐蕃身居大相之位、深受松赞干布信任的禄东赞。禄东赞在长安期间的出色表现，促进了唐蕃之间的了解和友谊。从唐王朝方面来说，派礼部尚书、江夏郡王李道宗作为主婚使也非同寻常。李道宗17岁便跟随李世民出征，曾因善于用兵受到李世民的赞赏。作为唐宗室诸王之一，李道宗在统治集团中有较高名望，“宗室中唯道宗及河间王孝恭昆季最为当代所重”[③]。

唐蕃间这次联姻，仪式也非常隆重。松赞干布以重金来聘。唐

① 《资治通鉴·唐纪十一》。
② 《资治通鉴·唐纪十一》。
③ 《旧唐书》卷60《李道宗传》。

王朝则以大批丝绸制品及其他物品作为嫁妆。文成公主一行到达柏海（今青海玛多县境）时，松赞干布前来迎接。松赞干布看到唐人的华美服饰，大开眼界，叹为观止。他恭敬地向唐朝使节行“子婿之礼”，并自豪地“谓所亲曰：我父祖未有通婚上国者，今我得尚大唐公主，为幸实多。当为公主筑一城，以夸示后代”[①]。此后他自己“亦自释毡裘，袭纨绮，渐慕华风。仍遣酋豪子弟，请入国学以习诗书。又请中国识文之人典其表疏”[②]。从历史记载看，从贞观十五年（641 年）至永徽元年（650 年），在松赞干布去世前数十年间，唐蕃关系一直处于和睦、友好之中。这次联姻使唐蕃之间成为亲密友好的“甥舅关系”。唐太宗、松赞干布、禄东赞、李道宗等都是唐蕃友好关系的奠基者。

文成公主在吐蕃生活了 40 年，于永隆元年（680 年）去世。她和松赞干布的结合使吐蕃与唐朝在政治、经济、文化等各方面的联系得到空前发展，由此唐蕃结成舅甥关系，双方情谊如同一家。后来，唐蕃统治集团为了各自的利益虽有过频繁的战争，但藏汉两族人民和睦友好的关系始终成为历史的主流。

从文成公主出嫁吐蕃（641 年）到永隆元年（680 年）文成公主去世，吐蕃和唐关系较好，但在松赞干布去世后，特别是文成公主去世后，双方关系又趋于紧张。其时，由于唐朝内部政局的更迭和唐政府对周边民族政权扶持的差异，吐蕃改变了亲唐政策，连年寇边，由此拉开了唐蕃之间的战争。永隆元年（680 年）七月，吐蕃侵扰河源，二年（681 年）五月，唐将黑齿常之领兵在良非川击败吐蕃论赞普；永淳元年（682 年），吐蕃侵扰河源军，唐军八战八

---

① 《旧唐书》卷 196《吐蕃传》。
② 《旧唐书》卷 196《吐蕃传》。

捷；垂拱元年（685 年）十一月，武则天令天官尚书韦待价为燕然道行军大总管讨吐蕃；天册万岁元年（695 年）七月，吐蕃入侵临洮；长安二年（702 年），吐蕃赞普亲率万余兵众入寇悉州。

长安四年（704 年），以吐蕃赞普战死为转折点，唐蕃双方又由战争转为和好。是年，吐蕃赞普率兵讨伐吐蕃属国泥婆罗门等的反叛，战死军中。其时由于吐蕃连年对外用兵，吐蕃人民和属国人民的赋税徭役异常沉重。赞普死后，他的几个儿子争权，统治阶级内部矛盾斗争加剧，最后，吐蕃人拥立年方 7 岁的弃隶缩赞（墀德祖赞）为赞普（704—754）。由于这些原因，吐蕃内部不稳。次年（705 年），赞普祖母派大臣到唐奉献，并为其孙请婚，中宗神龙二年（706 年），赤马勒派大臣悉熏热（亦译宗俄）入唐贡献方物，与唐通好。景龙二年（708 年），再遣宰相尚饮藏及御史名悉腊（亦作敏悉腊）使唐，为赞普请婚。唐中宗答应以金城公主出嫁。

金城公主是继文成公主之后入嫁吐蕃的第二位唐朝公主。金城公主是雍王李守礼的女儿。李守礼是武则天儿子章怀太子李显的次子。景龙二年（708 年），吐蕃派大臣来迎公主。景云元年（710 年），唐派左骁卫大将军杨矩护送金城公主入藏。中宗李显以锦缯数万匹以及杂技诸工和龟兹乐等作为陪嫁，亲送至始平县（今陕西兴平）设宴饯行，并命群臣赋诗送行，以表对远嫁公主的割爱之情和对唐蕃再次联姻的重视。当时还颁布金城公主远嫁制书，重申双方和平通婚的意义。

金城公主是在唐和吐蕃交战都已精疲力竭并且有和好要求的背景下进入西藏的。金城公主在吐蕃生活了 31 年（710—741）。在这段时间里，唐蕃双方既有友好往来，也有兵戎相见，双方爆发战争时，她始终处于调停地位，既动员说服吐蕃赞普和唐朝皇帝尽快缔结停战和约，又积极主动地提出树碑立界，避免争端。可见金城公主和文成公主一样，也是促进汉蕃文化传播和双方和好的一位重要人物。

唐蕃两次联姻所建立的甥舅关系对唐蕃关系产生了深远影响。此后双方有谊有争，其中的谊固然为甥舅之谊，而争亦为甥舅之争。例如唐代宗广德元年（763 年），吐蕃军队一度攻入长安，并立邠王李守礼之子（即金城公主的兄弟）承宏为帝。这说明，即使到这个时候，也没有忘记甥舅关系。直至公元 823 年唐穆宗长庆三年，唐蕃第八次和盟在拉萨大昭寺前建立的甥舅和盟碑上，仍强调唐蕃双方的甥舅关系。由此可见，唐蕃之间的甥舅亲谊关系，像一根红线贯穿始终，牢牢维系着唐蕃友谊在曲折中不断发展。

三、唐蕃间的友好关系

（一）友好会盟

唐蕃之间历史上发生了一些矛盾甚至战争，但作为历史的主流，特别在两族劳动人民之间，和平友好始终居于主导地位，唐蕃之间的会盟活动，正反映了广大人民祈求唐蕃和平往来的良好愿望。

据统计，自唐神龙元年（705 年）至长庆二年（822 年）的 100 多年间，吐蕃和唐的会盟达 8 次之多[①]，依次是：唐中宗神龙元年和盟，开元二年（714 年）和盟，开元十八年（730 年）和盟，至德二年（757 年）和盟，永泰元年（765 年）和盟，清水和盟（783 年），平凉劫盟（787 年）和长庆会盟（821 年）。在唐朝与吐蕃的友好会盟中，有两次会盟的盟文留存至今：一次是公元 783 年（唐

---

① 蒲文成、王心岳：《汉藏民族关系史》，甘肃民族出版社 2008 年版，第 45 页。

德宗李适建中四年，赤松德赞时期）的清水会盟。此次会盟的盟文见于《册府元龟》记载，但未见藏文著录。另一次是公元821年（唐穆宗李恒长庆元年，赤祖德赞时期）的长庆会盟。此次会盟，双方先派使节在唐朝京师长安盟誓，次年又在吐蕃逻些（拉萨）重盟，并于公元823年将盟文以汉、藏两种文字刻石立碑。该碑现仍立于拉萨大昭寺门前。这就是历史上有名的"长庆会盟碑"，又称"唐蕃会盟碑"或"甥舅和盟碑"。

"长庆会盟碑"首先阐明结盟始末："圣神赞普赤祖德赞与大唐文武孝德皇帝和叶社稷如一统，立大和盟约。兹述舅甥二主结约始末及此盟约节目，勒石以铭。"强调结约的目的是"和叶社稷如一统"。然后追述和赞扬了历史上藏汉两族的友好往来和亲密关系。碑文中说：

"……圣神赞普弃宗弄赞（即松赞干布）与唐主太宗文武圣帝和叶社稷如一，于贞观之岁，迎娶文成公主至赞普牙帐。此后，圣神赞普弃隶缩赞（即墀德祖赞）与唐主三郎开元圣神文武皇帝重协社稷如一，更续姻好。景龙之岁，复迎娶金城公主降嫁赞普之衙，永崇舅甥之喜庆矣。""……况唐廷谊属重姻，地接比邻。犹者，和叶社稷如一统，甥舅彼此思虑相洽，与唐主圣神文武皇帝结大和盟约，旧恨消泯，更续新好。此后，赞普甥一代，唐主舅又传三叶，媒怨碍难未生，欢好忱诚不绝。亲爱使者，通传书翰。珍宝美货，馈遗频频……"

这些友好往来的记述，虽然偏重在统治阶级上层的来往，却是当时汉藏两大民族亲密团结的象征，表现了历史的真实，反映了人民的愿望。文词也恳切真挚。碑文还检讨了过去某些"弃却友好，代以兵争"的不愉快事件，谴责了"开衅"的"边将"。最后点题：

“……圣神赞普赤祖德赞陛下……乃与唐主文武孝德皇帝舅甥和叶社稷如一统，情意绵长。结此千秋万世福乐大和盟约于唐之京师西隅兴唐寺前。”

自从这次盟誓以后，唐朝与吐蕃之间的纠纷基本结束。它说明和盟适应了唐蕃社会的发展需要，符合当时汉藏两大民族人民的愿望，体现了汉藏两大民族友好关系的进一步加强，顺应了历史潮流。“长庆会盟碑”的碑文具有重大的政治意义、极高的思想性和朴素优美的文采。千余年来，该碑在拉萨大昭寺前巍然矗立，受到人民的景仰，成为汉族与藏族人民团结、友好的历史见证。

（二）使臣往来

随着唐蕃政权间交往的加深，双方关系所涉及的内容更加丰富多样、广泛深刻，交往的形式除了民间的传统交往外，作为两个统一的王朝，其相互之间的联系和一切重大问题的解决，差不多都采取了使臣往还的形式。这样，使臣往还便成了唐蕃关系的集中表现，并贯穿于唐蕃关系史的始终。

唐朝和吐蕃的使臣来往是从公元 634 年即唐太宗贞观八年和松赞干布执政的时候开始的，直到公元 851 年，即唐宣宗大中五年，其时吐蕃内乱，王朝崩溃。在这二百多年中，唐朝和吐蕃之间的使臣往还一直没有停止。据《唐书・吐蕃传》《唐会要》和《通鉴纪事本末》等书记载，在这一时期，双方使节往还的次数，有具体时间、事要可数的，累计即达 142 次。其中唐使入蕃 51 次，蕃使至唐 91 次，平均每一年半左右就有一次使臣派出。如此频繁的交往，发生在交通条件尚不便利的遥远的古代和两个不同王朝的民族之间，足见唐蕃关系的发展已达到何等密切的程度！

唐蕃互使不仅次数频繁，而且使团的人数也越来越多。这种人数越来越多的局面不断发展下去，对于唐朝廷来说，接待的压力便越来越大，“赏赐”的费用也越来越多。于是唐宪宗在元和十三年（818 年）下令：“今后入回鹘、吐蕃、南诏使，所奏随从不得过三十人，新罗使不得过二十人，回鹘、吐蕃使下合授正官不得过十人，南诏不得过五人。”① 这一诏令反映出，随着吐蕃使团人数的增加和所授官职的升高，唐朝已经到了不得不对其加以限制的程度，同时还说明，当时的唐朝已经成为吐蕃、回鹘等周边各民族王朝联络、活动的中心，各少数民族人民心向内地，有着和汉族人民团结友好的共同愿望。

根据史书记载，从唐太宗到唐文宗，从松赞干布到郎达玛，在两个多世纪的 142 次使臣往还中，其活动内容包括了通好、和亲、报丧、吊祭、会盟、报捷、朝贺、报聘、送僧、求匠、请市等许多方面。每次使臣往来，都是为了解决问题、改善关系和求得各自发展的目的。正是在这一需求的促使推动之下，唐蕃双方的使臣往还才受到了朝廷的重视，出现了连绵不绝的发展局面。而许多使者卓有成效的活动，为汉藏人民之间的友好往来打开了局面，做出了杰出的贡献。如：至唐请婚、迎娶文成公主和金城公主的吐蕃重臣噶尔（禄东赞）、悉熏热和入蕃送亲、主婚的唐朝江夏王李道宗、大将军杨矩，都出色地完成了他们在唐蕃联姻中担负的重要使命。

使臣往还不仅促成了唐蕃之间政治、军事的联合，更促进了相互之间极为广泛的经济、文化交流。这种交流，除围绕两次公主入蕃大量发生之外，更多的内容则分散在漫长的历史时期，既反映在民间交往之中，也反映在次数频繁的使臣往还当中。所以，通过唐

① 《唐会要》卷 97。

蕃间的使臣往还，我们可以看到一个基本历史事实，那就是，汉藏两族人民的兄弟关系早在唐朝和吐蕃时期已有了相当的发展，而且经历了历史的长期考验。

（三）茶马经贸

到了唐代，随着中原农耕地区茶叶生产的发展与饮茶之风的盛行，饮茶风俗也逐渐传入草原畜牧业地区。古代先民已经认识到，茶叶具有助消化、调口味、解油腻、驱寒湿、提精神等特殊功能，在以肉类、奶酪为主食且生活在高寒地区的草原牧民中颇受欢迎。吐蕃作为居住在青藏高原的牧业民族，对于茶叶的需求量也与日俱增。松赞干布时，曾经派遣5人专门从事内地茶叶贸易，后来随着饮茶习俗在吐蕃的普及，从事茶叶贸易的吐蕃人就更多了。据《唐国史补》等史籍记载，当时内地出产的各种茶叶，吐蕃应有尽有。唐德宗建中二年（781年），唐大臣出使吐蕃时，赞普就曾经拿出包括寿州、舒州、昌明等地名茶在内的各种茶叶，其品种几乎包括了唐代的所有名茶。从中可以看出，茶马互市已经是唐蕃之间经济往来的一项比较重要的内容。少数民族对茶叶需求量的不断增加，刺激了中原地区的茶叶种植和茶叶加工。到唐德宗建中四年（783年），唐政府已经开始抽取茶税，当时的茶税率高达10%。茶马互市发展的直接结果，是茶税成为唐代的重要税源和当时财政收入的基本内容之一。唐朝是我国古代西北地区茶马互市的开拓阶段，并为以后的进一步发展打下了坚实的基础。

除了茶叶的交易，唐蕃间其他物品的交易也很兴盛。吐蕃方面向唐王朝地区提供的商品有麝香、牦牛尾巴、羚羊、毛毡、玛瑙、金银制品等。唐地向吐蕃供应的商品有各种丝绸制品、纸张、弓箭等。由于中原地区手工业十分发达，又通过各种工匠进入吐蕃将酿酒等技术传至吐蕃地区，从而满足了双方人民的生产、生活需要。当时唐蕃之间贸易的主要通道有：南路由拉萨经今昌都、康定、庐定、雅安，到达成都；东路由拉萨经今墨竹工卡、囊谦、玉树、鄯善、凉州、会州、原州、经州、邠州，到达当时世界著名大都会长安[①]。据记载，唐代在赤岭、陇州（今陕西陇县）等地建立起互市市场，开展以缣（细绢）、茶、马、牛交易为主要内容的物资交流活动。当时使臣往来的礼品，也是经贸交流的重要内容。使臣出使，几乎都携带礼物，从金银珠宝到兵器，从锦绢彩帛到古玩珍物，凡域内佳作珍品、方物特产，均在馈赠敬献之列。这些赠物凝结着广大劳动人民的智慧和汗水。互赠互送，相互交易，表达了汉藏两族人民团结友好的深情厚谊，对促进民族关系的发展起到了积极作用。

（四）文化交流

唐蕃间除了物质层面的交流外，还在精神、制度层面进行了大量交流。这种文化交流，是形成中华民族共同体的一个重要原因和表现。在唐代，特别是唐蕃联姻，给唐、蕃间这种文化交流打开了大门。通过这种交流，汉地丰富的文化成果被吐蕃大量吸取，如唐朝的儒学典籍如《毛诗》《礼记》等一再被吐蕃“求取”，《孝经》《左传》《国语》等被大量翻译成藏文，供上层学习，许多吐蕃贵族子弟还来到长安，进入国子监系统学习儒家学说，从而使吐蕃从制度文化到精神文化方面都受到儒家文化的深刻影响。在敦煌发现的8—9世纪吐蕃写卷中，有一幅名为《礼仪回答》的藏文写卷，讲述了当时吐蕃社会中对人们道德标准的一些看法，其中写道：做人要

① 格桑达吉:《试析吐蕃封建王朝时期的商品货币经济》,《中央民族大学学报》1995年第2期。

“公正、孝敬、和蔼、温顺、怜悯、不怒、报恩、知耻、谨慎而勤奋”。这与儒家强调的“温、良、恭、俭、让、孝、悌、礼、智、信”几乎如出一辙。可见儒学思想已成为当时吐蕃地区社会思想的一个重要部分。

宗教信仰交流也是唐蕃文化交流的一个重要方面。唐朝是佛教传入吐蕃的重要渠道。7 世纪，佛教在唐朝已十分盛行，而吐蕃始有佛教，与汉地佛教密切相关。唐贞观十五年（641 年），文成公主入吐蕃联姻，带去著名的释迦牟尼报身像（通称觉卧佛）和大量佛教经卷。文成公主虔信佛教，入藏后，她的崇佛深刻地影响了松赞干布，使松赞干布“广兴正法”，成为吐蕃历史上第一位著名的信仰佛教的“法王”。在松赞干布的大力支持下，西藏社会开始有了供佛的佛堂，汉地的佛像、佛经、佛寺形制和汉僧进入吐蕃，促使吐蕃社会佛教兴起。

金城公主进藏后，佛教在吐蕃社会已有了较快发展，金城公主在墀德祖赞的支持下也修建过佛堂。墀德祖赞还派使者赴唐都长安取经，带回唐朝皇帝亲赐的佛经 1000 部，《西藏王臣记》称这些佛经都是用金汁抄录在瓷青纸上的写经，汉地的《金光明经》《律差别论》等即于此时传入吐蕃。

唐代，汉藏民族在医学、历算、工艺美术和风俗等各个层面都进行了交流。吐蕃为建立本民族的历算和医学体系，一直注意汲取汉地的有关知识，早在南日松赞时期，即“从汉地得到历算与药物”。文成公主进藏，所带典籍不少是历算和医学方面的。松赞干布以后，除从汉地引进有关医学历算典籍文献外，还不断派吐蕃子弟去汉地学习，汉地的一些名医学者也不断来到吐蕃，传播知识。汉藏医学交流过程中，吐蕃也为汉地输送药品和医术，唐文宗开成二年（837 年），吐蕃论监通出使长安，所献方物中就有藏地的“新药”。藏族名医宇妥·元丹贡布曾到康定、汉地行医，为汉人治疗过疾病。时至今日，人们对藏医在肝胆、心血管病、消化系统等慢性病治疗方面的神奇功效，仍深信不疑。藏药中鹿茸、麝香、大黄、熊胆等名贵药材，在汉族中医中广泛使用，汉藏医学在理论、药理甚至名词术语等方面有不少相同处，足见双方交流的广泛和深入。

在工艺美术、风俗等方面，汉藏间有更丰富的交流。藏族是一个崇尚艺术的民族，在历史长河中创造了自己独特灿烂的艺术。在藏族艺术发展过程中，始终受到汉族文化的影响，尤其在汉藏交会地带，互相影响、交流更为深刻。

综上所述，唐蕃建立联系后，通过政治、经济、文化的频繁交往，加深了相互了解，彼此在制度、宗教、文学、生活、习惯等方面互相影响，增进了友谊，使汉藏两族结成了亲密的兄弟关系。

四、吐蕃经略河陇、西域时期的汉藏民族关系

从公元 7 世纪中叶至 9 世纪中叶，在大约两百年左右的时间里，吐蕃先后控制了河陇、西域地区并对其加以经略。吐蕃对西北地区的经略，直接的影响就是推动了吐蕃与汉族及其他民族的交往和联系。当时，在从东起河西走廊、西至新疆南部的广袤地区，蕃、汉、胡各族军民杂居互处，在一起耕作、生息，相为婚姻，形成了各民族文化互相交流、互相融合的局面。正是由于经历了这种交流局面，才逐步形成了“你中有我，我中有你”的中华民族共同体。

（一）语言影响

吐蕃攻占河陇之后，特别是唐蕃“清水会盟”之后，随着吐蕃

对河陇地区的统治日趋稳定，河陇文化曾进入一个“蕃化”时期，即出现了汉语有向吐蕃语言转化的趋向，而且不仅汉人如此，其他少数民族也不例外[①]。唐《张司业集》中有“凉州词”一首：“（吐蕃）驱我边人胡中去，散放牛羊食禾黍。去年中国养子孙，今著毡裘学胡语。”《全唐诗》收王建“凉州词”一首，描写陷落后的凉州：“多来中国收妇女，一半生男为汉语。蕃人旧日不耕犁，相学如今种禾黍。”司空图的《河湟有感》云：“一自萧关起战尘，河湟隔断异乡春。汉儿尽作胡儿语，却向城头骂汉人。”这些均是吐蕃与汉族杂居生活、语言交流的具体写照。

吐蕃对河陇的统治，创造了吐蕃人学习、吸收汉族文化的机会和条件，同时也给西北各族提供了学习古藏文的机会。敦煌发现的各种汉藏或藏汉对照字书，就是提供给吐蕃人学习汉语言文字或者是提供给汉人及其他民族学习藏文用的。敦煌曲子词中有一篇题为《赞普子一首》的作品，其中写道：“本是蕃家将，年年在草头。夏日披毡帐，冬天挂皮裘。语即令人难会，朝朝牧马在荒丘，若不为抛沙塞，无因拜玉楼。”[②] 这篇或出自吐蕃统治河陇时期后一名留居当地的吐蕃人的作品，反映出其对汉文化有较深的素养。

除吐蕃人学习汉文字语言外，在此期间汉人及其他民族也学习古藏文。据研究，现存公元7—9世纪的古藏文写本（编号共317卷），其外部特征完全是吐蕃式的，但在写校者中，其他民族人士占五分之四甚至六分之五，吐蕃人只占五分之一乃至六分之一。[③] 从民族成分看，其中大多是汉人，也有粟特人、吐谷浑人，这反映了当

① 李智君：《唐代吐蕃内侵与河陇语言地理格局的演替》，《厦门大学学报》2007年第4期。

② 汪泛舟：《敦煌曲子词中民族、爱国词篇考析》，《敦煌研究》1985年第2期。

③ 黄文焕：《河西吐蕃卷式写经目录后记》，《世界宗教研究》1982年第1期。

时汉人及其他民族也能够熟练掌握古藏文。

（二）艺术互动

吐蕃占领敦煌后，在当地大兴佛事，广度僧尼，任命佛教官吏，使敦煌地区的佛事活动空前兴盛，在公元781—847年吐蕃占领的60余年中，开凿的洞窟就有40多个，比唐朝初年到781年以前的80余年中所建的洞窟还要多[①]。与之前的洞窟相比，在吐蕃时期的洞窟中不乏杰出的作品，其水平只有进步，没有退步。此期洞窟的特点是刻画细腻、流畅，而且在设计方面有所创新。

吐蕃统治时期，莫高窟洞窟壁画中出现了供养人画像大大减少、吐蕃装出现以及吐蕃装与供养人画像同时并存于洞窟、僧人多于世俗人等现象[②]。其中最为典型的就是第158、359、220、225等窟吐蕃装供养像的出现，时代特征极其明显。

在壁画的内容上，此期作品明显受到吐蕃文化的影响。第159窟东壁南侧有一幅引人注目的吐蕃赞普听法图。图中，赞普与中原皇帝对面而立，在西域各国王子的簇拥下，他身着左衽长袖缺骻衫，头戴红毡高帽，手执熏香，足踏长垫，做礼佛姿势。赞普身后，还有身着左衽长袍、头束双童髻的奴婢，这应是一种蕃、汉混合装。属于晚唐的第156窟东壁下，画有一幅张议潮统军出行图，其中舞伎分两行，一行戴幞头；另一行束双髻，采络额，着缺骻花衫，她们挥舞长袖，踏歌而前，这应是吐蕃的舞蹈。这些能歌善舞的女子，即是吐蕃人，因为在张议潮的起义队伍中，有大量的吐蕃人。可见，在吐蕃统治敦煌数十年后，吐蕃文化艺术也流传到汉族人民中间，

---

① 万学汇:《吐蕃统治时期敦煌石窟艺术的时代特性》,《中国藏学》2007年第1期。
② 沙武田:《吐蕃统治时期敦煌石窟供养人画像考察》,《中国藏学》2003年第2期。

并为他们喜闻乐见。吐蕃占领河西走廊时期，蕃、汉人民在“义同一家”的长期生活过程中，服饰、习俗互相影响，自然出现新的特征。

（三）佛教交流

吐蕃占领瓜州（776年）大约十年之后敦煌才陷落，在此期间吐蕃致力于与唐朝缔结“建中会盟”。吐蕃经略河西的时期，也是大力推动佛教发展的重要历史时期。吐蕃统治沙州初期，其地有寺院13座（其中尼寺4座），僧众共310人，到吐蕃统治瓦解至归义军初期，寺院有16座，僧尼1000人，比初期增加3倍以上，这是吐蕃统治时期大兴佛教的结果。在寺院与僧尼数均迅速增加的基础上，写经事业在敦煌迅速兴起，蓬勃发展。当时每所寺院都设有抄写经书的“经坊”，这是根据赞普之命成立的官营事业。经坊人数不等，有的寺院仅数人，有的十几人，多者达数十人。这些僧俗写经生终日忙碌，遵照赞普之命将《无量寿宗要经》在敦煌写了数千部，一部600卷的《大般若经》也写了数部。这些经卷分汉文和古藏文两种，它们在汉藏宗教文化的交流中无疑起到了巨大的媒介作用。

这些“译经僧”大多都淹没在了历史的长河中，但其中有一个却名垂史册，这个人就是吐蕃僧法成。法成，藏语本名桂·却楚，9世纪中叶人，精通梵、藏、汉三种文字，多年活动于河西地区，曾在沙州开元寺和永唐寺、甘州修多寺等寺院集录佛经和讲经。他讲经时，明照、法镜等许多汉僧耳聆笔录，他的讲经记录和佛经集录多达23部。他将汉文佛经译成藏文，也将一些藏文佛经译成汉文，并对吐蕃在河西地区汉译的藏经进行过大量的校勘工作。现存敦煌佛经中，汉译藏经有300多卷，其中法成署名校勘的达20多卷。汉藏两族的佛教文化交流，不仅有助于双方文化的发展，而且也增进了两族人民之间的交往了解和友谊，丰富了中国的文化宝库。

自从汉族和藏族正式接触后，汉藏两个民族的交流在政治、经济和文化各个层面展开。正如《贤者喜宴》中所记载的那样，早在松赞干布时期，为学习邻族建政经验、设官及民政，吐蕃“自东方汉地及党项获得工艺与历算之书。自南方天竺翻译了诸种佛经。自西方之粟特、泥婆罗，打开了享用食物财宝的库藏。自北方回鹘、突厥取得了法律及事业之楷模”。[①] 尽管这种说法比较笼统，而且时间也有提前之嫌，但我们仍可以从这段文字中看出，我国西北各民族的民族文化，如历算、工艺、宗教及法律等，自唐初以来就不断地为吐蕃所借鉴、吸收，在其影响之下，吐蕃王朝的政治、宗教、经济、文化等得以发展到一个相当的高度。同样，以上的材料也证明了，吐蕃文化也长久地影响了西北各民族，这主要表现在语言、文字、服饰、艺术等方面，以至于在当时的历史画面上留下了所谓“吐蕃化”的种种印记。从更高的层面上看，吐蕃与西北各民族的这种文化交流，不但促进了各自社会、经济、文化的发展，也为多元一体的中华文化增添了丰富的元素。

（选自《历代中央政府治藏方略研究》，民族出版社 2013 年版）

① 黄灏:《〈贤者喜宴〉摘译(二)》,《西藏民族学院学报》1981 年第 1 期。

宋朝与吐蕃的历史往来

统一的吐蕃王朝崩溃后不久，唐王朝也于公元 907 年灭亡。与中国的五代十国大分裂状况相似，开始逐步进入封建农奴制社会的藏族地区，此时也形成群雄割据、互不相属、没有统一政权的分裂状况，整个藏区没有什么统一的对外关系和政策。公元 960 年，北宋王朝建立。宋朝国势不如唐朝强盛，与远离汉族地区的卫藏等地藏族各部联系交往较少，但与邻近汉族地区的甘、青、川、滇藏族各部在经济、政治及文化联系上却更为密切。

一、北宋时期西北主要民族政权关系

（一）宋与北方民族政权的对峙和更迭

唐天祐四年（907 年），后梁取代唐王朝，中国的汉族聚居区进入了“五代十国”分裂割据时期。过了10年，后梁贞明二年（916年），东北的契丹族建立了辽（契丹）王朝，以后逐步统一了今长城内外及其以北的广大地区。辽国“自太祖肇基，太宗继烈，征服诸步，雄视艮方，天骄踔厉，前史罕见”。[①] 其强盛时地如其名，极为辽阔。四十多年后的后周显德七年（960年），宋王朝建立，经过近20年的征讨与迫降，至公元979年，宋朝结束了中原汉族聚居区的分裂割据政局，但并没有完成真正意义上的全国统一，辽继承了中国自汉唐以来在北方及西域的统治，疆界与大食相连，版图面积比宋朝大一倍以上。北宋不曾征服过它，连形式上的从属关系也没有过，因而历史上形成了宋、辽南北对峙。

与此同时，西北地区的党项族也日益强大，特别是公元1038年李元昊正式建立西夏国，定都兴庆府（今银川），其疆域“东尽黄河，西界玉门，南接萧关，北控大漠，地方万余里”，[②] 统治今宁夏及甘肃、内蒙古大部分地区，西夏实际上与宋、辽形成鼎足之势。

公元1115年（辽天庆五年），女真族建立了金王朝。1125年，金灭辽。1127年（宋靖康二年），金又灭宋（史称北宋）。同年，新的宋王朝建立并南迁（史称南宋），重又形成南宋与金的南北对峙、南宋与金、夏鼎立的新格局。

公元1206年（金泰和六年），蒙古成吉思汗崛起。1228年（夏宝义二年）蒙古灭西夏。1234年（金天兴三年），蒙古、南宋联军灭金，又形成南宋、蒙古南北对峙。

公元1271年（蒙古至元八年）蒙古定国号为元，成为南宋、元南北对峙。1276年（宋德祐二年）元军进逼临安，南宋君臣投降。

---

① 张亮采:《补辽史交聘表》,中华书局1957年版。

② 吴广成:《西夏书事校证》,甘肃文化出版社1995年版。

1279年（宋祥兴二年）逃亡中的南宋小朝廷最终为元军所灭。整个这一时期共历370多年。

（二）北宋与西北主要民族政权关系

北宋时期，中华大地被辽、宋及西夏政权分别占据，除此之外，西北还存在一些民族政权，主要有吐蕃、回鹘等。这些民族政权的关系，尤其是吐蕃和北宋的关系，随着彼此势力的消长，特别是北宋和辽、西夏关系的变化而变化。

宋初对西部地区采取了无意疆理的政策，主要原因之一就是，辽的强大分散了北宋对西部的注意力。在北宋将御边重点放在辽的时候，西部的党项通过接受辽的册封并与契丹联姻，赢得了相对稳定的空间与时间，大大加快了自身发展的速度。西夏不仅恢复了五州故土，还攻占宋西北军事重镇灵州，继而向西发展，终成为在西部有影响的政权。随着北宋与党项的矛盾不断上升，吐蕃、回鹘诸族成为北宋在西北可以利用的牵制力量。可以说，在这一时期，少数民族的向背不仅在一定程度上关系到宋王朝西北边陲的安全，而且也决定了北宋王朝能否成功地解除来自辽、夏的威胁。

宋夏之争激化时，散处于河陇地区的吐蕃部族也加入到了辽、夏与宋王朝的角逐之中。宋朝君臣意识到吐蕃部族的向背具有举足轻重的作用，对吐蕃先是采用羁縻[①]怀柔政策，通过不断加封其部族首领，在经济上对其进行援助等手段，以结其欢心，攻西夏。这就

---

① 所谓羁縻，“羁”就是用军事和政治的压力加以控制，“縻”就是以经济和物质利益给以抚慰，即在少数民族地区设立特殊的行政单位，保持或基本保持少数民族原有的社会组织形式和管理机构，承认其酋长、首领在本民族和本地区中的政治统治地位，任用少数民族地方首领为地方官吏，除在政治上隶属于中央王朝、经济上有朝贡的义务外，其余一切事务均由少数民族首领自己管理。“羁縻政策”是中国历史上中央王朝笼络少数民族使之不生异心而实行的一种政策。通过这种政策，处理中央与地方少数民族聚居的关系，以维系中央集权制度的统治。

是宋神宗即位前，北宋对吐蕃的基本政策。这种政策在当时确曾获得收效，凉州潘罗支、青唐唃厮啰等就曾一度成为宋王朝的盟友，从而牵制了西夏党项的兵力。

宋神宗即位后，起用王安石任参知政事，并支持他在政治、经济、军事诸方面进行一系列改革，经略河湟，兼制西夏，收复汉唐旧境。而王安石等革新派的一项重要战略目标，即是开拓经营西北边疆。此时北宋王朝显示出对西夏步步进逼的态势，而西夏渐渐转入被动防守。此时吐蕃由于西夏的威胁已经减弱，表示出亲夏的态度。在这种形势下，宋王朝对秦陇以西吐蕃诸部一反笼络联合的政策，转而改为武力经营。宋徽宗即位后，宋朝又一次发动河湟之役。吐蕃青唐政权自 1032 年建都，至 1104 年，随着王厚、童贯再次攻下青唐，吐蕃青唐政权宣告瓦解，退出了宋、辽、西夏的多方角逐。

二、吐蕃分裂后的河陇吐蕃地方政权

吐蕃政权崩溃以后，迁移到河陇地区的吐蕃“种族分散，大者数千家，小者百十家，无复统一”。[①] 大体上说，陇山、六盘山以东、以北为党项族聚居地，陇山、六盘山以西、以南为吐蕃聚居地。[②] 如果按照吐蕃居住大区来划分的话，可以分作五个居住区：一、陕西沿边吐蕃居住区（即陕西沿边诸州）；二、熙河兰会吐蕃居住区［即通远军及熙（今甘肃临洮）、河（今甘肃临夏）、兰（今甘肃兰州）、会（今甘肃会宁、定西以北，靖远以北地区）四州］；三、河北吐蕃居住区［即湟（今青海乐都）、鄯（今青海西宁）、廓（今青

① 《宋史》卷 492《吐蕃传》。

② 刘建丽：《宋代西北吐蕃研究》，甘肃文化出版社 1998 年版，第 61 页。

海尖扎县北）三州及青海以西地］；四、河南吐蕃居住区［包括积石军及洮（今甘肃临潭）、岷（今甘肃岷县）、叠（今甘肃迭部）、宕（今甘肃宕昌）、阶（今甘肃武都）五州］；五、河西吐蕃居住区（包括灵、凉二州乃至河西走廊）。[①] 分裂后的吐蕃在近百年的时间里，在河陇地区形成了以吐蕃为主的两个政权，凉州吐蕃六谷部联盟和青唐唃厮啰政权。

（一）凉州吐蕃六谷部联盟

西凉府吐蕃是以六谷[②]吐蕃部族为中心组成的西北吐蕃的第一次联盟。凉州历来是多民族聚集的地区，自汉代以来，月氏、匈奴、鲜卑、羌和汉人一直在这里错居杂处。唐朝初年，回鹘、铁勒等部落迁居凉州，这里的民族构成更加复杂。安史之乱后，吐蕃乘机向凉州扩张。唐代宗广德年间（763—764），吐蕃攻占河西地区，自此吐蕃统治凉州长达一百余年。唐宣宗大中元年（847 年），张议潮领导沙州（今甘肃敦煌）起义，收复河西十一州之地，建立归义军政权，河西之地复归中原王朝。但由于当时唐王朝已无力西顾，张议潮死后不久，归义军政权亦随之衰落，河西陇右吐蕃豪酋纷纷自立，形成分裂割据状态。并且，唐末五代初，凉州地区逐渐为吐蕃所重视，河西走廊西部的吐蕃部落开始大规模向凉州集结，凉州城外逐步成为吐蕃人聚居的重要地区。宋朝建立后，凉州吐蕃逐步形成了以阳妃谷为主的六个山谷的蕃部，后来称为六谷部。

10 世纪中叶，六谷部的左厢首领折逋嘉施从后汉王朝取得了封

---

① 汤开建：《五代宋金时期甘青藏族部落的分布》，《中国藏学》1989 年第 4 期。

② 六谷是指发源于祁连山东的六条河流，从南到北依次是古浪河、黄羊河、杂羊河、金塔河、西营河和东大河。这六条大河流经谷地，形成了凉州绿洲。六谷部落就是指居住在凉州城南这六条河谷中的吐蕃和吐蕃化了的各民族部落群体。

号，逐渐治辖河西走廊一带吐蕃六谷诸部，于是吐蕃六谷诸部逐渐成为西北具有一定独立性的民族政权。吐蕃六谷联盟的民族成分是以吐蕃人为主，兼有少数汉人存在，另外还有一部分吐蕃化了的汉人、回鹘人和党项人等。他们以凉州为中心，构成了河西吐蕃地方政治集团。凉州吐蕃联盟的首领大部分是以人口占绝对优势的吐蕃人来担任，但在初期汉人也曾担任过首领。[①]

藏族唐卡艺术

10 世纪末、11 世纪初，自认为吐蕃王朝贵族囊氏后人的潘罗支被六谷吐蕃诸部推举为大首领，逐渐取代折逋氏的地位，拥有凉州河西走廊一带。潘罗支对内积极发展西凉府六谷部的政治、经济和文化，对外则进一步加强与宋朝的关系，同西夏王朝相对抗。潘罗支的这一措施甚得宋朝的赞赏和支持。咸平四年（1001 年），宋朝授潘罗支为凉州防御使兼灵州（治所在今宁夏灵武县西南）西部都巡检使，并许以世袭。后又授潘罗支为朔方军节度，兼灵州西部都巡检使。

宋景德二年（1005 年）二月，潘罗支被归附于己的者龙族属下部落所杀。宋朝追赠潘罗支为武威郡王。潘罗支死后，六谷蕃部推举其弟厮铎督为大首领。宋加封厮铎督为朔方军节度、西凉府六谷大首领。

---

① 刘建丽:《宋代西北吐蕃研究》,甘肃文化出版社 1998 年版,第 142—143 页。

断铎督执政后，为了抵御西夏军的进攻，又进一步发展与宋朝的友好合作关系。据载，从景德二年到天圣六年（1005—1028）20余年间，断铎督每年都派人到宋朝进贡和请封，宋朝也每次封赐有加。后因各部落之间的矛盾日益尖锐，加上众寡悬殊、孤立无援等原因，六谷部于天圣六年（1028 年）被西夏攻破。凉州六谷吐蕃部政治军事集团宣告解体，10 万余众多投奔湟水流域新兴的唃厮啰吐蕃政权。

（二）青唐唃厮啰政权

“唃厮啰”为藏语音译，本为人名，意为“佛子”。“唃厮啰”原名“欺南陵温”（997—1065），号瑕萨，吐蕃末代赞普朗达玛后裔。北宋大中祥符二年（1009 年），欺南陵温 12 岁时被河州（甘肃临夏）商人何郎业贤到西域高昌经商时带回河州。不久，河湟地区吐蕃部落大首领宗哥（今平安县）人李立遵和邈川（今青海湟中）人温逋奇以武力把欺南陵温劫持到廓州（今青海化隆县境），拥立欺南陵温为“赞普”（国王），并为之改名为“唃厮啰”。其政权也称“唃厮啰”，部属也称“唃厮啰吐蕃部”。由于打着吐蕃赞普的名义，具有很强的号召力，河、湟地区及附近吐蕃大小部落都率众来归。李立遵自立为国相，又把赞普驻地迁到经济、文化比较发达的宗哥城（今青海平安）。此后，唃厮啰部族渐盛。为了有效地控制唃厮啰，李立遵还将自己的女儿嫁给唃厮啰。

李立遵在唃厮啰政权中独断专行，部众离心，怨声载道。这时，成年的唃厮啰对李立遵的专横跋扈日益不满，并与李立遵逐步发展到不可调和的地步。不久，唃厮啰率众逃离宗哥城，投奔邈川（今湟中）温逋奇处，封温为国相。但是，温逋奇和李立遵一样，也是一个野心极大的人，他并不甘心屈居于唃厮啰之下。不久，温逋奇发动“宫廷政变”，把唃厮啰囚禁于一口枯井中，同时捕杀其左右官员。看守唃厮啰的狱卒因同情唃厮啰，暗中将其放出。唃厮啰逃出虎口后，利用其影响和号召力，集部众捕杀温逋奇及其同党，平息了这次宫廷政变，又将都城迁到青唐（今青海西宁），从此，青唐便逐步发展为甘、青一带吐蕃部落的政治、军事、经济、文化和宗教中心。而唃厮啰也正式成了湟水流域吐蕃部的首领。

公元11世纪30年代末，唃厮啰因家庭不睦，境内一分为三，实力受到一定程度的削弱。宋英宗治平二年（1065年），唃厮啰病逝，政权由第三子董毡（1032—1083）继任。[①] 在董毡执政的几十年中，基本上仍继续执行唃厮啰所制定的内外政策，同宋朝保持友好，特别是在董毡晚年时代，友好关系还有所发展。

北宋元丰六年（1083年），董毡去世。董毡养子阿里骨（1040—1096）声称遵照董毡遗嘱继承赞普职位。阿里骨秉政后，改变了青唐唃厮啰政权一贯的政策，其中最重要的是变“倚宋抗夏”为“倚夏抗宋”政策。宋绍圣三年（1096年），阿里骨病卒，其子瞎征继承了唃厮啰赞普。

瞎征（？—1102）执政不久，唃厮啰上层统治集团内部发生内讧，部属纷纷离散，唃厮啰政权陷于众叛亲离、危机四伏的境地。这时，已亲自执政的宋哲宗，效法宋神宗，对边境少数民族采取进攻手段，遂于元符二年（1099年）七月，对唃厮啰发起进攻，瞎征被其属下驱逐，降宋。唃厮啰家族拥邈川大首领溪巴温之子陇拶为青唐主（宋赐名为“赵怀德”），但不到两个月，陇拶也降宋。唃厮啰家族再拥邈川大首领溪巴温的又一子溪赊罗散为青唐主，史称

---

① 《宋史》卷492《吐蕃传》。

"小陇拶"。宋朝认为直接统治青唐的时机还不成熟，便承认了小陇拶的统治地位，封其为西平军节度使、邈川首领。

宋徽宗崇宁元年（1102 年），宋又开始进取湟水河流域吐蕃部。次年，任命王厚为洮西安抚使，指挥巡军事宜。三年四月，王厚率领宋军彻底摧毁唃厮啰政权，小陇拶出逃。同年五月十二日，宋朝改鄯州（治所在今乐都）为西宁，是为今西宁市之名的开始。[①] 此后，唃厮啰家族虽然还继续在青藏高原一带活动，但已经一蹶不振了。

三、北宋和吐蕃的关系

（一）宋蕃联盟

宋初，西夏李继迁恢复夏（陕西横山西）、银（陕西横山东）、绥（陕西绥德）、宥（陕西靖边）、静（宁夏银川南）故土后，向西发展，确立了"西掠吐蕃健马，北收回鹘锐兵，然后长驱南牧"[②]的战略方针。宋咸平五年（1002 年）三月，西夏攻占灵州（宁夏吴忠）后，凉州（甘肃武威）便成为党项首要攻略的目标。党项不断侵掠六谷蕃部的人畜，使其损失惨重。党项的进攻，使六谷蕃部的生存面临严重威胁，于是六谷蕃部结好宋朝以抵抗党项的军事进攻，与党项结为仇敌。宋朝为了制服李继迁，就采取"以夷制夷"的策略，授凉州吐蕃大首领潘罗支为盐州防御使兼灵州西面都巡检使。在宋朝的册封与支持下，凉州吐蕃声名大振。

党项李继迁率兵攻灵州，潘罗支马上上书宋廷，"愿勠力讨继

---

① 《通鉴长编纪事本末》卷 140《徽宗皇帝・收复鄯廓州》。

② 《西夏书事》卷 7。

迁”。宋帝对六谷大首领提出的合击党项的请求持疑忌态度，“朕看盟会图，颇记吐蕃多反复狼子野心之事”。[①] 宋廷讨论派兵援助灵州时，犹豫不决。潘罗支虽派兵欲讨伐李继迁，进攻灵州，由于宋廷始终未发出出师日期，这次合击行动落空，也使宋蕃友好关系罩上了一层阴影。咸平五年，李继迁率兵攻占扼西陲要害的灵州，把灵州改为西平府。灵州是宋保卫西部边境的前线要塞，也是阻挡党项向河西扩张的屏障。失去灵州，使凉州六谷部和甘州回鹘，都受到党项的直接威胁。在共同的敌人面前，促使北宋和六谷部再次联合起来，以抗阻党项李继迁的进攻。

在攻占灵州的当年十月，李继迁对凉州吐蕃采取诱降，遣使送铁箭诱潘罗支族，潘罗支严厉拒绝，而且“戮一人，执一人，以听朝旨”。[②] 李继迁见诱降不成，又采取偷袭手段。宋咸平六年（1003年）十二月，李继迁尽集丁壮，会诸族于盐州，且扬言“我与西凉自来无事，向为万山等族所诱，与之构隙。今六谷众盛，难以加兵，不复进取”。[③] 待凉州吐蕃六谷部放松戒备后，突然发起袭击，迅速攻占西凉府。六谷吐蕃大首领潘罗支见势不妙，伪降。李继迁受之不疑。未几，潘罗支阴集六谷诸豪及者龙族兵数万人，大败党项军。李继迁中流矢身亡，党项部落损失惨重。

党项李继迁被潘罗支击杀后，由其子李德明嗣位。此时宋辽关系也发生了转折，双方订立了澶渊之盟，息兵媾和。宋朝为了缓和与夏州政权的矛盾，也封李德明为定难军节度使、西平王，并赐给

---

① 《宋会要辑稿·西凉府》。

② 《续资治通鉴长编》卷53。

③ 《西夏书事》卷7。

金、帛、缗钱等物，以期达到“姑务羁縻，以缓争战”[1] 的目的。李德明为了巩固自己的统治，也积极向宋朝表示永不犯宋边。但经过几年的积蓄力量后，党项统治者又开始侵边。宋真宗景德四年（1007 年），党项欲谋劫西凉，袭回鹘。天圣十年（1032 年），元昊率军攻占了凉州，六谷联盟政权彻底瓦解，其部众也南迁湟水，投奔唃厮啰政权。

北宋和凉州六谷部吐蕃的联盟关系随着西夏李德明向宋遣使求和而逐渐削弱。在李德明的不断让步求和下，北宋最终轻信了李德明的所谓“虔诚”，放弃了战争准备，而且为了共同抵制党项而与吐蕃、回鹘等结成的同盟也逐步走向瓦解，这也直接导致了河西吐蕃政权的崩溃。其实这也是西夏对北宋和吐蕃战略的胜利，西夏一边结好北宋，瓦解北宋和吐蕃的联盟，一边进攻吐蕃，一个个攻破在西北称霸的障碍。而当时的北宋政府一步步退让则放纵了西夏的野心，逐步失去了自己的盟友。

唃厮啰政权从其政治、经济利益出发，十分重视与宋朝的关系。早在大中祥符八年（1015 年），唃厮啰积极与宋王朝修好，以求共同防御西夏。宋明道元年（1032 年），宋朝正式封唃厮啰为宁远大将军、爱州团练使。唃厮啰建都青唐后，与宋王朝的外交关系更为密切，一直保持着友好关系。当时的宋朝面对日益崛起的西夏，力求稳定边地，减少“边患”，希望河湟吐蕃成为牵制西夏的一股力量。因此，在对待唃厮啰政权方面，采取了十分积极的态度，尽量加封赐赏河湟吐蕃首领，期待他们和宋朝联盟。特别是看到唃厮啰实力增强、成为河湟吐蕃公认首领后，对他的封赐不断升级。景祐

① 《续资治通鉴长编》卷 65。

二年（1035 年）十二月，宋朝封唃厮啰为保顺军节度使观察留守，“月俸大彩三十匹，角茶三十斤，散茶三十斤”，由秦州就近拨付。宝元元年（1038 年）十二月，又加封唃厮啰为保顺军节度使，“岁给丝绢千匹，角茶千斤，散茶一千五百斤”。[①] 后宋仁宗派使者持诏书和两万匹丝绸，出使唃厮啰住地青唐城，相约共攻西夏。宋仁宗也下过类似诏书，许诺封赐。而当时的唃厮啰听命于宋，并不拿出实际行动。随着唃厮啰势力的增强和在维护边疆方面地位的提高，宋朝对唃厮啰本人及其诸部首领的封赐不断，并提高对唃厮啰使者的接待规格。

唃厮啰去世，董毡继位。宋朝皇帝循例对其继承者封爵。董毡继立青唐主后，其兄瞎毡和磨毡角一度拥兵分立，与董毡相争。宋朝对其家庭纷争十分关注，多次下诏安抚，要他们“义须和议”“和为一家”“蕃汉两家往来”，不可给西夏以可乘之机。董毡执政后，基本执行了唃厮啰所制定的内外施政措施，与宋朝建立友好关系，经常遣使入贡宋室，长期联宋抗夏，深受宋王朝赞赏。其继承人阿里骨、瞎毡、陇拶等，世代均由宋朝封官任职。

（二）经济互补

在宋代，西北吐蕃部落通过贡赐贸易、边境贸易和城镇市场贸易等多种贸易形式，与内地及周边政权建立了密切的商业贸易关系，形成了相对稳定的共同市场，丰富了经济生活，推进了民族经济发展，西北藏区成为一个繁荣兴盛的商贸区域。[②]

1. 贡赐贸易

贡赐贸易是一种特殊的经济活动，带有浓厚的政治色彩。这种

---

① 《宋史》卷 492《吐蕃传》。

② 刘建丽:《宋代吐蕃的商业贸易》,《西北师范大学学报》1999 年第 2 期。

经济活动一般来说并不是一种完全的等价交换，往往是“回赐”价值高于“进贡”价值。尽管如此，“互通有无”仍是这种经济活动客观上遵循的一个原则。西北吐蕃从事商业贸易活动的一个重要方式就是与宋王朝进行“贡赐贸易”，他们将自己所有的马、驼、牛、羊等畜产品和其他土特产以“进贡”“朝贡”的名义奉献给宋王朝统治者，从而取得一份“回赐”。

宋与西北吐蕃进行的“贡赐贸易”具有明显的商业性质。首先是北宋和吐蕃之间贡赐贸易频繁。公元 960 年，宋王朝建立后，吐蕃对宋王朝的进贡就逐渐增多。宋真宗一朝，吐蕃进贡次数更为频繁，达 45 次。其他时期吐蕃的进贡虽有多有少，但贡赐贸易关系始终维持着。其次是贡品数量大。凉州吐蕃向宋朝进贡的大宗物品是名马，其数量往往以千计。真宗一朝，吐蕃贡马两千匹以上的就有二次，如咸平元年（998 年）十一月，西凉府吐蕃首领折逋游龙钵来朝，“献马二千余匹”①。咸平五年（1002 年）十一月，“六谷首领潘罗支遣使来贡马五千匹”②。而宋政府“准诏估蕃部及诸色进贡马价”③，“厚给其直”。一般大约一匹马的回赐钱在 33 贯至 55 贯之间，取其中值 40 贯，则 5000 匹马至少得回赐 22 万贯，这个数额可以说明凉州吐蕃与宋朝之间贡赐贸易数量之大。在经济利益的驱使下，吐蕃人愿意入贡于宋，贡使络绎不绝。最后是贡品种类多。除了马是大宗进贡物品之外，还有牦牛、骆驼、狮子、犏牛、乳香、象牙、玛瑙、犀角、铁甲、铜印、银装交椅等物品。

在“贡赐贸易”活动中，其表面的政治色彩往往掩盖了其商业

---

① 《续资治通鉴长编》卷 43。

② 《续资治通鉴长编》卷 53。

③ 《续资治通鉴长编》卷 43。

性，但在实质上，被掩盖的商业性却在顽强地表现着自己的特点。在这种特殊的经济活动中，吐蕃人已经不自觉地卷入商品流通之中。

2. 边境贸易

吐蕃与宋的边境贸易分为两种：一种就是榷场贸易，即蕃商携带商品到宋边境地区的榷场或博易务进行合法的买卖；另一种则是汉商和蕃商在边境地区进行民间私市。这两种形式的边境贸易都十分活跃，而且民间私市有时更为盛行。

宋初，经理蜀茶，置互市于原（今甘肃镇原）、渭（今甘肃平凉）、德顺（今甘肃静宁）三郡，“以市蕃夷之马”[①]。北宋时，官方置市，与吐蕃进行贸易的一个重要地点就是秦州（今甘肃天水）。这里“诸羌杂处”[②]“控接三蜀”[③]，是陇右通关中、蜀中的三岔交会之地。这种优越的地理位置使秦州成为西北地区的贸易中心，也自然成为与吐蕃交易的重点地区。入宋后，宋政府先后在秦（今甘肃天水）、渭、原、仪（今甘肃华亭）、环（今甘肃环县）、庆（甘肃庆阳）、阶、文、成（今甘肃成县）及镇戎军（今宁夏固原）等地设置买马场。买马场虽然是以买马为主要任务，但并非只单一地进行马贸易。

吐蕃与宋朝的榷场贸易是以茶马贸易为主要内容的。以买马为例，宋王朝每年输入吐蕃地区仅茶叶一项就达“五百万斤”[④] 之多，而吐蕃每年输入宋朝的马平均大约在 2 万匹[⑤]。其他农畜副产品及银、绢、盐等物尚不在其内。

---

① 《宋史》卷 184《食货下六》。
② 《武经总要前集》卷 18 上。
③ 《续资治通鉴长编》卷 87。
④ 《净德集》卷 3。
⑤ 《宋会要辑稿》第 84 册。

这一时期，汉蕃商人之间的走私贸易也极为活跃。宋人李复来往于熙河沿边，目睹走私的盛行，将其所见奏报朝廷，要求朝廷设置榷场，企图将民间走私纳入官方榷场贸易的轨道。其在《乞置榷场》疏中说："臣窃见回纥、于阗、卢甘等国人，尝赍蕃货以中国交易为利，来称入贡，出熙河路……其所赍蕃货，散入诸路，多是禁物，民间私相交易，远商物货厚，利尽归于牙侩。臣累次详问所赍物货，上者有至十余万缗，下者亦不减五七万。"① 其走私物品不仅贸易量大，而且种类众多，极为丰富，金银珠宝、药材香料、农副产品、手工业品无所不有。

3. 国际贸易

1038 年建立的西夏政权，控制了以河西走廊为通道的传统的中国商路，并对过境商贾征收过境商税，"十而指一"，并且"必得其最上品"②。过境商贾还时常遭到羁留、勒索或劫掠，生命财产得不到保证。于是西域各国贡使、商贾考虑到利益和安全，不得不避开河西走廊，绕道河湟，走公元 4、5 世纪后曾繁盛一时的"吐谷浑路"，赴中原贸易。吐蕃部落所在的许多城镇如临谷城、青唐城等就成为这条商路的必经之地，也成为西域各国商人的临时居地和货物集散地，因而也成为具有国际性的城镇市场。青唐（即鄯州）是唃斯啰居地，它不仅是唃斯啰政权的政治、经济中心，也是一个具有国际性的商业贸易市场。西域各国商人都到青唐城贸易，定居在此的就有"数百家"③。

自熙河开边后，熙州成为宋王朝的门户，这里也成为西域各国

---

① 《水集》卷 1。

② 《松漠纪闻》卷 1。

③ 《青唐录》。

商人云集之地。据宋人李复奏报说，回纥、于阗、卢甘等国商人有留居熙河达十余年者。还有大批蕃货囤积熙州，元丰三年（1080年）十月，于阗进贡使团就有“乳香、杂物等十余万斤”[①] 运到熙州南川寨。位于丝绸之路青海道的唃厮啰吐蕃政权对各国使团、商队实行保护政策，派军队接送商队出入境，致使宋与国外的贸易依旧通畅。

（三）开拓熙河

北宋中期，社会危机日益严重，宋王朝统治处于风雨飘摇之中。宋神宗继位后，为改变积弱积贫社会现实，实现富国强兵的目标，任用王安石为相，实行变法。随着国内各项改革措施的推进，在对外方面，经营河湟牵制西夏，收复汉唐旧境，开拓西北边疆便成了革新派的一项重要战略目标。正是在这种情况下，宋神宗采纳王韶的建议，开始了对河湟地区的开拓经营。

神宗元年（1068 年），王韶向宋神宗上书《平戎策》三篇，分析了河湟地区的重要战略地位，后来又上书《和戎六事》,[②] 向神宗陈述了开边方略的具体措施。王韶所提方略的要点为：第一，要想攻克西夏，必须首先联合甘肃、青海各部吐蕃。王韶认为，收复河、湟，一可以使西夏腹背受敌；二可以避免西夏攻占河、湟，进而形成分兵南下，掠夺秦、渭、洮、河、陇、蜀之势。第二，分散孱弱的吐蕃各部，使其很难与西夏抗衡，而且此地本来都是汉族郡县，土地肥沃，宋朝正可兼并安抚，成为其后援，如果吐蕃各部都归附宋朝，唃厮啰政权也必然会附大宋，这样，整个河西走廊也就在大

---

① 《续资治通鉴长编》卷 309。

② 《宋朝诸臣奏议》卷 141，上海古籍出版社 1999 年版。

宋的掌握之中了。第三，如果唃厮啰政权及吐蕃各部归附大宋，就会成为中原一个有力的臂膀，相反西夏则因失去吐蕃的支持，而不会直接与宋发生战事。因此，王韶主张招募当地的吐蕃人民耕田种地，同时，招“中国羁游无事之民耕蕃部荒闲之地”，实行“蕃汉杂居”，对这一地区实行有效控制。具体做法是招募弓箭手，由国家授予土地，并令其耕种。这样既可以开拓边疆，又可以挟制西夏。

王韶的《平戎策》和《和戎六事》，充分认识到了河湟地区的重要战略地位，同时也提出了诸如招募弓箭手、开发土地等多种经制方略，是北宋开拓这一地区的重要施政纲领。他的上书也迎合了革新派开拓边疆，建立功业，树立威望的主张，被宋神宗和王安石视为“奇策”，予以采纳。

熙宁元年（1068 年），王韶被任命为管干秦凤经略司机宜文字，支持开边，由此拉开了熙宁开边的序幕。从熙宁三年（1070 年）开始，王韶的开边活动由秦渭边缘逐步向西推进，剿抚兼施，使包括青唐部在内的众多吐蕃部相继归附宋朝。在熙宁五年（1072 年）的熙河之役后不到两年时间内，宋军取得了“修复熙州、洮、岷、叠、宕等州，幅员二千余里，斩获不顺蕃部九千余人，招抚大小蕃部三十余万帐”[①] 的重大胜利。宋哲宗亲政后，继承了神宗西进的方针，于元符二年（1099 年）派兵进取湟水流域，相继攻占了邈川、宗哥城，青唐政权宣告解体，并将这一地区划归熙河兰会路。

毋庸置疑，熙宁开边是伴随着刀光剑影、血腥洗劫进行的，“杀蕃部老弱不计其数，军以首级为功”，[②] 王韶的开边活动也因此遭到当地人民的强烈抵抗。这表明，要想将河湟吐蕃之地“兼并而抚之”

---

① 《续资治通鉴长编》卷 149，卷 247，卷 247。

② 《续资治通鉴》卷 76。

并不容易。而且，宋军长期疲劳作战，会给西夏以可乘之机，而进行这样大规模的开边活动，宋朝的民力和财力都不堪负担，对于危机四伏的宋王朝来说，这无异于饮鸩止渴，适得其反。若再继续用兵，则会财困民乏，无力支撑。在这种情况下，王韶的开边活动暂告结束。

熙宁通宝

宋兵从河湟地区撤走后，吐蕃各部首领“互有猜忌，遂以兵戈杀戮”，[①] 所以没有形成团结稳定的政治局面。宋徽宗即位后，决心“绍述先志”，效法熙宁之治，面向西北开拓边疆。崇宁元年（1102 年），他起用早年追随王安石变法的蔡京为相，同时，又任用王韶之子王厚任知河州兼洮西安抚使，主持收复鄯湟诸州事宜。崇宁二年（1103 年）六月，宋军分两路攻取湟州城，接着，又分兵占领湟州城下辖城寨 10 座，吐蕃各部相继归降者 10 余万人。在湟州形势稳定之后，崇宁三年（1104 年）四月，宋军又分兵三路攻取鄯州，后又西进青海湖，南下廓州。至此，宋军控制了青海东部的黄河以北地区，宋王朝收复河湟地区的目的已基本达到。从崇宁二年（1103 年）开始到崇宁四年（1105 年）四月底结束的河湟之役“开拓疆境幅员三千余里”，招降首领 2700 余人，户口 70 余万。并设置了西宁、湟、廓三州和积石军，宋王朝正式开始了在河湟地区的施政。

① 《续资治通鉴长编拾补》卷 21，卷 23。

（四）经略河湟

北宋政府在拓疆扩土的同时，也加大了对河湟的开发和经略，主要是从以下几个方面展开：

1. 垦土置田

北宋在和辽夏长期进行军事斗争的实践中，深深体会到“实边之策，惟屯田为利”，因为兴置屯田不仅能够“赡师旅”，而且可以“转运输”，因而北宋政府将垦土置田作为经营熙河地区的首要任务。垦土置田需要大量劳动力。为了增加劳动力，北宋政府除了招募百姓充当弓箭手外，还从淮南、两浙、江南、荆湖、成都府等地迁移大批谙熟耕种稻田的犯罪农民，至洮河一带从事农业生产。北宋在河湟地区的屯田，使当地军粮供应的紧张情况得到缓解，同时，土地资源也得到了有效利用，农业生产有了较大发展，对缓和民族矛盾和巩固边防具有积极的意义。

2. 兴修水利，发展航运

与屯田垦种、发展农业生产相配套，北宋政府非常重视水利的兴修利用，尤其是熙丰变法之际。“农田水利法”的广泛推行，对熙河地区的水利兴修起了相当大的促进作用。熙宁八年，提点刑狱郑民宪招募民众，“于熙州南关以南开渠堰引洮水，并东山直北通流下至北关，并自通远军熟羊寨导渭河至军溉田”，并“募京西、江南陂匠以往”[①]。随着水利的开发与兴修，熙河地区的航运事业也有所发展。

3. 开发矿产资源

北宋政府用重金收买岷州吐蕃豪酋包顺的盐井，在宋政府软硬

---

① 《续资治通鉴长编》卷263。

兼施的手段下，包顺最后不得不献出盐井。熙宁七年，鉴于岷州新复蕃部地有金、银、铜、锡等矿产，宋政府派左藏库使刘惟吉兼管银铜坑冶。熙宁八年，因岷州铁冶业发达，宋政府就地置监铸币，每年铸造铁钱达40万贯。同时把吐蕃部族经营的酒坊、醋坊收归政府所有。熙宁五年在通远军（今陇西）开设酒坊30余处，次年又在熙州设置酒场，招募蕃部经营酿酒。熙宁七年，宋政府正式委命熊本负责熙河地区的盐、酒、醋、矾等经营事宜，从中获取丰厚的利益。

4. 发展贸易

熙宁开边后，宋王朝在熙、河、湟等七州设置了市易务和榷场。元符年间，宋王朝收复湟、鄯、廓州以后，将“都大茶马移往湟州置司”[①] 进一步扩大贸易范围，使“部族甚众，商贾通行”的湟州，成为新的贸易中心。同时，青唐政权及大小首领还把马匹和各种畜产品以“贡品”的形式输入内地，宋王朝除按值给价外，还给予额外回赐。商业得到了极大发展。

5. 修筑州城寨堡，架设交通桥梁

北宋政府出于军事和政治需要，在熙河地区大兴土木，所到之处，建州置城，修堡筑寨。熙宁六年，熙州修复工程完毕后，王韶向宋政府提出“先修康乐毕，即修香子城（今甘肃和政县），最后修河州”[②] 建设方案，并逐步付诸实施。宋政府诏令扩大城池规模，以招纳降羌，屯积兵马。此外，还在熙州地区交通险要之处，大量修筑寨堡。据粗略统计，熙丰之际，宋政府在这里相继修筑了5个州军、8个城、16个寨和30多个堡，构成一个以州军为中心、堡寨

---

① 《宋会要辑稿》蕃夷六之二、食货三七之一四。

② 《续资治通鉴长编》卷243。

为依托的牢固的军事防御体系。[1]

6. 蕃汉相杂，文化融合

宋代是中国历史上的一个特殊时代，不仅经济领域发生了显著变化，而且文化更趋发达。当时科举繁荣，学校教育普及，儒学大家人才辈出，知名的教育家不断涌现，儒家传统的礼仪道德和文化风俗得到全面发扬光大，其影响也波及周边遥远的少数民族地区。王安石、王韶等人以中原儒艺汉化河湟诸蕃，就是要取得“使其习用汉法，渐同汉俗，于汉界实有肘腋之助”[2] 的效果。其中兴办蕃学是当时让蕃部习汉俗的重要措施。蕃学的建立始于熙宁五年，建学之初，王安石就向神宗指出，这是一项长期战略，“凡欲成大功，立大事，必须能见众人所不见，乃能成立”。[3] 要他坚定信心推行下去。此后蕃学遂很快在熙河路各州设立。熙宁六年，熙州西罗城置蕃学，七年，岷州许建州学，八年三月，知河州鲜于师中奏请于河州设立蕃学得准。这样，到熙宁八年（1075 年），熙河路所辖州军基本上有了宋王朝官办的民族学校，从此河湟少数民族地区儒家文化的氛围日渐浓重。

综上所述，在宋代，北宋和吐蕃之间关系是围绕着“联蕃制夏”而展开的。无可否认，在某个时期或某个事件上，北宋联蕃制夏的目标的确得到了一定程度的实现，但从历史发展的宏观角度来看，北宋王朝制定和实施“联蕃制夏”的主观意图与实际取得的效果大相径庭。最终西夏势力席卷河西，并进而向河湟地区推进，这无疑宣告了北宋联蕃制夏政策的破产。这与北宋王朝对吐蕃既想联合、

---

① 姚兆余:《北宋神宗时期对熙河地区的开发》,《甘肃社会科学》1994 年第 6 期。

② 《宋朝诸臣奏议》卷 141。

③ 《续资治通鉴长编》卷 233。

利用又不信任的矛盾心理有极大的关系。最终至神宗之际，北宋政府只好直接着手“经营河湟、经制西夏”。这个战略方针的改变，表明北宋政府联蕃制夏的政策已经彻底失败。

当然，从客观方面看，北宋西北民族政策的实施也有一定的积极作用。对吐蕃首领封官授爵，密切了吐蕃与北宋王朝的政治关系，增强了吐蕃对中原王朝的向心力和凝聚力。赐资捐帛、开展贸易，部分地满足了吐蕃民族的物质需求，促进了汉蕃人民的经济交流。招抚沿边少数民族，不仅有利于边境的和平与安定，而且增加了汉蕃人民之间的相互了解和融合。所有这些，无疑促进了我国多民族国家的形成和发展，为元代统治者一统天下奠定了基础。

（选自《历代中央政府治藏方略研究》，民族出版社 2013 年版）

积极培育中华民族共同体意识

在源远流长的历史发展进程中，以政治上的统一为制度基础、以经济上的紧密联系为物质基础、以文化上的交流交融为思想基础，我国各族人民同呼吸、共命运、心连心，形成了休戚相关、荣辱与共的命运共同体。切实加强和改进新形势下民族工作，使全国各族人民在党的领导下共同团结奋斗、共同繁荣发展，一项重要工作就是积极培育中华民族共同体意识。

确保全国各族人民共同奔向全面小康。改革开放以来，少数民族和民族地区人民群众的生产生活条件得到明显改善，但总体发展水平仍然不高。我们党提出了到2020年全面建成小康社会的任务。全面建成小康社会，不仅要如期实现，而且在地域上、人群上一个都不能少。“全面实现小康，少数民族一个都不能少，一个都不能掉队。”这是党中央的坚定决心，也是全国人民的共同愿望。让少数民族群众与全国人民一道迈入全面小康，对于培育中华民族共同体意识具有重要意义。当前，一些民族地区同全国一道实现全面建成小康社会目标还需要克服不少困难。应通过各种举措提高少数民族和民族地区自我发展能力，加强帮扶支援，不断缩小发展差距，确保全国各族人民共同奔向全面小康。

通过全面依法治国增进民族团结。增进民族团结对于培育中华民族共同体意识至关重要。增进民族团结，既要靠教育，也要靠法治。在我国历史上，中央政府对边疆民族地区治理的一个重要趋势就是逐步走向制度化、法律化，从制度上保障民族团结，促进中华民族多元一体发展。党的十八届四中全会提出了全面推进依法治国的重大任务，作出一系列关于全面推进依法治国的重大部署，这必将对调整国家各个方面关系包括民族关系起到重要作用。只有全面推进依法治国，使各族群众都自觉按法律办事，民族团结才有保障，民族关系才会牢固，也才能进一步培育中华民族共同体意识。

培育和践行社会主义核心价值观。社会主义核心价值观建立在包括少数民族文化在内的中华优秀传统文化基础上，是各族人民在长期的历史发展过程中形成的宝贵精神财富。社会主义核心价值观是各族人民的精神支柱，是各族人民的行动向导，对于丰富各族人民的精神世界、培育中华民族共同体意识具有基础性、决定性作用。在新的历史条件下培育中华民族共同体意识，必须引导各族人民大力弘扬、努力践行社会主义核心价值观。要通过教育引导、舆论宣传、文化熏陶、实践养成、制度保障，使社会主义核心价值观内化为各族人民的精神追求、外化为各族人民的自觉行动。

同心共筑中国梦。实现中华民族伟大复兴的中国梦，是中国各族人民的共同愿景。党的十八大以来，习近平同志提出并深刻阐述了实现中华民族伟大复兴的中国梦，强调中国梦的本质是国家富强、民族振兴、人民幸福。实现中国梦，意味着中华民族以更加昂扬向上、文明开放的姿态屹立于世界民族之林。实现中国梦，需要我们各个民族的每一位成员都付出辛勤劳动和艰苦努力，也必将进一步激发中华儿女的民族自豪感和民族自信心、进一步强化中华民族共同体意识。

（原载于《人民日报》2016年11月23日07版）

唐蕃古道上的丝路重镇

——临夏

临夏回族自治州位于黄河上游、甘肃省中部西南面。东濒洮河与定西市相望，西倚积石山与青海省毗连，南屏太子山与甘南藏族自治州为邻，北临黄河、湟水，与兰州市、青海省民和县接壤。

临夏回族自治州战国及其之前为羌族活动地域，秦时为罕羌侯邑，后灭罕羌侯，置枹罕县。西汉初，州地内有大夏县（县治在今广河县阿力麻土乡古城村）、枹罕县、白石县（县治在临夏县双城），属陇西郡。昭帝始元六年（前81年），置金城郡，枹罕县、白石县属金城郡。神爵二年（前60年），在今积石关内黄河南置河关县，属金城郡。东汉建武十二年（36年），金城郡入陇西，枹罕、大夏、白石、河关县属陇西。中平元年（184年）十一月，枹罕宋建割据自立，建元置百官，号“河首平汉王”。建安十九年（214年），曹操将夏侯渊讨宋建，遂被攻灭。

三国时地属魏，初辖于秦州陇西郡。黄初年间分置凉州，枹罕、大夏属雍州陇西郡，今州黄河以北地域及湟水下游一部属凉州金城郡。

西晋初，属秦州陇西郡。永宁中（301—302）张轨分西平郡界置晋兴郡（治今青海省民和县），地属之。

十六国时，前凉张骏太元二十一年（344 年），分凉州东界六郡置河州，是今州地内设州一级建制之始。前秦苻坚建元七年（371 年），设河州，治枹罕。西秦乞伏乾归太初二年（389 年），设北河州，治枹罕。后秦弘始二年（400 年），姚兴攻西秦取枹罕，亦设河州于枹罕，仍归乞伏氏统辖。乞伏暮末永弘四年（431 年），为夏赫连定所灭，地遂入吐谷浑。

北魏太平真君六年（445 年）置枹罕镇。太和十六年（492 年），改置枹罕镇为河州，西、南临吐谷浑，是北魏西北边防重镇。西魏于枹罕界河州。北周仍为河州，治枹罕。

隋初设枹罕郡。开皇三年（583 年）改为河州。大业二年（606 年）并省州、县，三年复改州为郡。隋末为金城校尉薛举所据。

唐武德元年（618 年），地归唐，改置河州，属陇右道。开元二年（714 年）十一月，河州归鄯州节度大使统辖。天宝元年（742 年）改为安乡郡。乾元元年（758 年）复为河州。宝应元年（762 年），为吐蕃属地，仍称河州，至北宋初年，为河湟唃厮啰政权所辖。

追溯临夏的建制历史可以看出，临夏历来是多民族势力角逐之地，隋唐时期，尤其是唐代，唐朝势力和吐蕃势力在临夏此消彼长。临夏也是唐蕃古道的主要行程地。

据《新唐书·地理志》鄯州都城县下注，长安与逻些间的唐蕃古道具体行程是：东起长安（陕西西安），历秦州（甘肃天水）、狄道（甘肃临洮）、河州（甘肃临夏）进入今青海境内，经龙支（青海民和）、鄯州（青海乐都）、都城（青海西宁）、赤岭（日月山）等地，最后到逻些（西藏拉萨），全长3000公里。

一、古道

临夏的唐蕃古道主要有以下古道：一为枹罕、西平道，从枹罕至临津渡（在今积石山自治县大河家渡口一带）过黄河至乐都达西平。隋唐后，改经凤林渡（位于炳灵寺黄河下游约15里处）渡河，称河州、鄯州道，为唐蕃主要古道。宋代称河州青唐道。二为枹罕、浇河道。一自枹罕翻越达里加措山，由循化（现青海省循化撒拉族自治县）渡河至化隆（也称为河州、廓州道），再西行渡河至贵德；一自枹罕经积石关达循化至浇河，此道在北朝和唐时中原王朝与西北割据政权之间的军事活动及使者往来十分频繁，也是唐蕃重要古道。三为枹罕、洮阳道，是通往四川、西藏古道。从康乐至临潭出石门入四川，又从临潭经青海入拉萨。这条道路辟于唐代，多使用于宋、元。

临夏唐蕃古道的主要道路目前和现代的道路重合。

二、古驿站

有古道必定有驿站。早于临夏唐蕃古道前的驿站有北魏在今积石山县银川乡黄河南岸设有三延川亭。唐朝在临夏境内大致设有大夏馆（今广河县阿力麻土古城村）、河州驿、凤林驿（今永靖莲花西，被刘家峡水库淹没）。元明时期，河州成为黄河南部政治经济中心地区之一，驿站比较集中。明初在临夏设河州茶马司互市于积石关，乌斯藏贡道也经河州。临夏州境内由东到西设驿站6处，即三岔驿（今康乐县城）、定羌驿（今广河县城）、宁河驿（今和政篙支沟）、凤林驿（今临夏市西关）、银川驿（今积石山县银乡西番庄）、长宁驿（今积石山县大河家长宁）。驿站之间每10里或15里设铺，州境内有19个铺。驿站传递时间和限期有明文规定。河州卫到京2100公里，经63站，限期126天。这也是唐蕃古道在以后历史时期在中原和藏区中想继续起的沟通作用。

临夏唐蕃古道上的驿站已成为历史，遗迹也荡然无存。

三、津渡

临津渡：在今积石山保安族东乡族撒拉族自治县大河家渡口一带，早在西汉时即已辟用。汉宣帝神爵二年（前60年）于此设置河关县，“盖取河之关塞”为名，其故址仍存，即今大河家西南康吊村古城。临津渡是汉代之后从枹罕入青海之要津。隋大业五年（609年）隋炀帝出巡河右，出临津关至西平也应在此渡河。明朝称“黄河上渡”，明末清初设官船2只，水夫20名，后改民渡，置民船1只，明末船废。

凤林渡：位于炳灵寺黄河下游约15里处。南岸有凤林关。是唐代通往西宁、河西的重要孔道。宋熙宁六年（1073年），河州安乡城黄河渡口造浮桥，成为通往青海要津。

炳灵寺所在地唐代属于河州，也即《释迪方志》所说唐蕃古道第一站“河州”。凡从长安去吐蕃都要在这里渡黄河，有渡口晋称“凤林津”，唐称“凤林关”（《太平寰宇记》）。炳灵寺石窟相对的黄河南岸桥滩有筑桥遗址，河边巨石上刻有“天下第一桥”五个大字，现在被刘家峡水库所淹没，或以为凤林津便在此地。

莲花渡：又称黄河下渡，是明代以来重要渡口。莲花寨原是永靖县城，渡口在城北。

刘家峡渡：即小川渡口，有民船。从河州过黄河北路通兰州经过这里。

唐汪渡：是洮河渡口，在今东乡族自治县唐汪川，为宏济桥旧址，是河州通兰州大路。渡桥用 12 只木船连接而成。长约 133 米，一般是夏建冬拆，明末船废，以木筏通渡。

康家崖渡：位于广河县三甲集与临洮县康家崖间的洮河之上。

临夏主要渡口除了莲花渡口尚存，其他的渡口都被现代四通八达的桥梁所代替。现在莲花码头位于临夏县东北部刘家峡水库南岸的莲花镇境内，地理位置独特，山水风光秀美，因境内曾有一座莲城（被水库淹没）而得名。莲花码头，旧称尕脑渡口，历史上这里曾是丝绸之路南线和唐蕃古道往来使者的主要通道和驿站，也是王震大军抢渡黄河，解放青海、新疆等地的所经之地。1967 年，刘家峡水库建成蓄水，莲花城及尕脑渡口故址一并淹没，在高原峡谷中形成了西北最大的人工湖，现在的莲花码头濒临碧波万顷的刘家峡水库，隔着黄河，东与东乡县相望，北与永靖县相望，西经莲鹦路与积石山县相望，银川河、大夏河在这里与黄河交汇。

四、古桥

伸臂木梁飞桥：义熙元年（405 年），西秦乞伏炽磐在黄河上架飞桥，桥高 50 丈，三年建成，是临夏境内黄河段架设的第一座桥梁，桥梁是用木材纵横相叠，层层向河中挑出，中间相握而成，桥无墩柱。只在险谷陡崖铺设伸臂木梁，形似飞渡，故称飞桥。是现代悬臂梁桥的先驱。飞桥位于小积石山姊妹峰河道下游约二华里处。南岸巨石镌有“天下第一桥”大字。这座桥是从内地通往青海和河西走廊的要道。毁何时，无准确记载。

凤林浮桥：建于唐代前期，位于炳灵寺东北15华里黄河上（永靖县唵歌集一带）。桥南设凤林关，控扼要冲。唐大中四年（850年），吐蕃将尚婢婢烧断浮桥。

安乡关浮桥：宋熙宁六年（1073年）在河州安乡城黄河渡口置浮桥。桥建在原凤林浮桥附近。元祐二年（1087年），宋与吐蕃交战。宋将夜断浮桥。元符二年（1099年），宋将姚雄在炳灵寺西黄河南岸筑安乡关，护黄河浮桥通湟水漕运。桥址今没入刘家峡水库。

炳灵寺折桥：西距炳灵寺400多米处的大寺沟口。明隆庆初（1567年），河州参将张翼与知州聂守中开渠灌田，在炳灵寺口黄河上建折桥，建桥遗址犹存。

积石关桥：唐大中四年，凤林桥被烧后，吐蕃论恐热部将莽罗蔺真于鸡项岭造桥渡河，驻军河北白土岭。南宋嘉定九年（1216年），西夏于来羌城（今积石山县刘集）界建黄河折桥。金元帅右督监完颜赛卜率军烧桥。

大夏河桥：位于州城南3里，是驿道干线的重要桥梁。明清两代均架有木船浮桥。系沟通河州通往兰州及秦州必经之桥。浮桥常毁常修，现被现代钢筋水泥大桥所替代。

折桥：建于州城东十里的大夏河上。是东去东乡、兰州的主要桥梁。明弘治十年（1497年）重建。康熙四十四年（1705年）知州王全臣重建。道光年间、咸丰至光绪间，州吏先后四次重修。

宏济桥：明万历年间建于东乡唐汪川马巷洮河上。后被洪水淹没。

（选自唐蕃古道申遗项目《唐蕃古道［临夏段］》）

唐蕃古道的遗迹

——炳灵寺

一、炳灵寺在唐蕃古道上的意义和价值

炳灵寺兴起于丝绸之路东西往来要冲的重要价值和意义。炳灵寺位于甘肃省永靖县黄河北岸小积石山峡谷中。汉以来，炳灵寺所在地区为陆路丝绸之路南道重要的黄河渡口。唐以前，由长安经河西至西域，多经渭河河谷逾鸟鼠山至狄道（临洮），再过洮河至枹罕（临夏），由凤林关（炳灵寺对面黄河南岸）渡河，经炳灵寺东侧崎岖山道至古鄯州，再沿湟水经青海乐都至西平（西宁），由浩门川（大通河）过大斗拔谷（扁都口）入河西走廊之张掖。魏晋南北朝时期西行求法及东入传教之僧人多经此道。炳灵寺依其优越的地理位置及其风景独特的自然环境，成为古丝绸之路上的一处佛教圣地。

随着佛教的传入，炳灵寺成为我国内地较早的石窟艺术中心。早在4 世纪后期至5 世纪中叶以前，占据这里的西秦王朝在此大兴佛事、开窟造像。第169 窟建弘元年（420 年）前后制作的一些造像及壁画，即是西秦盛期的作品。据塑像与壁画的布局、层位关系、风格特征判断，最初的造像可早至4 世纪中期的十六国前凉时期。

炳灵寺在唐代以前大概称作唐述谷寺，或曰唐述窟。唐代炳灵寺叫作灵岩寺。668 年完成的道世撰《法苑珠林·敬塔篇·感应缘》记有“河州灵岩寺佛殿下亦有舍利”，道世为初唐人。那炳灵寺的名称出现于何时？这个需要考察炳灵寺的字面含义。炳灵寺是藏语“仙巴炳灵”的音译，“仙巴”即弥勒佛的意思，“炳”是数词十万，“灵”是佛的所在，意译即为“十万弥勒佛”。炳灵寺应该是吐蕃对该寺的称呼。炳灵寺出现吐蕃的称呼，说明此地基本已经在吐蕃势力范围之内了。这和历史记载得到了印证。

咸亨元年（670 年 ）薛仁贵、郭待封等征吐蕃，七月，军至大非川，败绩，吐谷浑全境没于吐蕃。[①] 上元三年（676 年）吐蕃入寇鄯、廓、河、芳四州。[②] 此时炳灵寺所在的河州已处于唐蕃交锋的前线，唐蕃双方使者已多次途经炳灵寺。信仰佛教的吐蕃很可能已熟知灵岩寺（炳灵寺）。由此推断，“炳灵寺”之名应始于唐代。自宝应二年（763 年）吐蕃占领河陇后，炳灵寺处于吐蕃的直接统治之下，宋代才有文献的明确记载，炳灵寺之称的流行。

由此可见，唐代青藏高原上吐蕃王朝逐渐崛起与强大，唐王朝与吐蕃的关系是唐与周边少数民族关系中最为重要的。此时唐蕃古道逐渐形成和发达起来。炳灵寺大兴于唐代，与唐蕃古道的兴

① 《旧唐书》卷5《高宗纪》。

② 《旧唐书》卷198《西戎传》。

盛、唐蕃关系的发展及丝路南道的繁荣是分不开的。在唐高宗时河州已为唐蕃战争的重镇和前线，炳灵寺对岸凤林关为渡河入蕃驿道的要害地。至唐中期，吐蕃势力已经逐步占据河州，唐与吐蕃在此发生多次的交锋。在唐蕃战争中，河州（炳灵寺属河州辖境）为唐帝国与吐蕃用兵的重镇，炳灵寺为入蕃必经的路径，通过炳灵寺入蕃的道路也成为唐蕃古道的官道。

唐蕃古道，东接由长安、兰州或河州而来的秦陇南道，在炳灵寺附近渡过黄河，取道湟水谷地西行，经乐都、西宁等地，翻越日月山，又穿过青海高原腹地，南越昆仑山，再越唐古拉山口，经那曲等地至拉萨（古逻些）。文成公主、金城公主入藏、唐使节王玄策出使天竺、刘元鼎入蕃会盟，均循此道。

据《安多政教史》称文成公主入蕃曾在炳灵寺造八丈佛像。此说法虽没有得到文物印证，但在一定程度上也说明了炳灵寺在唐蕃古道上的重要地位。

二、炳灵寺中和唐蕃关系有关的记载和文物

炳灵寺现存有窟龛 183 个，共计石雕造像 694 身，泥塑 82 身，壁画约 900 平方米，分布在大寺沟西岸长约 200 米，高 60 米的崖面上。石窟以位于悬崖高处的唐代“自然大佛”（169 窟）以及崖面中段的众多中小型窟龛构成其主体。炳灵寺在唐蕃古道上是个重要行程地，在唐蕃战争中，河州（炳灵寺属河州辖境）为唐帝国与吐蕃用兵的重镇，炳灵寺为入蕃必经的路径，通过炳灵寺入蕃的道路也成为唐蕃古道的官道，所以，其中留存有大量的与唐蕃关系有关的史料和记载。

1. 第64龛上方张楚金撰《灵岩寺记》

第64龛为一长方半月形龛，内雕一佛二菩萨二天王，盛唐前期所开凿。此龛上方有摩崖镌刻碑文，高1.6米、宽1.5米。阴刻楷书碑文，凡41行，行42字。该碑无首题，根据文意似可名为“灵岩寺记”，尾题“仪凤三年十月□□刑部侍郎张楚金撰　超初其□田□永”。风化剥蚀严重，大多字迹模糊不清。此碑文已收录在《炳灵寺石窟内容总录》中。碑文前半段是关于某一事件的记载，后半段主要是炳灵寺（灵岩寺）风光及盛况的描述。首行有“三日大军”之字，当与某一军事行动有关。学术界认为此事件是发生于678年九月李敬玄、刘审礼率领大军与吐蕃战于青海的战事。该文刻于当年十月，时距九月的战事才仅一月。刑部侍郎张楚金是随李敬玄参与这场战事的，时任洮河道行军大总管的李敬玄率大军路过炳灵寺，张楚金才有机会在炳灵寺刻石纪事。张楚金当时在李敬玄大军中的身份不明，实职为刑部侍郎。李敬玄是从洮河率大军进入青海的，炳灵寺附近的河桥是唐军进出必经的通道。张楚金于战后的十月在炳灵寺撰文刻石记下了这一事件。

2. 永隆二年列龛反映了唐蕃关系

炳灵寺永隆二年列龛位于炳灵寺下寺区中段窟龛较集中处，共10龛，编号第49—58，为尖形或长方形浅龛，其中第51、52、53、54龛有完整的造像题记，由造像题记可知此列龛造于唐高宗永隆二年（681年），属于盛唐，造像主为唐帝国派出的陇右巡察使官员巡察使典雍州醴泉县骆弘爽、御史台令史蒲州河东县张积善、巡察使判官岐州郿县丞轻车都尉崔纯礼、陇右道巡察使行殿中侍御史王玄祚等，还有陇右节度使治下安乡县的陪同官员等。陇右地接吐蕃，尤其是河州在唐高宗时已为唐蕃战争的重镇和前线，炳灵寺对岸凤林关为渡河入蕃驿道的要害地。永隆二年（681年）前，唐蕃间已是时战时和，吐蕃经常犯边。咸亨元年（670年）薛仁贵等败于大非川、吐谷浑全境没于吐蕃后，炳灵寺所在的河州一带便是唐蕃战争的前线。仪凤元年（676年）闰三月，吐蕃侵鄯、廓、河、芳四州，七月入龙支为张虔勖所败。九月吐蕃败李敬玄于青海之上。永隆元年（680年）七月又战湟川，李敬玄又大败。李敬玄两次大败，唐廷遂派左武卫将军黑齿常之经营河源。关于仪凤三年（678年）九月李敬玄败于吐蕃的战事，炳灵寺第64龛摩崖碑刻有记载。永隆二年距仪凤三年仅两三年 。永隆元年（680年）以后的数年中，河源军经略大使黑齿常之妥善经营，吐蕃未敢犯边，但是唐王朝对吐蕃的防范丝毫不敢松懈。因此说，唐廷于永隆二年派出的这批陇右道巡察使不是单纯巡察地方，是与唐蕃关系有极大的关系。

炳灵寺石窟已有将近1600年的历史，其间的精华部分是西秦、北魏和唐代的艺术作品，特别是西秦建弘元年题记的发现，为我们展示了我国境内有明确纪年的最早的一批佛教造型艺术作品，对探寻中国石窟艺术的源流和发展以及对美术史的研究都有十分重要的价值。炳灵寺石窟保存的大量精美唐代雕塑作品，为研究唐代艺术史增添了新的资料。除此之外，炳灵寺对于研究古代政治、经济、军事、文化以及中西文化交流等方面也有重要的历史价值。对于本课题来讲，炳灵寺在唐蕃古道上是个重要行程地，其中留存有大量的与唐蕃关系有关的史料和记载。

炳灵寺石窟位于东经103度05分，北纬35度81分左右，地址在甘肃省临夏回族自治州永靖县城西南35公里处。

3. 魏季随撰《灵岩寺记》及崔琳和蕃使团

《灵岩寺记》摩崖碑位于炳灵寺下寺区北部的第148窟外面北壁，高1.32米、宽0.98米，楷书阴刻，共30行，行43字，或多一二字不等。首题“灵岩寺记”。首行“□□□□副使膳部郎中魏季随文”。正文12行，尾题“时开元十九年春三月龙集辛未六□□”。下刻使御史大夫上柱国魏县开国侯崔琳及其以下72人名。其中见于史载的有崔琳、张守珪、王谞等。

这里记载了唐蕃关系中以御史大夫崔琳为首的和蕃使团。从众多的人名看，这一使团十分庞大。崔琳是以御史大夫之职充任和蕃使的，出使时间，碑刻与文献记载一致。和蕃使团的副使为魏季随，即《灵岩寺记》的作者。关于这一出使事件，《旧唐书·吐蕃传》所记很简略。

唐玄宗开元年间是唐帝国的盛世。在崔琳出使吐蕃前，中宗景龙四年（710年）金城公主嫁到吐蕃。这是唐廷以和亲方式来缓和唐蕃关系的又一重大联姻举措。

崔琳的和蕃使团是开元十九年三月从长安出发的。沿着唐蕃间相互进出的路径，不足一月就抵炳灵寺，由副使撰文描述了出使的前因及所见炳灵寺的盛况，并将使团的成员都镌刻于崖壁上。文末又记陇右节度使张守珪、河州刺史王谞、河州安乡县令王謦献及灵岩寺主无量等地方官吏参加和蕃使团的迎送工作，由此可知炳灵寺当属陇右节度（驻鄯州，今青海乐都）属下河州安乡县地境。在炳灵寺礼佛并刻石于炳灵寺后，使团便沿着唐蕃古道向西而去。

4. 第184窟重修老君洞题记反映的唐蕃关系

第184窟即老君洞，位于炳灵寺下寺区沟口西岸姊妹峰绝壁上，高出地面约 60 米。该窟为方形半中心柱窟，穹隆顶，高 5.8 米、宽 7.8 米、深 2.6 米。1981 年、1982 年剥出该窟底层壁画七佛（三铺）及释迦多宝佛（两铺），据其风格判断当系北魏晚期作品，可知该窟开凿于北魏时期。南壁存一方，清光绪十六年（1890 年）的重修题记，年代虽晚，但有一定的参考价值。文很长，有关炳灵寺历史的：

创自先代，盛唐之时始为冰灵观。监察御史李巡视至此，题碑第一奇观。天宝黄河绝冰，河郡守将巡至此，宫殿渐坏，玩景生情，重修。厥后大明备兴，道微尽改为寺，惟留万化、老君宫殿，龄碣残碑，古迹犹存。

这里地处唐蕃交往的必经之地。宝应二年（763 年）河陇之地陷于吐蕃，大中五年（851 年）张议潮虽收复河陇之地，但河州一带仍由吐蕃占据。信仰佛教的吐蕃对该石窟及佛像业已熟知，在唐代吐蕃将其称为炳灵寺是很有可能的，亦即“炳灵”之称源于吐蕃，可能不会早于盛唐，应在中晚唐。

题记又言“监察御史李巡视至此，题碑第一奇观”，又天宝年间河郡守将巡视至此，并重修炳灵寺。天宝年间唐与吐蕃的战事十分频繁，中央派出的监察御史、地方守将频繁巡视至此，炳灵寺再度繁荣，炳灵寺唐代有纪年的题记，天宝年间的最多，有三四处。

5. 第 169 窟防秋健儿墨书题记

第 169 窟为天然洞穴，位于炳灵寺下寺北端弥勒大佛龛的上部，距地面约 40 米。该窟创建于西秦以前。窟内有隋开皇十八年，唐天宝十二、十三年，乾元三年的游人题记。东壁第 12 号壁画旁有一条墨书题记：“佛弟团□□/秦州陇城县防/秋健儿郭思

□□□□□检校/□□一心供养/佛故记之。”防秋健儿是特殊历史条件下出现的，是陇右预防吐蕃每岁麦熟时抢麦田的特殊军队。

健儿是唐代开元以后长期戍守边远地区的雇佣兵，又称长征健儿、长行健儿、兵防健儿，由临时募行征人演变而来。大致在玄宗开元二年（714 年）镇防兵募已有“健儿”之称。长征健儿终身免除课役，装备、给养全由国家供应，又叫官健，主要任务为出征和军镇防守，也有少数到关中备御吐蕃，称防秋兵。[①]

这些防秋兵，看来是临时性的，只是在每岁麦熟时赴陇右防秋，至秋末无事则还乡。开元中期以后至天宝年间，唐蕃战事频繁，唐在陇右部署了大量的兵力，其粮秣是必需的。吐蕃军队也需要大量的粮食，每岁麦熟时，向积石军抢麦，称为“吐蕃麦庄”。防秋健儿的主要任务就是防止吐蕃抢粮食，开元二十七年（739 年）一次就诏关内河东防秋健儿 5 万人。炳灵寺所处的河州一带正是与吐蕃交战的前线，必定有防秋健儿驻防，炳灵寺第 169 窟的这则防秋健儿题记即是证明。

三、炳灵寺遗址概况

炳灵寺石窟位于甘肃省永靖县西南 35 公里积石山的大寺沟内，是中国著名的石窟之一，属于全国重点文物保护单位。该窟始建于西晋，历经北魏、西魏、北周、隋、唐各代都有修复与扩建，现存（2012 年）窟龛 183 个，共计石雕造像 694 身，泥塑 82 身，壁画约 900 平方米。炳灵寺石窟正式建立于西秦建弘元年（420 年），上下四层。最早称为唐述窟，是羌语“鬼窟”之意，唐代称灵岩

① 唐长孺：《唐书兵志笺证》卷 1，科学出版社 1957 年版。

寺，“炳灵”为藏语“仙巴炳灵”的简化，是“千佛”“十万弥勒佛洲”之意。相传，晋代名僧法显当年就是从这里渡黄河赴印度取经，并留有他的题记。西秦氏信佛法，并聘中原和西域著名高僧昙摩毗、玄高等为护国大禅师。昙弘、玄绍诸僧也到过西秦。高僧玄绍就在炳灵寺“蝉蜕而逝”。由此可知，当时的西秦已有“凿仙窟以居禅”的风气。至唐代，唐述山已成为佛教丛林，改称灵岩寺，强盛的吐蕃王朝政权也一度占领此地。到宋代，笃信佛教的吐蕃赞普王朗达玛第五世孙唃厮啰于 1032 年建立了以青唐（今西宁）为中心的唃厮啰藏族政权，占有整个河州地区，炳灵寺也随之为其所有，唐之灵岩寺才改称为藏语音译的炳灵寺，方沿用至今。

炳灵寺石窟造像最大的高达 27 米，最小的不足 20 厘米。其中，西秦开凿的有 2 窟 1 龛，北魏开凿的有 8 窟 25 龛，北周的有 2 窟，隋代的 2 窟，唐代的有 20 窟 113 龛。唐代作品艺术成就最高，当时僧人达到 3000 多人。

炳灵寺石窟 169 窟为一天然大洞穴，窟内存西秦时的造像和壁画，比较集中地反映了中国早期佛教艺术的特色。窟内造像大部分为公元 4 世纪末到 5 世纪初的作品，以泥塑和石胎泥塑为主。169 窟中的西秦建弘元年（420 年）名僧法显的墨书题记，是迄今为止中国现存石窟中有明确纪年的最早造像题记。比敦煌莫高窟发现的最早题记还要早 100 多年。题记下方绘有数排供养人，其中有当时高僧昙摩毗和道融的供养像。169 窟题记的发现对研究炳灵寺石窟的建造年代提供了可靠的依据，同时，对全国其他石窟的断代研究也具有重要的参考价值。此后，炳灵寺石窟又历经北魏、北周、隋、唐、五代、宋、元、明等各朝代的不断开凿、营建、修葺、扩建，其间包括吐蕃王朝时期、唃厮啰藏族政权时期及其后藏传佛教的长期经营，规模逐渐扩大，形成了仅次于敦煌石窟寺的具有藏汉两种风格的著名石窟寺。

炳灵寺石窟是唐吐蕃古道上具有藏汉两种风格的著名石窟寺。在唐代，随着吐蕃王朝疆域的不断扩大，藏传佛教文化向东发展影响也广泛深入。公元763年，吐蕃占领陇右这一地区后，此地除有吐蕃军人驻扎外，还有大批吐蕃移民北上东迁，在炳灵寺石窟建造了无数雕像和壁画，并对佛窟进行了重修和重绘，藏传佛教文化开始直接对这些地区产生着影响。尤其是在藏传佛教后宏期的元代萨迦时期，由于元世祖忽必烈尊藏传佛教为国教，得势的萨迦教派僧人入驻炳灵寺，将炳灵寺前代洞窟内的壁画进行了大量的重绘，佛教造像艺术在炳灵寺得到兴盛发展。其后随着元朝的衰落，萨迦派在西藏的地位由噶举派取而代之，从而使噶举派在炳灵寺也有一定的传播和影响，炳灵寺地处偏僻深幽的洞沟内开凿的石窟大多是噶举派僧人所建，其风格显得格外幽深神秘。其间也有藏传佛教噶当派僧人入驻炳灵寺弘法传教，开窟造像。

从明永乐年间兴起的格鲁派是对炳灵寺影响最大的教派，被永乐皇帝封为“大慈法王”的宗喀巴第四大弟子绛钦却杰代表宗喀巴进京朝觐时，曾两次路过炳灵寺宣讲佛法教义。其后格鲁派在寺院内相继进行了一系列的弘法活动，对炳灵寺的寺院建筑、洞窟、壁画等连续两次进行了重修、重绘，在炳灵寺重绘的窟龛中，格鲁派壁画占了百分之八十以上。并且，还重新开建了一些新的洞窟，从而形成了炳灵寺石窟汉藏佛教并存的独特风貌。

另外，还有第9号龛的3身立佛，7号龛残存的一身立佛，17号龛仅存的菩萨及龛下部的半跏菩萨思惟像等，形象古朴，为早期造像中的精品。23 号龛的并列 5 身禅定坐佛，则显示出西域造像艺术的影响。该窟的西秦壁画题材内容十分丰富，有说法图、维摩诘经变、无量寿佛、释迦多宝佛、弥勒菩萨及十方佛、千佛、飞天、伎乐、供养人等，画风质朴、粗犷。石窟分上寺、洞沟、下寺三处，以下寺最为壮观。它们分布在长 200 米，高 60 米的悬崖上。

171 龛，位于石窟悬崖上，有唐代石胎泥塑的弥勒佛大坐像一尊，依山雕凿，高达 27 米，雄浑庄严。窟中西秦《文殊菩萨问疾图》，是中国目前所见时代最早的一幅维诘经变图。原 16 号窟，现归位在石窟群对面睡佛殿内，长 8.6 米的泥塑炳灵寺卧佛，是中国现存北魏时期的唯一一尊卧佛，具有非常重要的研究价值。高 25 厘米的唐代侍女造像，是中国现存石窟像中最为珍贵的一尊，充分体现了盛唐风貌。炳灵寺入口处悬崖旁边伫立着峻峭的姊妹峰，周围有鸳鸯洞、药水泉等胜境，山清水秀，峰险石奇。

炳灵寺石窟的石刻造像，时代不同，风格各异。不论是西秦的剽悍雄健还是北魏的秀骨清像，不论是北周的珠圆玉润还是隋唐的丰满夸张，或是宋代的求变写实，都采用了以形写神，形神兼备，重在写神的传统技艺，它们是佛教观念、信仰、情绪的物化艺术形式。其造型和雕饰，既笼罩着神奇的宗教气氛，又极富有现实的生活情趣。造像的主题是佛陀，庄严肃穆，祥和可亲，菩萨含情脉脉，亭亭玉立；弟子幼稚天真，深沉世故；天王勇猛暴烈，怒目而视……无不塑造得栩栩如生，细致入微。这充分展示了我国古代劳动人民的聪明才智和创造精神。

国家非常重视炳灵寺的保护。中华人民共和国成立之后，1952 年 9 月，文化部组织中央美术学院、西北军政委员会文化部和敦煌文物研究所三个单位抽调13名专家、学者、技工，组成“炳灵寺石窟勘察团”，对炳灵寺石窟做了为期一周的细致全面的勘察和了解：摄影、临摹、测绘、洞窟内容调查等，并首次对石窟下寺区洞窟初步编号，共编124个窟龛。

1953年10月，文化部北京中国历史博物馆举办了“甘肃省炳灵寺石窟图片展览”，展出了炳灵寺石窟勘察团在考察中临摹的绘画和拍摄的照片共173件，时任文化部社会文化事业管理局局长的郑振铎先生亲自为展览撰写了《炳灵寺石窟概述》。

1955年5月，永靖县炳灵寺文物保管所成立，对有价值的洞窟一一进行编号，结束了炳灵寺石窟长期无人管理的状态。至此，使这千年石窟和胜境，重照寰宇。1961年3月4日，国务院正式公布炳灵寺石窟为第一批全国重点文物保护单位。

1963年4月至5月，甘肃省文物工作队与炳灵寺文物保管所对炳灵寺石窟进行第二次勘察，第一次登上了最高的169窟，发现了窟内保存众多的西秦时期的造像和壁画，并在第6龛发现了西秦建弘元年（420年）墨书造像题记。

1967年修筑石堤护卫窟群。1982年架起了沟通大寺沟两岸的拱形水泥大桥。1999年国家又花巨资进行了石窟维修加固和渗水治理工程。

2014年6月22日，在卡塔尔多哈召开的联合国教科文组织第38届世界遗产委员会会议上，炳灵寺石窟作为中国、哈萨克斯坦和吉尔吉斯斯坦三国联合申遗的“丝绸之路：长安—天山廊道的路网”中的一处遗址点成功列入《世界遗产名录》。

（选自唐蕃古道申遗项目《唐蕃古道［临夏段］》）

辑三

非遗传承

中国是一个多民族的国家，悠久的历史和灿烂的古代文明为中华民族留下了极其丰富的文化遗产。当前在树立“文化自信”，大力传承和弘扬民族传统文化的语境下，非物质文化遗产传承保护也逐步进入了广大民众的视野。甘肃历史悠久，是个多民族聚居的地域，民俗“十里不同风，百里不同俗”的特点使甘肃的民俗文化异常丰富，进入世界级别和国家级别的非遗保护也不鲜见。“花儿”是流传于甘肃、青海、宁夏和新疆4省区的多民族民歌，2006年，“临夏花儿”被批准列入中华人民共和国首批非物质文化遗产名录。2009年“甘肃花儿”被评为世界“非遗”项目，甘肃省拥有了首个世界级“非遗”项目。2006年，临夏砖雕被列为第一批国家非物质文化遗产名录。环县道情皮影戏在内的“中国皮影戏”被列入“人类非物质文化遗产代表作名录”。这也是继甘肃花儿列入“人类非物质文化遗产代表作名录”后，甘肃省又一项非物质文化遗产被列入“世界级非遗名录”。本章节收录的文章都是对甘肃这两个世界级和国家级非物质文化遗产的描述、阐述和探讨。

青砖上绽放的文化

——国家非遗临夏砖雕

临夏砖雕是临夏地区一种传统的建筑装饰雕刻。在临夏境内出土的金代大定十五年（1175 年）进义校尉王吉砖室墓中的砖雕饰物（现整体收藏在临夏回族自治州博物馆中），是以土窑青砖为材料，由此判定，临夏的砖雕在金代乃至以后已经是相当成熟的民间技艺了。在此墓中有一幅砖雕画面就描绘了“河州花儿”中歌词所反映的典型场景。即：

“双扇大门单扇开，身子一斜快进来！”

“大门开是门响哩，门窝里尕袖儿衬上哩。”①

据考古发掘，在宋代，临夏砖雕艺术已相当成熟，到元明时代，精美的砖雕已广泛使用于各种建筑之中。明、清两代是临夏

---

① 此段出自回族民间叙事长诗《马五哥与尕豆妹》，雪犁、柯杨的整理，《花儿选集》，甘肃人民出版社 1980 年版。

临夏金代墓室砖雕

砖雕的兴盛时期，建于明末清初的八坊清真北寺门前的“龙凤呈祥”影壁（如下图），这是一座仿木结构的砖雕大影壁。坐东向西，高6米，长13米，厚1.05米。顶部砖雕短檐、阴阳瓦、滴水、斗拱，檐下及影壁四周，镶嵌各种图案。影壁两边为“凤凰来仪”，中为“墨龙三显”，观此影壁，浅浮雕墨龙，忽隐忽现，阴云漠漠之中，纳云吐雾，夹带雷声，有大雨骤至之感。此影壁堪称河州现有砖雕的精品。到了民国年间，砖雕被广泛应用于装饰清真寺、拱北，官僚、资本家的公馆乃至平常人家的庭院，在这些地方，八坊的东公馆[①]的砖雕集河州砖雕之大成。解放后，除了临夏红园、榆巴巴拱北、大拱北、红园广场等地方新建的一些大型砖雕作品外，砖雕则更多地走进了平常百姓的庭院装饰。在八坊乃至临夏地区，砖雕艺术从古到今已经深入到了民众生活的方方面面，已经成为这个地区的一个典型文化符号。

① 东公馆位于临夏市环城东路35号，原马步青官邸，1945年建成，占地10公顷，市级文物保护单位。建筑以四院组成，呈“田”字形，建筑群内，楼阁亭立，庭院相连，雕梁画栋，富丽堂皇，木雕华丽，砖雕精美，图案生动，集河州砖雕之大成，享誉西北。

甘肃临夏八坊北寺“龙凤呈祥”影壁

一、八坊砖雕行当里的人

砖雕匠人是临夏砖雕技艺的载体，在千百年临夏砖雕技艺的形成、发展中，无数的砖雕匠人创作出的作品装点了人们的生活环境，而匠人本身则更多地淹没在历史的长河中。只是到了近代，由于匠人砖雕代表作的遗存，以及人们相对新鲜的记忆，一些临夏砖雕匠人被人们所认可，他们的作品得到了人们赞誉。其中绽成元和周声普为砖雕界所推崇。

绽成元（1903—1980），回族，临夏市祁家庄人。19 岁投到河州砖雕名家马一奴斯门下学专雕技艺，马一奴斯的祖父被人称为“蜘蛛马师傅”，其门徒称“马门”。绽成元成名后被誉为“马门神匠”。他的砖雕精品主要遗存在马步青的东公馆。他花费了 8 年的时间，为马步青设计建筑了占地 150 亩的大院。大院以廊连接各院，廊间全部镶嵌砖雕“博古”花鸟等，取材广泛，朴实逼真。集河州砖雕之大成的东公馆已经被评为市级文物保护单位，而“马门神匠”绽成元所创作的东公馆砖雕被国家建工部专家评为

“全国罕见的砖雕珍品”。

临夏东公馆砖雕

临夏砖雕中的另一位大师为周声普（1908—1987），回族，临夏市大西关人。生于砖雕世家，到他已有五辈。他20岁已成名，承担过甘、青、宁等地几个大清真寺和拱北的总体设计和砖雕工艺，临夏富户的宅院砖雕也出自他手。可惜多被破坏。如今只有临夏市红园（市内公园）留下了他的杰作。红园砖雕精品有气势磅礴的“山水图”、娇媚富贵的“牡丹图”、高洁雅秀的“翠竹图”、傲霜吐艳的“菊花图”以及“石松图”“紫藤图”“喜鹊图”“莲花图”“海水朝阳”，等等。而且周声普巧妙地将书法绘画与砖雕刀法融为一体，形成风格独特的临夏砖雕流派——周派。

大师们已经逝去，而临夏砖雕仍然存活在这块土地上，装点着人们的生活。而且随着社会的发展，临夏砖雕匠人的行当也在发生着不小的变化，感觉最明显的，就是在砖雕行中，分工越来越细，各司其职，协作越来越紧密。这种关系在研究者访谈的一个砖雕工程队体现得淋漓尽致。研究者在临夏的“城角拱北”（也称为俞巴巴拱北）有幸碰上了正在此施工的一个砖雕工程队。研究者和工程队负责人、砖雕匠人、砖雕安装匠人等人进行了近距离接触，对临夏目前的砖雕行当有了一个初步的了解。

这个砖雕工程队是由50余岁的陕某组织的，这位热情、健谈的八坊人也是大西关人。他谈道：“我在工程队中主要搞组织管理，我原来在建筑公司中工作，也搞一些这些工程，后来专门干砖雕工程，我的姐夫是‘周派’传人，他主要搞构图、画图，然后我接活承包，最后我又找砖雕匠人，一起干活。我最早干的是俞巴巴拱北，那个时候是1998年，当时活干得好得很，名声打出去了，国家、省上的人来临夏，都要到俞巴巴拱北里来参观，我的工程队到大拱北也干过，也到青海、四川（保宁府拱北）、陕西关山赵家湾拱北、东乡唐汪里都干过。”他谈道：“砖雕活在临夏做的最多，别的地方也主要是在拱北里做，城市里做的很少（相对于别的建筑装饰形式），主要是成本高，砖雕的一个平方米造价是500—800元之间，我们做的一个大影壁造价高达50万元，两边的边墙造价各20万元，一个整体下来就是100万元，一般的建筑做不起。”在经营有方和成功的背后，他也吐露了些许的砖雕行当中作为承包人的艰难。他谈道：“人和人打交道还是难得很，今早我的一帮砖雕匠人走了，匠人也难伺候，阿早（现在）年轻人不学这些脏活、累活了，阿够（哪个）挣钱快就干阿够，匠人也极贵（值钱）了，阿早（现在）匠人也承包活，目前临夏承包砖雕大活的回族多，但是匠人汉族多，砖雕活一般拱北、清真寺做，一般回族好联系，我们承包了活以后，匠人再分包。阿早（现在）活多得很，干都干不完，我都不想干了。”

砖雕行当中承包人应用自己广泛的社会人际关系圈，将活接到手，充当老板的角色。而砖雕行当里的人中的核心部分应该是砖雕匠人。在访谈中我和一位砖雕匠人也进行了交流，了解了一些他的学艺历程和对自己行业的感受。

马某是一位四十开外的回族汉子，临夏市毛园人，他从事砖雕行当已经十六七年了，他的师傅是他的阿爸（叔叔），叔叔是八坊一位有名的砖雕名师，叫马三虎，早在80年代改革开放时，马三虎和一些乡亲搞了个砖雕建筑队。先给一家一户搞，活儿不大好搞。后来临夏修复大拱北，马三虎为首的砖雕建筑队承包下了这个活儿。当时，工程队都是回民，对于大拱北活，心诚得很，心也齐得很，把他们最好的本事都使出来啦。大拱北的活完工后，手艺轰动了全河州，穆斯林们高兴得很。他们的名气也打出去了。后来他们把活做出了省界。宁夏、青海，新疆哈密、和田的清真寺都请过他们。最有名的就是云南昆明世博会，甘肃省的砖雕工艺就是他们做的。

马某就是在阿爸（叔叔）的砖雕建筑队中学了手艺。外人学砖雕手艺，前一两年师傅是不给学徒工钱的，但马某从一开始就可以从叔叔那儿挣到工钱。他从学艺到独立干活花费了三四年。刚开始学的时候，马某非常喜欢学砖雕，看别人雕的也很喜欢，觉得自己能学好有多好呀！阿早，当要用这个手艺来吃饭时，也不怎么好了。他认为砖雕活是个苦活、脏活，每天穿不了干净衣服。这一行年轻人干成哩，干到五十、六十，就干不下了，一天也坐不住。

马某谈到，现在干砖雕的徒弟也难招，现在的年轻人嫌这活苦、脏、累。20岁左右的砖雕匠人很少。他有一个姑娘和一个儿子，儿子上高中，学习还可以，有时候能拿回个奖状。他的儿子有些“胎里带”（天生），平时也喜欢在砖上画画，学学砖雕的样子，但他反对儿子干这行，他希望儿子考个学校，吃个公家饭。

临夏的砖雕已被纳入国家非物质文化保护目录中去了。当研究者问到此事的时候，马某说："我们不知道什么个非物质文化保护名录，反正外面的记者们来的多得很，拍的也多得很，问的也多得很，来了就走了，我们上也没有什么个'法依代'（好处），我们也不知道。"

在临夏砖雕的保护问题上，他认为："回族中做砖雕的人少了，回族人只要稍微抓一些生意，就去做生意去了，这种寂寞的手艺活干的不多。我想着回族的年轻人应该多学些砖雕手艺，这门手艺应该传下去，如果回族都不学砖雕了，以后做砖雕就不方便了，因为砖雕在拱北、清真寺中用的最多，我希望喜欢砖雕的回族年轻人学学这门手艺。"

一个砖雕建筑队中除了组织管理者外，还有一些安装人员，而且这些人员的人数比例还较大。他们主要完成成品砖雕的过水、编号、拼接安装、修饰等程序的工作。

二、砖雕的工序

青砖上的雕刻只是狭义上的砖雕，广义上的砖雕应该有三个大的工序，即青砖（原材料）的准备、青砖上的雕刻和砖雕成品的安装修饰。

青砖（原材料）的准备：临夏砖雕中刻活用的砖跟打墙跟砌墙盖房的砖头不一样，对原材料要求比较严格，据砖雕匠人讲，临夏砖雕中的青砖是大白土做成的砖，八坊周围的土质不行，在临夏北塬上有个叫上石的地方出这种做砖雕的大白土。要做砖雕青砖，首先要选好土，再用筛子筛，筛出碎石硬疙瘩，和泥时要反复搅拌，把土的黏性要搅出来，做好砖坯，放窑中烧，烧出的砖是青砖。在临夏有些砖雕匠人承包了一些大活，尤其是拱北、清真寺等地方的活，为了做出精美的砖雕，亲自从原料关进行掌控。由于临夏砖雕对原材料的严格要求，即使许多砖雕建筑队承包了青海、四川等远处的砖雕，砖雕匠人要么把临夏的青砖拉到承包地去做活，要么把雕刻好的成品拉去目的地直接安装。

青砖上的雕刻：当绵软的青砖运到砖雕匠人的作业场地时，真正意义上的砖雕才开始。首先为打磨。大的青砖由几个匠人联合打磨，大部分小青砖匠人使用推刨、锉轮等工具打磨。打磨情景如下图所示。

临夏砖雕打磨工艺

当青砖打磨成功后，砖雕匠人开始画图落样了。其实在画图之前，整个工程的总构图已经完成，总构图展现工程的总面貌，工程的结构、细节图案。砖雕匠人按照总构图的意图来完成描画和雕刻的任务。

临夏砖雕中的落样

雕刻是个细活，制作工具就有折尺、锯子、刨子、铲、錾、刻刀等，其中铲、錾和刻刀又随工艺要求分轻重、大小、长短、刃口宽窄薄厚数种。如下图所示（只是砖雕中的部分工具）。

临夏砖雕工具

临夏砖雕，在技法上采用雕刻和镂空相结合的手法，或圆雕或半圆雕，使其跃出画面，层次分明，立体感强。而次要部位和衬景，则用浮雕方式处理。在构思上，以现实主义与浪漫主义相结合的创作手法，寄情于景，情景交融。其雕刻技法主要有阴线刻、凹面线刻、凸面线刻、浅浮雕、高浮雕、镂空式透雕等种类。这是临夏砖雕艺术的精华所在，一幅砖雕往往由三四层图案构成，重重叠叠，里呼外应，浑然一体，有极强的立体感。高明的构思、精湛的雕工，把生动的画面和传神的意趣，淋漓尽致地再现在几块青砖之上，令人叫绝。

临夏砖雕雕刻

三、砖雕成品的安装、修饰

砖雕成品的安装又分为几个工序。首先是编号。编号的目的就是为了不让图案凌乱，编号的顺序是从下到上，从左到右。例如：一块砖雕堂子总共有四行五竖（20 块砖雕组成），那就用 1—1（第一行第一竖砖）、1—2……这样编完全部的砖雕。

安装中的第二道工序为过水（如下图所示）。因为干砖的黏性不好，砖饮水后就有了黏性，好安装。

临夏砖雕过水

正式上墙安装为安装中的第三道工序（见下图）。安装的要求为横平竖直，特别要求花草图案的接茬部分要端正严密。

临夏砖雕安装

修饰为安装中的第四道工序。修饰主要是将加了石煤的白灰抹于砖的接缝之间，在视觉上达到图案在整块砖的效果。还有将不平的地方抹光滑。修饰中还有喷色环节。将石煤和白灰按比例调配，用喷枪将砖面的颜色处理均匀，这样砖雕就浑然一体了。最后，有些字体或图案需要描金的就用金粉上色。如图“完整的砖雕艺术品”所示，完成了多道工序后，一块精致的砖雕艺术品诞生了。

完整的砖雕艺术品

四、砖雕里的风俗

临夏砖雕是一种装饰品和艺术品，但它的生产过程中蕴含了丰富的规矩，这种规矩更多地体现在砖雕匠人的师徒关系的讲究中。临夏砖雕是一种民间手工技艺，它的存在、发展需要传承，而且这种传承是存在于师徒之间。砖雕匠人谈道：

他们决定学习砖雕后，由父母带上，拿上“包包”（过去临夏八坊一般把冰糖、白糖等用红纸包起来做礼品），到师傅家去拜师，师傅觉得学徒喜欢这门手艺，人也踏实，就会收下这个徒弟。在学徒的头两年中，师傅是不付给徒弟工资的。师傅要手把手地传授徒弟技艺，徒弟先做“扎眼”（在青砖上留下需要的部分，去掉不需要部分的工作）、打磨这样的工作，这样的工作干上一年之后才学雕刻。徒弟在逢年过节时要上门拜访，学徒学成后，还要给师傅赠送一套衣服相谢。徒弟出师后，遇上大工程，师傅和徒弟可以一起干，活量小就各干各的。

在临夏砖雕不仅是一种建筑装饰艺术，而且也是当地穆斯林表达自己信仰的一种手段和媒介。因为砖雕在临夏地区的宗教场所清真寺，尤其是拱北中使用最多。而拱北中的许多砖雕不仅是拱北集体出资建造的，也有许多的虔诚教民一人、一家或多人联合起来出资建造砖雕中的堂子（一个较大的墙面），并且一般在堂子的右下角注上自己的名号，许上自己的举意敬呈给拱北。

临夏砖雕，作为一种历史的民间工艺，始终以现实主义与浪漫主义相结合的创作手法，寄情于景，情景交融，表达这块土地上的劳动人民热爱生活以及对幸福生活的向往和对美的追求，也显示着劳动人民高超的智慧和精湛的艺术技巧。而且临夏回族、东乡族等穆斯林把砖雕这门民间技艺融入自己的生活、信仰之中，砖雕不仅表达着他们对美好生活的追求，也表达着他们对信仰的追求和虔诚。

（选自《走进八坊——文化边界中的回族民俗文化》，民族出版社2017年版）

白马人“家”

白马人有独特的生活习惯、民族风俗、语言和信仰，是一个文化形态相对独立的少数族群，现代白马人集中分布在四川省绵阳市平武县的白马、木座等 4 个乡，阿坝藏族羌族自治州九寨沟县的草地、勿角等 11 个乡，甘肃省陇南地区文县的铁楼、中寨等 10 个乡以及甘南藏族自治州舟曲县的博峪乡，共计 26 个乡。其中白马、勿角、铁楼以及博峪这 4 个乡白马人最为集中。关于白马人的族属识别问题，20 多年以前曾引起社会各界广泛关注，但迄今未有统一定论。20 世纪 50 年代，白马族群被划归为藏民族的一个边缘地域分支，并定名为白马藏族。当前国内许多民族学者认为，白马人是我国古代北方重要民族氐族的后代，是至今依然保持氐族语言、文化传统的唯一土著族裔。氐族历史纷繁复杂，准确梳理其脉络已非易事，但研究民俗文化在一定程度上能有助于人们“去伪存真”，因为在历史的发展过程中，民俗文化在具有扩布性、变异性的同时还具有集体性、传承性和相对的稳定性。所以本文试以甘肃省陇南地区文县白马河流域铁楼乡分布的白马人为个案，来描述白马人“家”，即白马人村落的地域分布、村落环境的空间形态以及民居建筑习俗等方面，进而从一个层面和侧面来展示和阐述白马人“家”的独特民俗文化底蕴，也为研究者们追踪白马人的发展历史提供最本原的佐证。

一、白马人的分布及其地域特征

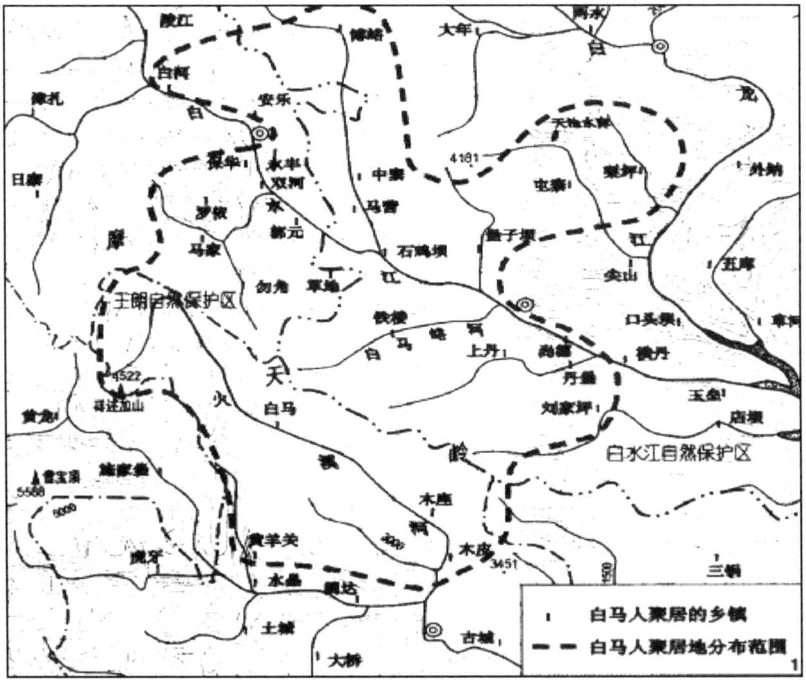

白马人聚居地分布范围及白马河流域

文县白马人主要聚居在境内的白马河流域，白马河发源于该乡海拔 3543 米的石垭子梁，从全乡穿境而过，经城关镇干沟坪、刘家嘴、西元汇入白水江，为文县八河之一。白马河流域在行政区划上隶属于铁楼乡，铁楼乡位于文县西南部，东邻城关镇，南连上丹乡，西南接四川省平武县，西北与四川九寨沟县接壤，北靠石坊乡和石鸡坝乡。东西长 31 公里，南北宽 25 公里，面积 324 平方公里，占全县总面积的 7.8%。铁楼乡辖 16 个行政村，其中白马人主要集中在 13 个寨中。白马人聚居的主要有麦贡山、立志山、腰坪山、夹石山、强曲、枕头坝、迭部寨，杂居的主要有阳尕山、草河坝、案板地、入贡山、中岭山和竹林坡，人口共计 3421 人。白马人一般居住在海拔较高的半山之上。

处于白马河流域的铁楼乡属于白水江自然保护区。地势西高东低，气候差异很大，“一沟有四季，十里不同天”，境内重峦叠嶂，沟壑纵横，林海苍茫。水资源丰富，水草肥美，箭竹青翠，是动植物的乐园，栖息着大熊猫、金丝猴、羚牛、苏门羚、秀鸡等珍稀动物，生长着银杏、杜鹃、椴木等珍稀植物，国家在这里设立了白马河保护站，坐落在苍山林海中的大熊猫驯养场（最多时曾饲养着 6 只大熊猫），位于海拔 2000 米的邱家坝，公路可直达，距县城 40 多公里。铁楼乡大部分地区产玉米、小麦、洋芋、荞麦，白马河下游部分地区产水稻。经济作物主要有闻名中外的纹党，还有花椒、核桃、生漆等。

白马人聚居的白马河流域在展现自然生态系统的原始性、多样性、稀有性及典型性的同时，也以白马人特有的绚丽文化展现着文化的多样性、典型性、原始性和稀有性。

二、白马人的村落环境

文县铁楼乡境内的白马人，大部分生活在麦贡山、腰坪山、中

白马河和白马沟里的村落远景

岭山、入贡山、强曲、案板地等高山村寨，也有一部分与汉族杂居在白马河畔的低坝中。白马人在白马河流域的白马沟里散落地垂直分布，通常聚族而居。不管是高山寨子还是河畔低坝，白马人村落坐落在大自然的山水之间，以山脉与河流为主体框架的大自然景观，成为村落整体依托的基础背景。在村落选址时对大自然山水的巧妙运筹，成为村落文化景观的一大特色。崇敬自然、利用自然、珍惜自然是白马人选择宜居家园的原则。例如：高山村寨案板地就体现了这种白马村寨的选址原则。从白马人聚居的强曲村寨下来，就看到一帘瀑布自山巅直泻而下，那是当地居民认为是菩萨显灵的云瀑寺瀑布（据说，云瀑寺瀑布在正月十八为枯水，正月十九就有水了，年年如此，被当地居民传为菩萨显灵）。案板地村就在云瀑寺瀑布的左上侧。案板地村名的来历，一说这里小得像一块案板，二说它平展得也像一块案板。虽然案板地村是在高山顶上，但村民的院落也高高低低，参差错落。案板地依水傍山，真正是山脉与水流为主体框架的大自然景观，成为村落整体依托的基础背景。

又例如，处于白马河畔的草河坝的寨子，是一个有30多户人家的自然村，白马河从山寨中间流过，竹林茂密，古木参天，风景十分优美。寨北住着十多户白马人家，寨南住着十多户汉族人家，中间有一座古老的石拱桥，把河南河北紧紧地连接在一起。

所以，白马人根据白马沟的特有地形地貌，一般在有利于自然通风与接纳日照的地形方位，选择靠近水源的位置建设村寨以利生产与生活，也强调居住场所应有背景依托，以利于聚风藏气，求得与自然地理环境的和谐平衡。

三、白马人的民居建筑及习俗

白马人的住房多为典型的土墙板房，板屋土墙房民居平面呈长方形，一般东西走向，大门开在西边。白马人家一般是一户一院，院内建筑主要为坐南向北的正房，有三间屋、五间屋和六间屋。正房一般建为二层或者三层，一层住人，二层堆放粮草、什物等。要是三层，楼下关牲畜，中层住人，上层堆放粮草、什物。侧面建有厨房（如下图：白马人住宅）。房屋室内高 2 米左右，房间面积大小无定制。以三间房为例，一般两间通，一间隔开，相通的两间为主房，两边或一边的房子也叫“霸铺”，白马语为“鸟日”，为卧室，一般在这里留有楼梯，通向楼上。白马人堂屋两扇门，耳房一扇门。有句当地俗语这样描述白马人的房屋：“山里房子真奇怪，三间房子通球得。门槛高得砍膝盖，睡觉不给枕头光铺盖。”为什么房子的门槛高得砍膝盖，当地人如此解释：过去白马人的经济方式中狩猎占很大的部分，所以，寨子中养的狗很多，为了防狗，就把门槛造高，还有就是防止陌生人突然闯入。这样的解释也使笔者进行了一番思索，白马河流域的白马人生活在白水江大林区，这里除了小型野生动物外，也生存着许多如熊、野猪等大型动物。以前，除种地外，白马人还以狩猎为生，这从白马人的自制火药可以看出，这样的建筑形式也是为了防止林区虫、蛇的肆意出入和虎狼的贸然闯入。当然白马人作为一个弱势群体，历史上时常受到强势群体的侵扰，这样的高门槛也是阻挡陌生人而建造的心理防线。

白马人住宅

白马人修房首先要根据地势选方向，要请阴阳下罗盘（定方向），然后才修房子。传统的板屋土墙房多建于平地或缓坡地，地基用锄略挖即成，一般情况不夯地基。白马人修房子的第一个步骤为立架子（如下图：白马人房屋架子）。先用很长很粗的木料做一个三层小楼房的大框架立在垫平夯实的土地上。在立架子的过程中，架中梁是最重要的，也是需要举行仪式的过程。具体为：请来阴阳，写下八宝符，贴在中梁之上，并在中梁之上打上八寸眼，在眼里放上笔、墨、黄历、五色粮食、小钱甚至珍珠玛瑙等物，当然这种习俗也是造屋人对家下平安、五谷丰登、家财旺盛等美好愿望的祈求。然后请身强力壮的小伙子架上中梁。架梁这天，盖房人的兄弟姊妹们拿上酒、肉等礼物来祝贺，主人也杀鸡宰羊进行招待。搭好架子，就用石头起柱脚。白马沟里也盛产石料，当地人就地取材，用石料来支撑房架子。随着人口的增长，人们生活水平的提高，特别是5·12大地震后重建的展开，白马沟里的石料由原来的一块三四十元

白马人房屋架子

猛涨到百元以上了，这种行情也促进年迈的石匠更加奋力地抡着锤子，赶制紧俏的柱脚石。

夯出的土墙是白马人土墙板房中的主要特色。白马人建房子比较快，尤其是夯墙。研究者在田野调查期间，一日早晨从县城出发，在白马沟中遇到人们夯墙的场景，由于不便下车，想下午出来时再拍摄夯墙场面，结果下午出来之际，房子四周的土墙已经夯高，场景已逝。究其原因，原来白马人建房不是每家单干，而是相互打帮工，一家盖房子，可能就是全寨子人都会参与帮忙。现在白马人房屋中的土墙也逐渐被砖、石料，甚至水泥等现代材料做了代替。

房屋的“土墙”完工后，就要体现“板屋”特色了。随后就在各个大梁间钉椽子，再在楼层间钉上木板，最后在马鞍形的房顶上盖上顶。传统屋顶是砍劈而成的一块一块长方形的木板，如鱼鳞一样把它们铺到屋顶，木板的两端均有大石，以防止被大风吹掉，这样形制的房屋也称为榻板房。现在白马人房屋中榻板房已经很少见了，一般屋顶撒的都是灰瓦。

最后剩的就是木匠的活了。例如装门窗，二、三楼的栏杆，进行修饰等。总体来看，白马人的建筑中木料使用甚多，这和白马人

正在夯墙的白马房

世代居住在森林植被好的大山深处，木材取用方便也有关，当地人祖祖辈辈修建房屋的主要材料都是木料。过去白马人就地取材，村里的青壮劳力都来义务帮忙，盖房的成本相对低廉。但现在林木不能随意砍伐了，买一根松木要三四百元，建一栋房屋，就要用掉几十根柱子，请人帮忙还要给工钱。5·12 大地震后，受灾的白马村寨村民们都为修房子而发愁。

白马人室内的陈设物品都比较简陋，主要是以橱柜和火炉为核心的日常生活必需品，家里日常生活用品很少。橱柜除了用来放置锅碗瓢盆外，主要功能是神位，所以又可以称为“神橱”。现在随着文化的相互影响和交融，白马人橱柜上供奉的不仅有自己民族原有的神灵，汉族等其他民族信仰的菩萨、观音甚至耶稣也逐渐成了信仰的对象，受到供奉和朝拜。

白马人的生活与火密不可分，他们一年四季都离不开火塘。让研究者感受最深的一句话是，白马人见面邀请客人“到屋里烤火来”！在白马沟里，常看到在路上人们燃起篝火在烤火，在院里也燃起篝火在围聚，在屋里更是设有火塘在取暖。一般火塘所在，也是全家人的活动中心所在，室内生活的全部如吃饭、喝酒、待客、开会，尤其是正月里跳“池歌”，敬神等都在这里。日夜燃烧的火塘是白马人的生命摇篮。白马人还爱跳火圈舞，每年的腊月初八，全村的小伙子都要上山打柴，打来的柴摆在大场上。到晚上，白马人燃起篝火，扯起圈子，唱歌跳舞，从腊月初八一直跳到翌年的正月十七。每年的正月十五是白马人的“火把节”，人人高擎火把向山顶进发，祈求五谷丰登。火也是白马人这个古朴民族心灵深处对自我生生不息的期盼反映。

白马人的厨房单设，一般在主屋的侧面。白马人厨房最特别的设备就是有三四个灶眼的大锅台，锅台呈弯曲状，有利于主妇同时照顾多个灶眼。锅台上的铁锅从大到小排列，大锅甚至超过了一米，主要是用来煮酿酒的粮食。白马人生活的地方大都是高寒林区，气候阴冷潮湿，他们一年四季都要喝酒驱寒。天长日久，养成了人人喝酒、家家酿酒的传统习惯。他们经常喝的不是高度数的白酒，而是在自己家里用玉米、高粱、大麦、燕麦等五谷杂粮酿造的类似黄酒的低度酒。一般人家一年都要酿两三大缸酒，逢年过节，招待客人，常喝不断。白马人相聚，总是一边跳舞唱歌，一边举碗豪饮。所以，煮酿酒粮食的大锅就成为白马人厨房的必需设备。

白马人厨房中的另一个特有设备就是悬挂在大锅台之上的一个长杆子，此物主要是用于悬挂大肉，制作熏肉而设。白马人常年所用燃料主要是周边树林里的小木柴，自然的燃料产生的烟雾是制作熏肉的天然材料。由于大部分白马人基本生活在高山深林之中，生活普遍困难，物质较为匮乏，一般只有过年或者家有喜事等情况下才杀猪宰羊，所以，不易腐烂的熏肉就成为白马人家的最重要的肉食补充。而白马人家锅台之上的悬杆也就成为厨房中的必备了。

从古至今，生活在白马河流域的白马人在对外界压力的被动适应和对自然的主动适应中开辟了自己的家园，创造了家园的生活环境和建筑风格，而且创造出来的一切文化和白马河流域的自然生态相融共存。在白马人“家”的形成中，研究者深深体会到了源于自然、融于自然的文化的持久魅力。

（原载于《西北民族研究》2009 年第 3 期）

白马民俗与地域文化建构

一、民俗对地域文化建构的意义

地域文化是中华民族的宝贵财富。地域文化的发展是地域经济社会发展不可忽视的重要组成部分，中华大地上各具特色的地域文化已经成为地域经济社会全面发展不可或缺的重要推动力量。地域文化一方面为地域经济发展提供精神动力、智力支持和文化氛围，另一方面通过与地域经济社会的相互融合，产生巨大的经济效益和社会效益，直接推动社会生产力发展。伴随着知识经济的兴起和经济社会一体化进程的不断加快，地域文化已经成为增强地域经济竞争能力和推动社会快速发展的重要力量。

过去把民俗定位为劳动人民和底层社会的生活传统，把民俗看成通俗的东西、不登大雅之堂的东西，甚至是落后的东西，刻意与精英文化区别开来。随着人类对文化认识的不断深化，新时期已经把民俗理解为一种文化传统，与过去有很大的不同。但是把民俗视为民间生活的观念似乎没有根本的改变。但是非物质文化遗产保护的兴起，已经把民俗传统提升到文化精华的境地。地域文化建构的过程，也是把不同地域民俗形态精华化的过程。现在一个地方构建地域认同，都会搬出当地最有代表性的民俗事象来。不仅是地域建构，就是国家形象的建构，也大都是借助民俗符号来进行的。任何学术都有个价值关怀的问题，研究民俗的民俗学科也不能例外。风俗建设塑造人心，这也是我们最基本的中国风俗文化传统或者说中国文化传统。另外，参与地域文化建构和地域形象建构，这也是民俗学不可避免的使命。

二、特殊时空坐标上的白马民俗

（一）现代化进程中的白马民俗文化

《辞海》定义现代化是不发达社会成为发达社会的过程和目标。塞缪尔·亨廷顿认为："现代化是将人类及这个世界的安全、发展和完善，作为人类努力的目标和规范的尺度。现代化意指社会有能力发展起一种制度结构，它能适应不断变化的挑战和需求。现代化包括工业化、城市化，以及识字率、教育水平、富裕程度、社会动员程度的提高和更复杂的、更多样化的职业结构。"[①] 所谓现代化，也就是以大工业为发端的，以一个民族为载体的社会的变革和发展。这个变革涉及经济、政治和文化等各个领域，而作为大文化中的那些来源于传统社会中世代传承的稳定的民俗文化受的冲击更大。中

① 张玉路:《现代化是什么》,《北京百姓杂志》2005 年第 9 期。

国从清末开始直到现在都处于社会、民族现代化的过程中，而且现代化的进程不断加快，不断扩展到中华大地的角角落落。工业化的生产方式和传统的民俗与现代化生活方式常常面临碰撞的困境。民俗作为一种传统文化，既要保持原生态的形式与内容，又要与现代社会的生活节奏融合，这种矛盾与冲突势必带来一种两难的选择。这种矛盾和冲突在中国大地的每个角落和每个民俗事项都会遇到，所以，我们的非物质文化遗产保护工程启动了，这从一个侧面说明了我们在现代化过程中逐步在遗失我们文化中的精华，文化的根。以白马人为例，白马人的民俗在现代化过程中已经被冲击得面目全非。白马藏人是一个能歌善舞的民族，无论是在田间地头还是在觥筹交错的席间，白马人都喜欢敞开嗓子高歌，尤其是内容丰富的酒歌：远至唱苦难的族史，颂扬祖先，叙述族规族法，近至欢庆团聚、丰收、年节、迎客送友，等等。然而近年来随着电视剧、流行音乐等大量主流文化的渗入，许多白马的年轻人已不再唱自己的民族歌曲，而且许多白马人也不会唱自己族群的歌曲了。

民俗的逐步消失体现在各个方面，尤其体现在和日常生活紧密联系的民俗方面。以服饰为例，文县铁楼一带的白马人的服饰多姿多彩，男穿名为“春纳”的对襟长衫，两襟操拢，系腰带，扎绑腿，头戴“沙尕帽”。女性的服饰更是色彩鲜艳，曼妙无比。白马妇女一般着以黑、蓝为基调的长衫，领、肩、袖及后裙均由各色花布搭配拼接，并绣有花草鱼虫等图案，色彩艳丽，做工精细。无论年龄大小、结婚与否，她们的头饰都十分复杂。成年妇女头缠长达 3.2 丈或 1.8 丈的黑色丝帕，丝帕紧裹着十几条长辫，编在黑色的毛线里，再串上五至八块鱼骨牌和红、蓝、白、黄等各色的玉石小珠，绾在头上吊至右耳旁，既端庄古朴，又美丽大方；老年妇女则要在腰上扎缠一丈多长的红色的自织羊毛链子带，年轻姑娘有的腰扎丝绸彩带，有的还要围匝缀有数枚古铜钱的牛皮腰带，据说具有“腰缠万贯”的象征和寓意。但就是这样美丽的服饰在当今现代化的冲击的大背景下，我们在日常生活中也很难觅见了。笔者四次去白马村寨见到的白马人着装与当地其他民族没有太大的区别，尤其是在白马人、汉族杂居的村落中，所有村民都着普通的现代服装，既无地域特色，更无民族特色，很难从服装上区分一个人的民族、居住地。尤其是男性和年轻人中间服饰文化消失殆尽了，若干白马男人还有一套白马民族服装，那就是在压箱底，这种所谓的白马人服饰基本上都是从市场上买回“洋布”自己加工而成或者直接从市场上买整套衣服，而且服饰体现的是完全的藏族风格。笔者在一次白马寨的田野中，恰逢白马人的节日，寨子中的男性穿着宽大的藏袍，有的还戴了一个“虎皮”帽，这种装束和当地的气候、自然环境格格不入，真是民俗的再加工了！

（二）非物质文化遗产保护背景下白马文化

对于日益消亡的民族民间文化的全球性担忧，从一定意义上来说，实际上体现了人们对于文化的“现代性灾难”的深刻反思。现代化的强势历程，不仅使我们生活的生态发生了灾难性的破坏，也使我们的传统文化失去了存在的根基，于是，保护自然与文化遗产成了全球公认的一种精神需要以及保护我们未来生活的必要手段。人们需要通过保护不同背景、不同系统的民族传统文化，保护世界文化的多样性，来为因物质主义泛滥而造成的精神空虚寻找弥补的意义，寻找文化之根，并减缓对技术发展不可预知的后果的恐惧。在这样的大的世界和时代背景下，非物质文化遗产保护应运而生。中国作为世界上唯一没有中断传统的文明古国，不但于2004年很快批准并正式加入了联合国教科文组织《保护非物质文化遗产公约》，而且早在 2003 年初，就由政府有关部门发起实施了为期 17 年的“中国民族民间文化保护工程”，工程的实施标志着这项工作在中国已经全面转化为政府行为，而且很快上升为国家意志。

2008 年白马文化中的“池歌昼”以其鲜明的民族特色和传承危机而入选第一批国家非物质文化遗产扩展名录的项目傩舞中的傩戏分类项目。在现代化、城市化迅猛发展下，如果不采取文化保护的特殊手段，这些文化之根也就枯萎、消失得更迅速，这种状况在白马寨子中感受更深。陇南市地方志科的焦红原科长感受到体现白马人民族记忆和精神内核的仪式——“池歌昼”逐步在白马人生活和心目中遗失的现象：“2000 年，他被派去从事地方志工作，前去铁楼乡考察白马‘氐文明’以及白马人生活与传统习俗时，他第一次看到‘池歌昼’，感受到从舞蹈到祭祖礼仪，从舞者的神态到族人的眼神，无不显示出人们的敬畏。简直就是一个远古人类文明的活化石。第二次去考察白马‘氐文明’是两年后。那时候他意外地发现‘那种敬畏都没有了’，戴‘池歌昼’只盖住了舞者的 2/3 的面，在族人家里进食时，竟然将‘池歌昼’摘下。”

国家非物质文化遗产白马人“池歌昼”表演

在国家发起轰轰烈烈的非物质文化遗产保护的行动下，社会各界逐步在行动起来。陇南地区相关部门组织出版了《白马人民俗文化调查资料卷》等7部书籍，使白马人的一些民俗文化资料得以保存。并且从上到下，积极调查研究，建议将白马人故事、服饰、歌曲、舞蹈和烤街火等5个项目，列入国家级非物质文化遗产名录。并将甘肃文县列为白马人民俗文化保护区，加大项目支持力度，支持保护利用好白马民俗文化。目前的白马文化的发展形势正如一位热爱自己民族文化的白马人所说："我们当然希望生活能跟城里人一样好，但也希望保留住我们的文化和根，这听起来似乎很矛盾，但现在政府越来越重视保护非物质文化遗产，对于我们来说，这就是一个机会。"

（三）文化生态学语境中的白马民俗

文化生态学认为，文化不是经济活动的直接产物，由于受山脉、河流、海洋等自然条件的影响，不同民族的居住地、环境以及社会、社区的特殊发展趋势，等等，都给文化的产生和发展提供了特殊的、独一无二的场合和情境。在文化生态学语境下探讨白马民俗，也就是需要突出承载白马民俗群体的空间，也就是白马民俗的地方性，我们知道，每个地方的山川、河流、土壤、资源、生态、植被、气候、降雨量等都不一样，而民众的生活和他们拥有的自然环境息息相关。那么，我们怎么去理解当地人的生活方式、社会制度、一些仪式和它的信仰呢？最根本的出发点应该是地方性，从当地的环境和生态出发。

三、地方文化建构中的白马民俗

（一）物质民俗层面

建筑与村落

文县铁楼乡境内的白马人，大部分生活在麦贡山、腰坪山、中岭山、入贡山、强曲、案板地等高山村寨，也有一部分与汉族杂居在白马河畔的低坝中。白马人在白马河流域的白马沟里散落地垂直分布，通常聚族而居。不管是高山寨子还是河畔低坝，白马人村落坐落在大自然的山水之间，以山脉与河流为主体框架的大自然景观，成为村落整体依托的基础背景。在村落选址时对大自然山水的巧妙运筹，成为村落文化景观的一大特色。崇敬自然、利用自然、珍惜自然是白马人选择宜居家园的原则。例如：高山村寨案板地就体现了这种白马村寨的选址原则。从白马人聚居的强曲村寨下来，就看到一帘瀑布自山巅直泻而下，那是当地居民认为是菩萨显灵的云瀑寺瀑布（据说，云瀑寺瀑布在正月十八为枯水，正月十九就有水了，年年如此，被当地居民传为菩萨显灵）。案板地村就在云瀑寺瀑布的左上侧。案板地村名的来历，一说这里小得像一块案板，二说它平展得也像一块案板。虽然案板地村是在高山顶上，但村民的院落也高高低低，参差错落。案板地依水傍山，真正是山脉与水流为主体框架的大自然景观，成为村落整体依托的基础背景。又例如处于白马河畔的草河坝的寨子，是一个有 30 多户人家的自然村，白马河从山寨中间流过，竹林茂密，古木参天，风景十分优美。寨北住着 10 多户白马人家，寨南住着 10 多户汉族人家，中间有一座古老的石拱桥，把河南河北紧紧地连接一起。典型的白马人传统民居为 2—3 层的“土墙板屋”，兼有干阑式和井干式原始建筑的结构与形态特征。这种房屋的建造充分利用当地极为丰富的原始森林资源，以原木为构架，砌以片石或垒夯土为墙，楼上楼下以锯状独木梯相通。其最有原始特色之处在于，除了大木框架以外，整栋房屋木构件之间的延伸与交叉连接均不采用榫卯，全部由从野外采集的老葛藤自然环绕捆绑而成；另一显著特色是斜坡形房顶以刀劈的杉木板作瓦，木瓦上下左右互相叠加咬合，屋面再排列木条加压石块以防风掀翻。这种房子在白马地区很少见了。

白马人村落环境空间的塑造，强调顺应自然、因山就势、珍惜土地、涵养水源等基本原则，特别注重保护与培育自然地理环境的天然格局与活力。人们常常凭借梁、沟、坳、坞等各类微地貌的天然条件，巧用地势，分散布局，组织自由开放的环境氛围，构建高低错落的多层次居住空间。所以，白马人的居住环境可以让人充分享受最优美的大自然环境，建筑融于风景，风景融于建筑，也同样体现了人类与自然界休戚与共的亲和关系。

服饰

传统白马服饰一般男性头戴沙嘎帽，身穿最简单的藏装，佩带短刀、着毡靴；女性传统服饰铁楼乡的老年人一般将头发盘起放进黑色小圆帽里，再将7—9 枚圆形鱼骨牌绕额头一周，最后把黑色帕子包裹在鱼骨牌上。老年人穿的服装颜色比较暗淡；上衣甲，而穿上身对襟的连体百褶裙，这种服装色彩非常亮丽，衣袖、裙褶以各色右开襟，以蓝、青色为主；长裙无褶过膝、两端开衩，以黑色为主。一般老年人还会加上一件黑底花边的马甲，这种马甲具有防寒保暖的作用；青少年通常不穿马甲。碎布拼接而成，领口、袖口、腰带以及衣服边缘部分都用线以各种图案进行装饰。编发盘头的女孩子通常会将鱼骨牌戴在头上，如果女子不编发盘头则一般会戴一顶小巧的沙嘎帽。中年人服装介于老年和青年之间，穿着搭配比较随意。

白马山寨的白马少女

在白马藏族的服饰中，沙嘎帽显示白马人标志性文化之一，沙嘎帽用白羊毛毡做成，形状如带花边的圆盘，浅底，帽檐为波折状，帽顶的一侧插 2—3 根洁白的雄鸡尾羽，在高山微风中，非常的灵动。从其造型与装饰特征来考察，文化功能胜于实用功能。沙嘎帽上的雄鸡尾羽源于“白雄鸡救寨”传说，据说在一次民族战争中，白马人因为连续七天七夜未曾休息，最后在一个山寨中因疲惫而集体入睡，此时官兵乘机杀来，危急时刻一只白色雄鸡引颈长鸣，唤醒了因疲惫而熟睡的白马人，使其免遭灭族危险，所以白色雄鸡成为白马藏族崇拜的对象。白马人不仅在沙嘎帽上插白色雄鸡尾羽，而且在沙嘎帽上用红黑相间的线条绣上“鸡爪花”“扇子花”图案。从造型特征来考察，“扇子花”是鸡翅膀的变体，有些还在帽子前面装饰华丽的锦鸡羽毛，代表鸡头，从而使沙嘎帽代表了完整意义上的鸡造型。这种装饰不仅具有突出的形式感，也体现出他们对白色雄鸡的崇拜和纪念。另外白马人的民族服饰中也崇尚白色，亦包含了白雄鸡崇拜的寓意。[1]

（二）制度层面

族内婚的婚姻制度

白马人的婚姻有的由父母包办，也有自由结合的。同姓亦可通婚，婚龄大致在15至20岁之间。但不和外族通婚。提亲一般由男家出面，如招赘则由女家出面。订婚的时候，男家请女性亲属为中间人，带酒一罐，去相中的女家提婚，如女方父母受酒，便是同意的表示。如将酒退回，则此事不成。送提亲酒后，次年正月初二、初三或十五，未来女婿背一大块猪肉去女家，玩三天，一切顺利，算是订婚成功，当年或第二年便可结婚。

白马藏族历史上从不与外族通婚，如有违犯，在舆论上要受谴责。笔者在白马寨调研时，当时观看“池歌昼”表演，在“池哥”和“池母”后有个穿得破破烂烂的“小猴子”，“小猴子”的后面跟着脸上抹着黑色，穿着褴褛的一男一女，称为“赤玛”。当时当地人说，这个女的是白马人，出去嫁了个异族，这个女的回家带着这个和外族生的孩子，一路乞讨。从当时的表演看，白马人严格禁止和外族通婚，通过“池歌昼”表演来宣传这种民族主张和民族风俗，认为和外族通婚，就是非常没有脸面的事情，后果将非常的不幸。20世纪80年代后期，这些习俗，稍有变革。但这种风俗保留了民俗文化，凝聚了民族内聚力。

紧密的家族和村落社会组织

现今白马人主要分布于四川和甘肃两省交界的摩天岭山脉的南

---

① 余永红:《论白马藏族服饰图案的文化意蕴》,《民族论坛》2011年第12期。

北两侧，生活于此地的白马人一直处于汉藏的夹缝中，严酷的生活条件致使白马人以村落为单位形成较强的地域认同感，再加之长期族内通婚，在地域认同的基础上又融合了血缘的联系，使得当地白马藏族村落形成以地缘和血缘为基础的村落共同体。而这种共同体的维持可以通过日常的社会交往，节日仪式，例如：通过跳“池歌昼”这样的仪式活动的展演实现对共同祖先的记忆。因此，白马人紧密的家族和村落社会组织不断加强和巩固社区的凝聚力，同时也是获得一种族群性的重要手段和制度。

（三）精神层面

与自然环境和谐的原始信仰

白马人的信仰体系是建立在朴素的万物有灵论基础上的。这种朴素的信仰观认为灵魂、幽灵、神和魔鬼可存在于客体之外，或在人类、动物、植物和自然现象中存在。天神的观念普遍存在于寨民意识中。白马人认为，天神是创世者，天是无形无影的。在寨民观念里，天神不能冒犯，不可轻易谈起；天也是不可知的、神秘叵测的；土地神在白马人的信仰中是地位较高、较受推崇的一个神灵。他也是无形的，并居住在地下。白马乡是较为典型的农业区，所以人们对土地神比较尊崇，认为土地神给予人们土地，让人们种植庄稼，获得丰收；白马人世代居住在深山中，对山的感情是最深的，所以，山对于白马人有着特殊的意义，山神信仰是其信仰体系中最重要的一环。在白马人心目中，每座山都有一位山神居住，只是各山神的职能、权力、范围、大小不同；在白马人的生活中，火与人们的生活息息相关，在白马人观念里，火神脾气暴躁，所以人们对火神的敬畏尤甚，对火神总是小心谨慎，生怕冒犯。当山林或寨子发生火灾，人们会认为是火神在发脾气，各家各户就会在自己家火塘旁点香供品祭拜火神，祈祷火神不要降灾难。白马人此观念是在当地人们长期的生产生活实践中伴随着与外界自然环境的接触和联系而逐渐产生出的信仰知识体系。通过对这种朴素的信仰观的研究，可以让我们对白马人具有“地方性知识”意义的知识结构体系和思维逻辑方式有更加深入的了解和把握。

白马寨中的母子

强化记忆与传承的“池歌昼”

文县白马“池歌昼”于2008 年入选第一批国家非物质文化遗产扩展名录的项目傩舞中的傩戏分类项目。“池歌昼”特色鲜明，虽经数千年历史风雨的洗涤，却依然保持着鲜明的特色，学术界多数专家认为其品种较为齐全，具有多样性和立体性，是研究古氏族最好的活化石。[①] 陇南白马人傩表演的每一种形式，都是汲取了白马民族文化的“创造物”。在每一个角色中，都有白马人自己的历史，自己的天性，自己不同时期的生活，等等，表演的角色和每一个套路均是在民族文化基础上的创造。每年春节，对白马人来说是一次盛会，也是一次精神的归宿，欢乐遍布着整个村庄，锣鼓声、鞭炮声响彻

---

① 蒲向明:《近三十年来白马藏族人研究状况述论》,《北方民族大学学报》2009 年第 5 期。

山谷。正月十三从铁楼乡的麦贡山村开始，从东到西依次逐村跳，大村寨两天，小村寨一天。通过这种狂欢，白马人强化了祖先记忆，也传承了民族文化。

四、地域文化建构与标志性统领式的民俗

新时期，我们评价一个地区经济社会发展好不好、快不快，除了看经济指标、生态环境、社会管理外，现在越来越看重这个地区的文化发展。因为，随着经济社会的加速发展，文化的作用越来越重要，甚至起着最终决定作用。近些年，挖掘、研究、弘扬、开发利用地域文化的热潮一浪高过一浪，已经成为各个地区提升当地文化品位，推进文化产业发展和社会主义先进文化建设，同时提高当地知名度和美誉度，增强区域竞争力，推动经济社会快速发展的重要途径和有力措施。

任何地域文化的最大特点都是它的地域性，地域文化主要是在地域内自然地理条件下形成的。某个民族、某个人类群体生存地的物产资源、经济状况、历史遭遇、气候情况等决定着当地的文化特点。常言道，一方水土养育一方百姓，一方百姓创造一方文化。水土因素、自然环境状况对地域文化的影响更具决定性。而地域文化中民俗到底是充当着什么角色呢？

高丙中先生在《民俗文化与民俗生活》一书中受现象学和哲学的启发提出了民俗学的领域在于“生活世界”的观点。[①] 以生活世界为自己的研究领域，这已是民俗学的既成事实。……

既然民俗学的范围已经发展到不限于某一阶级（劳动人民），某

---

① 高丙中:《民俗文化与民俗生活》,中国科学出版社 1994 年版,第 137—138 页。

一地域（乡村），某一时代（古代），而是面对全人类、全世界，那么，从理论上说，讨论民俗学的领域时并不要在“生活世界”上加定语。不过，在具体的研究中，“生活世界”的范围总是有所指的，总是属于某个村落，某个地区，或者某个团体。

有了“生活世界”这个完整的概念，民俗学的领域再不显得鸡零狗碎了。过去由于没有达到这种整体性的把握，看见民俗研究一会儿文艺，一会儿物质生活，一会儿习惯法，难免不认为它们五花八门，乱七八糟。现在，它们不仅相关，而且共同组成了完整的生活世界。

目前，民俗学学术前沿逐步认识到了民俗学研究领域为特定范围中的生活世界的理论的价值。但是民俗的生活世界和整体研究都是相当的庞杂，就是田野民俗的调查和书写也是头绪纷乱。在这样的学术状况下，刘铁梁先生提出了“标志性文化统领式民俗志理论与实践”。按照刘先生的观点：

标志性文化就是“在地方民俗文化中，某些事象显得特别重要和饶有深意，体现出当地民众生存发展的适应与创造能力，也证实着当地民众与外部世界交往的经历，因而成为群体自我认同，并展示于外人的事象……何谓标志性文化，是对一个地方和对群体文化的具象概括，一般是从民众生活层面筛选出一个实际存在的体现这个地方文化特征或者反映文化中的诸多关系的事象”。第一，能够反映这个地方特殊的历史进程，反映这里的民众对于自己民族、国家乃至人类文化所作出的特殊贡献；第二，能够体现一个地方民众的集体性格、共同气质，具有薪尽火传的内在生命力；第三，这一文化事象的内涵比较丰富，深刻地联系着一个地方社会中广大民众的生活方式，所以对于它的理解往往也需要联系当地其他诸多的文化现象。标志性文化不是对地方文化整体特征的抽象判断，对于它的确认，要求我们能够找到代表这地方文化整体和特性的具体文化现象。[1]

随着我们对民俗认识的进一步加深，民俗在地域文化的建构中逐步凸显，以白马民俗为例，我们在地域文化的精神层面是以白马人的万物有灵信仰为积淀，这个信仰也是奠定白马人与自然和谐相处的深层基础。而在人与人和谐相处中，白马人以村落和家族为基础的社会制度，奠定了白马人之间相互帮助、相互支撑的社会风尚。当然，白马民俗文化中绚烂的物质民俗文化更是体现这些深层文化的符号，这些文化的独特性和稀有性正是这种文化的魅力所在，也是这种地域文化的符号和标签。

（选自《第二届甘肃白马人文化研讨会论文集》）

① 刘铁梁:《“标志性文化统领式”民俗志的理论与实践》,《北京师范大学学报》2005 年第 6 期。

临夏八坊的集市贸易

一、八坊集市的兴衰历史

河州（临夏），地处青藏高原和黄土高原的接合部，自古是西通青藏和西域，东连中原的交通要冲，是民族之间进行物质文化交流的旱码头，也是历史上中央王朝控驭西北少数民族的桥头堡。西北地区的茶马贸易早在隋唐时就已出现，到了宋代，朝廷鼓励中原与边疆进行贸易活动，并于宋神宗熙宁九年（1076 年）在河州设立了榷场，市易司专管。此时贸易的主要商品是中原地区的农产品，南部地区的茶叶和民族地区的畜产品。到了明初，原元朝江苏淮南提督学道朱隆、朱芾父子降明后征抚吐蕃，升任都指挥使；河州土司何锁南降明后任陕西都指挥同知；河州卫蒋斌及明天顺年间兵部尚书王竑等这些河州人极力推动河州茶马互市的进行，在西北逐步形成了以河州为中心的民族贸易市场，河州成为中原地区和西北少数民族地区进行物资交流的基地。

临夏市一直是河州的政治、经济和文化中心，所以，明清时期临夏市已经形成早期的小商品交易和农牧产品集散地，集市贸易已粗具规模，当时的集市以粮食和畜类贸易为主。据明《河州志》的记载：有大市，即粮货市，贸易至午而散；中市，畜类市也。当时的八坊心脏——南关已经形成了规模化的集市。“南关市，客店一十八座，四方商贾居焉。”① 此外，还有“番厂”设立，由于河州是周边地区的商品集散地，河州成了各民族往来的站点，而当时的旅店业不发达，少数民族到河州后，往往借民房而居。官府为了使民族之间的贸易秩序化，就在河州城西建立了“番厂”。所以“番厂”是专为藏族和其他少数民族来河州贸易所建的居留之地。据载：河州“番厂”周围一百三十八丈，长四十三丈，阔二十六丈。有正厅七间，大门三间，二门三间，厢房二百二十间。② 这样的“番厂”在当时也是颇具规模，从“番厂”的规模也能反映出河州地区繁荣的集市贸易。值得注意的是，这时候的“番厂”还具有官方色彩。

到明末清初，八坊出现了民间的旅社与商行相结合的经济实体，群众称为“歇家”，“歇家”为何种身份？从字面理解，“歇”有“歇脚”“歇息”之意，所谓“歇家”者，就是那些在城镇中专为贸易往来的少数民族提供歇息住所的店家之类。藏族牧民和中原居民互称“中家”，含有朋友之谊。“中”，即“招中茶马”之“中”，意为交易。河州的歇家多在城外沙楞一带（现北大街的背后）。清康熙本《河州志》记载：“国（清）朝初，诸番往来，尽居沙楞歇家。”

---

① 明《河州志》卷 2。

② 见《明太祖实录》卷 133，卷 134。

初期的“歇家”设备简陋，只搭置一些帐篷，用以招待进城交易的“中家”。随着市场的发展，贸易的扩大，竞争激烈，于是就兴修房舍、堆房和畜圈，以备牧民居住和堆积畜产品。同时“歇家”在自己居住的院落内设置大厨房，熬茶、做饭，提供给来往的“中家”。然而，八坊“歇家”的活动并没有局限于传统“店家”的本行，而是以此为基础，将自身的活动延伸到了商业贸易领域。那么，“歇家”在民族贸易活动中究竟起着什么样的作用呢？八坊的“歇家”充当着牧区商人贸易代理人的角色，即牧民来河州做交易，均由自己的“中家”来为之办理，一切经营贸易活动，都要经过“歇家”介绍或收购其畜产品，然后“歇家”再转卖给外地的商人。其次，“歇家”在货物交易过程中还发挥着牙人的作用，进行评价。

民国时期，临夏市的集市贸易已经相当活跃。有集市四个，即北大市（今凤林路）为粮货专市；米粮市，旧文庙地，东西铺面共两百间，经营米粮业者 50 家，民国 2 年创修；南城根米粮市场，民国 4 年创修，民国 17 年被毁；南关市（八坊心脏所在），民国初年，商店 24 处，过载点 6 处，旅店 6 处，典肆 4 座，客商云集，较城内商贸集市繁盛。[①] 在民国时期城外的南关集市较之城内的集市繁华，这种繁华景象在沙俄上校曼纳兴清末考察河州日记中记载如下：

一九〇八年三月二十一日

河州的汉城构筑，从陡直的黄土城墙内壁算起，到城的另一边约为一渥斯特，以大夏河北为界。古老坍塌的城墙用黄土和砖构成，约六英寻高。城墙之内房舍无多，既看不到古老的寺庙，也看不到什么起眼的建筑物。但城内

① 临夏地方志编撰委员会:《临夏市志》,甘肃人民出版社 1995 年版,第 348 页。

一大段主要街道还不失为熙来攘往，不过铺面都不大，外观也不怎么样。城南和城西南方为回族聚居区所围绕。这里生意相当兴隆，市面也很繁荣。集市上摊子一个挨着一个，货物就摆在桌子上、盘子里，或干脆就摆在林地上铺着的布上。棍子绑起来的白布凉棚，几乎挡住了骑马人的路，不过马到处总有人伸手帮忙，把它们往边上移一移。我注意到，这里戴那种典型的白号帽、黑号帽的回族人，几乎和当地汉人一样多。到处可见穿黄袈裟、黑袈裟的喇嘛教僧人走动。①

解放前，虽然八坊的集市也红火过，但民国17年，也就是“火烧八坊”事件中八坊的集市被毁。解放后，经过三年的恢复时期，临夏市集市贸易得到了发展。1951年在南关的南边三道桥口设了皮毛市场，随后又相继设立了木材交易市场、土特产品交易市场等多处农贸市场。1958年，这些市场被关闭。1979年，恢复和新建了河滩关、东校场两处农贸市场，此后，这两个市场的规模不断扩大，成为临夏市的主要集市。尤其是南关以南的河滩关集市，到1985年由原来的13亩扩大到近60亩，并建成货棚140间，主要经营木材、皮毛、羊毛等货物为主。目前临夏有一个牛羊交易市场叫八坊活畜交易市场，是全国最大的活畜交易市场，大到什么程度？旺季每天有200辆康明斯车的牛羊活畜在那儿交易，年交易额近10亿元，而且整车整车地通过传统的交易方式，由经纪人，当地称“牙行”（我们现在所称的经纪人）介绍转运到中东部地区。临夏每年交易的牛羊活畜有300万头（只）左右，青藏高原的牛、羊集散到这儿，

① 中国人民政治协商会议甘肃省临夏回族自治州委员会文史资料委员会编撰：《临夏文史资料选辑》第6辑（内部资料），1999年版，第256页。

比临夏本地牛、羊的产量大两倍。

八坊河滩关皮毛集市

河滩关集贸中的一个旅社，名为永海旅社，它的上层为住人的旅馆，而下层则放置羊皮和堆放羊毛。像永海旅社一样主要用于经营皮毛的地方在临夏河滩关集贸市场有几十家。永海旅社让我看到了临夏历史上存在过的“番厂”和“歇家”的影子，不同的是，那时候“番厂”和“歇家”的客人可能更多的是附近的牧民，而现在居住在永海旅社的主要是临夏附近的东乡、广河、和政以及较远的平凉、张家川等地的穆斯林商人。他们在这里收集来自藏区（甘南、拉卜楞寺、青海等地）以及河西走廊（张掖、武威等地）的皮毛。

一位皮毛客谈道：“我们临夏是个中转站，一般河西走廊的皮子到了临夏，兰州的皮子也来到临夏，因为兰州没有大型的皮毛市场，这些皮毛在临夏集中后，再从临夏流向全国各地。”

人们说，“临夏是外来货物的储藏库”，临夏不是货物流的最后归宿地。在临夏大量从事藏区与内地商业贸易的回族商人，他们（大多是）实实在在的中间（中介）商。这种状况现在是如此，历史上也是如此。以边地藏区输出的第一大宗货物——羊毛的情况为例。清朝中晚期，临夏回族商人在藏区收购羊毛，带动起当地的羊毛购销交易的活跃，一批专营羊毛的回族中间商应运而生。清末开始，驻天津的英、美、德等国洋行相继派买办（经纪人）来临夏设庄收购羊毛并组织外运，更刺激了当地的羊毛商贸的发展。当时，主要的回族羊毛中间商有“同兴店”“昌新店”“天兴魁”等商号。至民国9年（1920年），外国洋行被迫撤回，当地的回族羊毛中间商便自购自运。这一时期，适逢羊毛价格持续上涨，临夏出现了更多的回族羊毛中间商，如“复兴隆号”“王盛会号”“隆顺祥号”“步云祥号”“福顺祥号”，等等，这些商号各自拥有资本十几万或几十万，其中“同兴店”商号经理成为百万富翁。在拉卜楞地区，据载“营此业者回商占十之八”。基本上垄断了当地的羊毛贸易。当时，回族羊毛中间商从拉卜楞大量收购羊毛以后，通常先用牲畜驮运到黄河边，然后把羊毛装入牛皮袋内，联成大皮筏子，雇用当地的专业筏子客，从黄河上游兰州经水运运到内蒙古包头，再由火车运到天津出口。在整个羊毛购销外运过程中，回族羊毛中间商人占据主宰地位。这些商号经营羊毛的生意，一直到1937年（民国26年）日本侵略中国，天津等地港口沦陷后，趋于停顿。在生意兴隆的十几年中，这些商号都得到了很大的发展，获利甚巨。其中，“步云祥号”经理马子升，成为“百万富翁”，他曾购置临夏城西郊土地约200石，修建大花园；八坊祁寺修建时，他捐助银币1万元；1933—1936年之间，他带着妻儿侍女及阿訇去麦加朝觐两次。[①]

二、袖筒里的买卖

在临夏的集市贸易中，商贩交易中的谈价格一般会用捏手方式

① 中国人民政治协商会议甘肃省临夏回族自治州委员会文史资料委员会编撰:《临夏文史资料选辑》第2辑(内部资料),1999年版,第21页。

进行，俗话也叫“袖筒里的买卖”。所谓捏手议价，即买卖双方各出一手相握（类似现在的握手），上遮小皮子或衣襟，以捏手指表示千、百、十、个等数，这种手势还价表示的具体数字是：伸拇指表示一；伸无名指与小指表示二；伸小指、无名指与中指表示三；伸小指、无名指、中指与食指表示四；五指全伸表示五；伸小指与拇指表示六；拇指、食指与中指捏在一起表示七；伸拇指与食指表示八；伸出食指作钩状表示九；出一拳表示十。例如讨价还价时，买者首先在袖口内伸出五指，接着再伸出拇指与食指，表示要价五十八元。旁观者，只能听到双方口中“这数、这数”的声音，却听不到讨价还价的具体价格。这种议价方式看似烦琐，实际却有它的科学性和好处。其一是不影响其他人的经营，其二也防止了生意快谈妥之际，第三者突然插入，影响买方或卖方的利益。

“袖筒里的买卖”

如下图所示，在兔子皮的交易过程中，两位交易人就商品的价格进行“捏手”，为了秘密，其中一人就随手拿一张皮子盖在正在捏的手上，只见兔子皮下，两只手捏来捏去，当一方捏出价格时，另一方摇起了头，说明价格没有谈拢，接着摇头的一方再给一个价，如果同意双方欣然一笑，买卖成了，如果不同意，那就很自然结束双方的打价。这一幕外人看起来显得很神秘的过程，在交易人来说很顺畅，彼此心领神会。

兔子皮下的“捏手”

三、集市中的牙行

八坊集贸市场中还有一种小的商业中介人——“牙客”（经纪人），牙客们主要为外地来的牛马贩子或者皮毛商人充当中间人，这些牙客熟悉商业情形，他们的职能是周旋买卖双方，使交易得到成功。

由于发达的集市贸易，临夏的牙行存在较早，而且牙行生意也兴隆。这从文献中记载的“牙税”（是向牙行征收的税）中可以看出：“清康熙四十四年，河州年收牙税33.62两。道光三年至咸丰三年（1823—1853），有牙帖（牙行所领凭证称为‘牙帖’。持帖经营的牙人不许跨市集、跨品种经营）33张，每张课税不一，年收牙税48.15两。民国3年，《甘肃省牙帖章程》实行，导河县（现临夏）牙帖捐银，分长短期两种，长期20年，捐银80元；短期一年，捐银6元，另有牙帖年税分上、中、下三种，上等12元，中等8元，下等4元。时城关牲畜交易行4人，民国14年有牙行19人。”①

过去充当牙行的人，衣袖一长一短，以便买卖双方讨价还价时，不让外人知道。牙人活动在集市中，随时观察着市场的动向。在牲畜交易集市，当他发现有人牵着牲口入市后，便主动迎上来，问道：“乡亲，你来啦。你今天拉的牲口想卖个啥价呢？我给你帮忙，找个合适的（买）主。”卖主同意后，牙人便仔细相牲口。他们都有相牲口的丰富经验，掌握不少相牛相马的谚语。例如：“牛五岁生六牙，六岁生边牙，七摇八不动，九岁如钉钉，十岁裂开缝，十二岁后牙提升。”“耳朵插花，不聋便瞎”（牲口耳朵前后错开摇摆，耳朵和眼睛有毛病），“两眼暴红筋，不咬便抵人”，等等。牙人当着卖主的面，指出牲口的缺点，要求降低售价，此后，他们用“捏手”的方式讨价还价。牙人接着找到买主后，赞扬牲口的优点，又用“捏手”来商议价钱。成交时，卖主给经纪人一笔佣金。

（选自《走进八坊——文化边界中的回族民俗文化》，民族出版社2017年版）

① 临夏地方志编撰委员会：《临夏市志》，甘肃人民出版社1995年版，第357页。

临夏八坊的坐商和行商

一、坐商（大买卖）等买卖

“凡是有固定的摊位和店铺，并有规定的营业时间和专营商品的，均称坐商。”[1] 临夏是个小城镇，所以在八坊的范围内云集着各色店铺，有百货店、米粮店、小吃店、药店、民族用品店，等等。目前在八坊区域内，最能代表八坊商贸特色的就属北大街商贸一条街了。在这条200多米的街道上阿文壁挂毯、仿古地毯、礼拜毯、仿古彩陶、保安腰刀，藏族的珊瑚、玛瑙、项链、唐卡，东乡的刺绣、临夏葫芦艺术品、各民族服饰，等等，应有尽有。这是一条集穆斯林商贸文化及其他民族文化精华于一体的商业街，它也体现了

---

① 钟敬文:《民俗学概论》,上海文艺出版社1998年版,第66页。

八坊人不仅是临夏四周城乡各民族商品的流通者，更是汉藏贸易的中介者。如下图就是八坊的北大街一侧。

八坊北大街上的商铺

八坊有句俗语称“大买卖要等哩、尕买卖要吼哩”，而北大街的坐商们就是在等生意上门。下图是北大街典型的坐商的店面和坐商们，下图中的八坊商人有的攒头闲聊，有的聚众下棋，这些经营着民族用品、贵重古玩的坐商门前一般顾客稀少，店面门庭显得比较冷清，但一旦上门的顾客基本上是“实”（真心实意）买主，而且每一笔交易资金都不菲。所以，北大街的这些“大买卖人”是坐着等生意的人。

八坊北大街上的坐商

在八坊，回族商人在谈价钱时，曾普遍使用某种商业隐语。这些约定俗成的交易语言，为他们交流信息、保守秘密带来了很大的方便。有些隐语至今仍在使用。例如，将“一元”读作“要块”，“两元”读作“兰块”，以下依次为：三元——斜块，四元——茶块，五元——外块，六元——闹块，七元——草块，八元—— 考块，九元——玩块，十元—— 要七；十一元读作“要要”，一百——要百，一千——要千，一万——要万；美元——头发，黄金——灾害，银圆——坨子。对于这些隐语的语源，已经没有人能说清楚。根据调查，河州方言里并没有这些词汇，而且这些词汇也不是来自藏语。这种隐语主要使用在有外人的场合。

一位北大街的坐商谈到这种隐语的历史时说：“这个话（么）早了，原来在八坊人的卖菜水（蔬菜）的人中用得多，后来公家的政策紧得很，买卖不叫做，我们八坊人不做买卖是没吃头（没吃的），我们就偷偷地做，这个时候这种话用的多。阿早（现在）政策开放了，科技也发达了，尕娃们（孩子们）电脑一压时，价格就出来了，不想让人家（别人）知道时，发个短信就成了。阿早，这种话慢慢地不用了。”

八坊的坐商商铺清朝以来，都喜取字号，来扩大影响，发展经贸。商号都有匾额，一般为地方文化人所书写，但现在留存的极少，多数商号已湮灭无存了。以下所列的一些在八坊存在过的商号名称，是根据文献或口碑整理①，从中也可窥出历史上河州的商贸繁荣景象：

医药堂：安泰堂（1877 年由马巴一在八坊西巷开办）、福生堂

① 赵忠：《河湟随笔》，甘肃民族出版社 1997 年版，第 43—50 页。

(清光绪末年由回族陈思开设)、育生堂（1921 年由回族古世忠在八坊奶子桥开业)、永善堂（1929 年由回族穆永善在北大街开业)、中和堂（1931 年由回族古世贤在南关开业)、德记堂（1939 年由回族马舜五在南门瓮城开业)、大夏药房（民国时期在八坊石桥巷口开业)，等等。

工业商号：义信马、义顺昌、福信马，专营铜器业；俊发楼、彦发楼等均为银器业；福泰昌为铁器业商号（1894 年回族工匠回玉昌和肖某在八坊南关谢家巷兴办)；临夏民生火柴厂（由回族马辅臣于 1946 年创办)。

羊毛商号："复兴隆号""王盛会号""隆顺祥号""步云祥号""福顺祥号""同兴店""昌新店""天兴魁"，等等。

洋行商号：洋行主要经营羊毛和土畜产品。主要有新太兴洋行、高林洋行、聚利洋行等。

专营藏区生意的字号：同心马（经理牟来福)、同兴盛（经理马福林)、义信马（经理马五子)、世兴锡（经理马乐天)、德兴元(经理马云清)、公兴元（经理马仁轩)、天顺祥（经理马蛮巴)。

现代商号匾："民族商场"，在临夏市南门广场，其匾额为行书，书者佚名；"友谊商场"，其匾额由郭凤祥书。

目前八坊的坐商经营网络已经从本地延伸到省内外的许多地区。北京、天津、上海、广东、云南、四川、青海、西藏都有八坊人进行商贸活动。在这些地方，临夏的个体坐商少则几百人，多则上千人。陕某就是活跃在西藏拉萨的一位八坊坐商，他谈道：

"我在拉萨主要做地毯生意，有一个铺面，主要经营藏毯（藏毯比中原人用的毯子毛粗一些，花纹也不一样)、挂毯（花纹主要是布达拉宫)。我们卖的毯子的加工厂主要在山东、甘肃平凉地区、定西会宁和临夏本地的一些藏毯加工厂。我在1998年开始在西藏做藏毯生意，刚开始和一个联手（合伙人）一起做，联手也是八坊人，做了四五年以后，经营不好，两人分开，然后各开各的店了。之后，我又在拉萨的八角街开通个澡堂子，生意也不错，自从青藏线开通以后，我的生意就更好了，交通方便了，游客多了，我的生意也就好了。”

二、行商

“行商是一种流动性的交易方式，可以说是集市贸易的补充和发展。行商可以分成两大类：一类是资金雄厚，长途跋涉，进行大宗交易的商队，如历史上往来于大西北丝绸之路上的骆驼队等；另一类则是小本经营，挑担背筐，走乡串巷的货郎小贩。”[①] 在八坊，这两种形式的行商都有。

（一）“浪迹天涯”的行商——八坊的脚户

随着丝绸之路的畅通，唐蕃大道的开辟，还有河州曾是茶马贸易所在地之一，再加上河州人善经营的特点，河州到明代已经成了周边皮毛、茶叶的集散地，清代更是贸易繁盛。《河州采访事迹》（即《（宣统）河州续志》）一书说：清代河州一带“商则汉民贸易不出乡关，回民负贩远及新疆、川、陕”。过去河州的行商，是建立在中国小农经济基础之上的贩运式商业。其贩运形式，以陆上运输为主，以水上运输为辅。陆上，多采用骆驼、马、骡、驴来驮运或马车、牛车、人力车等拉运，还有担挑、肩扛的；水上，主要采用水船或牛皮筏子或羊皮筏子运输。而陆上以赶牲口当“脚户”，搞长

① 钟敬文:《民俗学概论》,上海文艺出版社1998年版,第65页。

短途贩运是河州存在过的最主要行商形式之一。

“脚户”是对马、骡、驴大牲畜驮运商品的人的称呼。河州的脚户主要分布在八坊的西边郊区的西川一带。在河州脚户中，掌柜的通常都是拥有一些资本的商人，其驮队运输的货物大多是自购、自运、自销。一般的脚户因自己的运畜少、资本少甚或没有资本，多充当运脚，帮掌柜的驮运货物，赚取工钱或运费。另有一些掌柜的专门召集同乡的零星驮骡，组成临时的驮队，为各大商号驮运货物。所以，“脚户们出门，一般随机组成驮队集体远行。一来相互沟通信息，保证共同盈利；二来相互有个照应，确保安全；三来相互鼓励，排解旅途寂寞之苦”。[①] 河州回族脚户驮队营运的货物，最初是食盐、粮食、糖、茶叶、油、棉花、丝绸、土布、药材、牛羊及兽皮、农具和生活必需品等，其中又以盐、糖、粮、茶、油、布匹、药材、皮毛和农具为主。从脚户运输的距离而言，他们远可达西宁、兰州、成都、汉中、三原、武都、拉卜楞等地；近则往返于县乡之间。河州的一首花儿——《脚户令》，其内容是：“霸地草要吃白砂糖，哥吆骡子去洛阳。霸地草要吃落花生，哥吆骡子走山东。霸地草要吃自贡盐，哥吆骡子下四川。霸地草要吃乌龟肉，哥吆骡子奔福州。霸地草要喝新疆葡萄酒，哥吆骡子闯西口。”从上面的这首花儿中，我们可以了解到脚户所运的货物和所去的地域。学者严梦春对河州的脚户这种行商的运输习俗进行了详细的调查：

“河州驮队的组织结构由掌柜的、揽头和脚户这样三种成分组成。‘掌柜的’是驮队中每个驮帮的统领，也是每帮骡子（有时也包括马、驴等运畜）的所有者。他们集运输与贸易于一身，也被称

---

① 严梦春:《甘肃河州脚户运输习俗的调查与研究》,《甘肃民族研究》2004 年第 1 期。

为行商。一个驮队往往是临时搭帮而成的，其中每个驮帮都有自己的'掌柜的'。'掌柜的'负责货物交易时的定价，还负责处理旅途中的各种突发事件。'揽头'是从各驮帮的脚户中推举出来的赶骡能手，往往有较深的资历，机智、勇敢，深孚众望。其具体职责是率领头帮骡子行进，同时还负责指挥整个驮队。'脚户'（这里所说的是狭义上的脚户）是驮队中的普通劳力，在驮队中主要负责骡子的喂养、使用和照看，还要处理途中发生的各种意外情况……"

在每个驮帮中，领头的骡子被称为头骡，头骡通常都很强壮，胆子也大，而且熟悉所走的路途。一般骡队还分戴 6 个或 8 个二铃，便于骡队在夜间行走时循声前进，不致迷路。脚骡的鞍子叫"大鞍"或"驮鞍"。与"骑鞍"完全不同，它是按所驮物品的载重量及需要而设置的。鞍子外壳用优质木料制成，从骡脊两侧呈弧形下垂至两腹侧。里面的鞯（jiān），是用棉花或毡片垫成，厚约两寸，赖以减少对骡背的磨压。捆载货物的是一种特制的木质架子。架顶如Ⅱ型，它的两端各安两条弧形的架腿，形状与驮鞍吻合，以免摆动。所驮货物捆在架子两侧，叫作驮子。在驮帮中专门供人骑的脚骡叫"单骑"，使用骑鞍。一般掌柜的使用"单骑"，掌柜的"单骑"脖子上一般挂有 99 个小铜铃，这种铜铃铛又称"吵子"，这些铜铃既不能挂 100 个，也不能挂 98 个，只能是 99 个。这是因为"掌柜的"相信"三三得九，必定有"，于是 99 就成为一个吉祥的数字，给"掌柜的"带去一路的吉祥与富有；驮帮中还有种架窝子。有钱人或老弱病残多雇坐"架窝子"，或叫"骡轿""驮轿"。它是脚户用两根椽子连在一起，中间用树枝搭一窝棚制作而成。[①]

---

① 严梦春:《关于河州脚户的调查研究》,《民族研究》2004 年第 2 期。

河州脚户的语言中有许多的忌讳。例如：水煮沸了，河州人习惯说“水滚了”，但脚户忌讳“滚”这个字，因为在脚户到四川、青海等地的运输中，必须通过一些极其险峻的路段（如栈道），在这些地方人畜“滚”到深渊也是常有的事。所以，脚户们一般把忌讳的“滚”字就说成“喃”了。

河州脚户的渊源可以追溯到贯穿东西的丝绸之路上的骆驼商队。自古以来，骆驼是阿拉伯国家、伊朗、中亚地区和我国西北民族民间共同使用的交通工具和劳动生产的主要畜力，也是丝绸之路上的运载工具。

八坊本地回族学者周梦诗先生谈道：

河州穆斯林中，流传着许多有关骆驼的传说和故事，如《骆驼寺》《骆驼拱北》等，还有许多谚语、花儿、宴席曲和在重大的穆斯林节日中崇尚宰骆驼的风俗，这些都和河州先民的来源和丝绸之路上的骆驼帮有关。河州谚语说：“骆驼客，一年四季不回来”，“斡脱（官办穆斯林商队）人，养骆驼，只做买卖不干活”。过去，河州就有许多骆驼帮来做买卖，有的居住，有的是走过站，各民族的人都有。交通路线有四条，一条向西，往西宁去，经后子河、大通（青海）、门源，翻过祁连山去张掖，上口外；一条路向北，经永靖、民和、永登上了河西；一条路向南，经临洮、陇西、天水、两当去汉中（中原）；一条向东，经广河、辛店、中铺去兰州，走宁夏。骆驼帮在河州居住的地方叫“科妥”（也叫斡脱），就八坊边上的西川而言，不足20公里的大夏河畔，就有四个“科妥”村庄。据老人说：“解放前，大夏河畔草木繁盛，‘科妥’庄子靠河湾，骆驼有吃头。河滩里有黑酸刺、野山楂、野探春、野麦果等骆驼爱吃的灌木树叶和果实，河岸上还有骆驼爱吃的白咸土。到了清末，战乱太多，口外的买卖做不成，有的骆驼客就走了，有的骆驼客帮就变成了骡马帮，跑松潘（四川）、跑汉中、跑宁夏、跑青海。”

河州骆驼文化不仅在民间传说、故事、谚语和花儿、宴席曲中留下了足迹，在八坊人实实在在的物质生活中也留下了蛛丝马迹。笔者在八坊调查时，在八坊人的收藏品中看到一个足有半人高的硕大骆铃，它的存在也是八坊骆驼帮兴盛过的明证。

现在，八坊存在过的久远的骆驼文化只留在文艺作品和语言传承之中，在近代兴盛的河州脚户贸易，也由于社会的发展，交通的便利，已经淡出了八坊人的贸易形式，如今，八坊的马贩、驮队少了，取而代之的是以回族为主的众多穆斯林群众组成的庞大贩运队伍，他们根据市场需要，还成立了需要有关货物运输的信息部，货物的需求方和货物的供应方还有提供运输的贩运方的信息都汇集在一起，省时省力地利用先进的运输工具，如承载 10 吨乃至 20 吨的大量汽车，甚至火车做长途贩运，调剂余缺，搞活市场。他们将内地产的丝绸、瓷器、服装、食品糕点及饮料等，运往甘、青、川、藏等地销售，有的把广大牧区的皮毛、药材等畜产品和林产品收购到手，运到临夏，转而供应东部市场。

八坊还有一批专门做贵重商品，如水獭皮、珊瑚、玛瑙等物品的行商。他们一般从东部采购贵重商品汇集到八坊，然后又从八坊把这些贵重商品流向各个方向的藏区。马某就是这样一位八坊行商，他是这样谈他的生意：

“我原来是临夏州一个企业单位的工人，我的丈人是做皮子生意的，丈人给我说：‘当工人没有前途，贩皮子挣钱快’，我就听了丈人的话，90 年代初就辞了职，开始做买卖。我主要是贩水獭皮、狐狸皮等一些动物的皮子，我一般到北京畜产品进出口公司、河北皮毛有限公司等地方取货，这些公司的皮毛来源是香港皮毛拍卖会，是正规渠道。我取上货后，就把货发到临夏，临夏是集中点，但临夏不是一个销售市场，我最后把这些货物发到西藏、青海和四川等藏区。

“我进货时间一般是一周左右，到北京一般坐火车，急了就坐飞机。我们回民到外面做生意也不方便，尤其是吃的吃不上，我们到下边（北京、河北等地）也有一些固定的住处，但吃饭不方便，没有多少清真饭馆，就凑合着吃。

“我的皮子到临夏后，我就发往藏区。我的货走四条线路。一条是西藏（拉萨、日喀则、昌都、黑河等）；一条是四川（甘孜、松潘、阿坝、若尔盖等）；一条是青海（西宁、格尔木、塔尔寺、玉树等）；一条是甘南、玛曲、郎木寺线。我的货物主要是藏民用，藏袍边上主要用水獭、狐狸皮甚至用豹皮绲边来做装饰。在藏区我也没有设固定的铺面，只有些生意上的联手（朋友或者伙伴），还有一些藏民，我把货卖给他们，他们再在藏区零销，我主要是搞批发。

“我的生意在2005年以前都非常好，2005年9月后皮子生意不好了，主要原因是达赖在国外讲了一些有关野生动物保护的话，这些话在藏区传开后，藏民不要水獭皮、狐狸皮等动物皮子装饰他们的衣服了，我的一半水獭皮按半价卖给了藏民，还有许多皮子都压哈了。这件事情对我的生意影响很大，水獭皮生意在八坊里再吃不开了，我也没有办法，闲着也闲不住，我就在本地倒些房子。过些日子，我要到下面（东部）看一下珊瑚、玛瑙生意，藏民不用水獭皮了，但珊瑚、玛瑙还是爱用。”

最后，马某很幽默地形容和描述了八坊人和八坊人的生意：“我们八坊人‘孽障’（可怜）者，为了个人（自己）的一些尕肚子着，像蜜蜂一样到处飞，飞到的地方，尕爪爪啦拉一些着来，拉的东西不多，最后，个人挣死着哩!”

（二）“黄河上的鷂子”——八坊的“筏子客”

八坊的筏子客，有的在大夏河撑木筏运木头，有的在洮河运粮食百货，而更多的八坊筏子客随着流动的河流，漂出了河州，据我国著名新闻工作者范长江1936年沿黄河赴宁夏途中所见：“皮筏由120个牛皮袋组成，筏上共水手六人，分掌前后各三桨，水手名‘把式’，中有一首领，名为‘拿事’，操纵皮筏的苦力，十之八九为甘肃河州之回民，亦有西宁方面者，一筏可载运羊毛、水烟等货物多达数万斤。”[①] 至于走河州长途航运的筏子客所运载的东西就多了，兰州的水烟，甘南的羊毛皮革，靖远的滩二羔子皮，景泰的沙毛裘，宁夏的枸杞，河套的粮食，各地的土产百货，当然也载客。据《青海省人文地理志》记载：民国时期：“黄河南诸藏族之一部分羊毛，为甘肃洮州、河州商人经营，载诸皮筏由黄河运至包头，再由平绥铁路运至平津出售，此外，环海诸族，黄河北诸藏族及柴达木诸蒙族之大部分羊毛，皆由本省湟源、鲁沙尔、大通、循化、贵德之商人经营，每年以羊毛一千余万斤，亦以皮筏由黄河运至包头，再转铁路至平、津销售。”

过去河州筏运主要有木筏、牛皮筏、羊皮筏三种，“用来长途载货的牛皮筏子很阔大，最大的筏子需要用120个优质牛皮胎来组联，其载重量可高达300吨”。[②] 牛皮筏依载货不同，又有粮筏、毛筏之别。单个羊皮筏在河州称为“排子”，多个排子联结才为筏。木筏：

---

① 范长江:《中国的西北角》,新华出版社1980年版,第168页。

② 王君:《河州脚户哥筏子客》,《丝绸之路》2003年第12期。

大夏河古称漓水，水小流急多浅滩，盛水期有小木排自夏河西来。也有将筏拆散漂流的，过刘家峡之小川等地收集再结筏起运。黄河木筏较大，主运松木，兼杂木，每筏 100 至 300 根不等。先将松木一排排并拢，用数根较匀称的架子木作横骨架，将每排捆扎牢靠。有的则在大头凿眼，串将起来。成捆或成排，排与排依次叠加，始成大筏，长木顺筏作梁，四角套桨，成一整体。粮筏：黄河粮筏自青海循化经炳灵峡到莲花，再过刘家峡到大川、小川一带。只要有粜粮之处，驮运集中之地，就有粮筏起运。一般每 24 个牛皮胎为 1 筏，每个皮胎装约 500 市斤，每筏装仓石粮 40 石，约合 12000 市斤。为适应筏运和市场需要，河州人在兰州西关一带开设有“八大粮店”专事粮食经销，有的兼搞筏运。羊毛筏：黄河筏运羊毛，自清末民初发展起来。天津等地外商洋行直接深入甘肃、青海，廉价垄断收购羊毛，只交少许费用，不纳税，即可得到运照。有的在河州设庄，利用当地买办商人代购，或军商官商勾结，垄断皮毛购销。羊毛筏每筏约 40 个牛皮胎，每胎内装羊毛百把斤，其余打捆压在筏子上面，称为“浮排”。每筏载 15000 至 18000 市斤，大筏可装 5 万市斤。羊毛几乎全部运往包头，再由火车转运天津。羊皮筏：黄河、大夏河两岸，羊皮筏子随处可见，成为两岸群众走亲访友、短途运输的重要交通工具。羊皮筏全用山羊皮胎，最少 6 个，也有 8 个、10 个的，多至 12 或 13 个，可搭载 4—6 人。羊皮筏子有“亮床子”和“排子”之分。“亮床子”是用扁平方木数根凿孔，然后加楔子构成纵横交错的长方形床子，床子四角各系羊皮胎一只，起浮力和边帮的作用。这种筏子可载货，可乘客。航行时，由坐在正中前墙的水手用木桨划水送渡，因其小巧方便，多用来两岸送渡或供短途人货之需。“羊皮排子”其实就是扩大组联了的亮床子，大的羊皮排子可载重500多公斤，可乘客6—8人。牛皮筏及羊皮筏的扎编大同小异。均以柔韧性较好的柳椽做骨架。牛皮筏及木筏上的木桨形似关云长的大刀。

八坊人乃至河州人的经商和运输的行商活动，一方面获得了可观的收入，为解决自身温饱创造了条件；另一方面也沟通了农牧区之间及其与外界的联系，促进和带动了整个区域的经济和社会发展。而且河州人的行商活动也产生和发展了西北的艺术奇葩——“河州花儿”。“脚户哥”和“筏子客”们出门离家、走南闯北——在高山峡谷间长途跋涉，在波峰浪尖上日夜颠簸，在戈壁荒野里风餐露宿，更深地体会了人生的艰辛，感受了常人所无法感受到的寂寞和悲凉，于是便在生命的体验中情不自禁地呼喊——漫起了花儿。在“河州花儿”中，除了“河州令”“尕马令”“大眼睛令”“仓啷啷令”等，“脚户令”也是独树一帜的曲谱（民间称为“令儿”），“河州花儿”中许多都反映了出门人的行商生活和情感。例如：

东方发白（者）天大亮，十八个骡子走泾阳；

太阳上来（者）放光芒，吆骡子的脚户哥喜洋洋。

青铜锣锅白帐房，荒草滩儿里下上；

家里的扯心（哈）常思想，阿哥们在千里的路上。

骆驼客队的细黄茶，松蕃客驮的是大茶；

白马驮的白布多，尕驴上驮的纸多。

这些花儿，既反映了出门行商的阵势、路线、时间、地点，也反映了贩运、经商的内容和方式等。而表现“筏子客”生活和情感的花儿有：

站在毛筏上扳桨哩，

羊毛（哈）往包头送哩。

远路上有我的扯心哩，

谁人（哈）打听者问哩。

不管是河州古代的“骆驼帮”，近代的“脚户哥”和“筏子客”，还是现代的汽车、火车等现代交通工具的集体或个体运输贩运的行商，他们特殊的历史渊源和所处的地理位置，促生了八坊人乃至河州人的这种中原物资和西部物产特别是藏区物产之间的流通中介。这种中介作用正如费孝通在三次考察临夏后所写的《临夏行》[①]中谈道：“我认为必须有人把提高牧民生活所需要的用品送上高原去换取牧业产品。……但不应忘记藏族牧民是居住在三千米上下的高原和交通十分不便这一事实。商品自己不会走动，要有人去运输，还要有人去出售。这支流通队伍在哪里呢？藏族牧民还很少有商品意识，汉人又大多不习惯上高原去活动。我曾为此发愁。这次访问临夏，却见到了这支队伍事实上已经形成，而且正在活动，这支队伍主要就是……历史上形成的，生活在陇西走廊里的回族。”而八坊人是费孝通所指的“陇西走廊里的回族”中最重要的部分。

（三）行商中的尕买卖

除了走南闯北地做行商外，那些在八坊小本经营，提篮挑担、走街串巷或摆地摊、小摊来出卖自己制作的产品或叫卖各种各样的农副产品的小贩也是一种类型的行商，而且，八坊作为一个城镇社区，有些人就依靠这种小经营而生存，而更多的八坊人也依靠这种方式的经营来方便自己的生活。八坊谚语：“大买卖要守哩，尕买卖要吼哩”的后一句其实表达出了，小生意需要“市声”来招揽生意。

“卖什么吆喝什么”，也是八坊人口头上的俗语。它既有货真价

① 费孝通：《费孝通民族研究文集新编》，中央民族大学出版社2006年版，第190页。

实、表里如一的意思，也反映了八坊人小本经营者丰富多彩的叫卖声。八坊内部街巷纵横交错，而且基本上每家每户都是封闭的院落，而在“迷魂阵”似的八坊街巷内穿梭游走的小商贩，正是依靠这些叫卖声和敲击器皿声的市声把“深闺”中的人们吸引出来，而八坊人尤其是那些“大门不出，二门不迈”的八坊妇女们更是通过各色市声便捷地采购了所需商品。

在八坊这种走街串巷叫卖的行业很多，经常有的像酿皮子（河州小吃）、甜麦子、凉粉等各种小吃和各色时令水果、蔬菜，有些则是隔三岔五出现在街巷，如磨刀的、卖花的、剃头的、收骨头的等。他们各自的叫卖声和敲击器皿声的市声是各不相同的，要是不仔细听，人们也听不清楚商贩们的市声意思，但每个商贩的市声都是特别的，所以，大部分八坊人只是听市声的不同的音调，就可判断具体的出售商品。八坊传统小吃桶子肉就是一个典型的街巷叫卖食品，关于它的来源和相关传说也说明了八坊这种街巷小买卖的兴盛。

传说在清光绪年间，有个姓马的八坊人，在河州城外南关的一个偏僻的深巷经营羊肉，专靠肉香、量足吸引顾客，但生意很不景气，于是，他便做了一个能够背的木桶，选羊前胸一块，把后背从第五根肋条处卸成两块，前后腿里面各卸两块，加少量水，先用旺火煮，后改小火加调料煨制，直至酥烂，装入桶内，背于八坊的大街小巷进行叫卖，逐渐名气大增，受到了大家的欢迎，马某的生意也红火起来了。而这种小吃流传至今，成为河州著名小吃——“桶子肉”。之所以被称为“桶子肉”，是因为旧时小贩把这种手抓羊肉趁热装在桶里，挑上担子，走巷串户地叫卖，故被人称为“桶子肉”。

还有一个马麒[1]吃桶子肉的传说，可说明市声对顾客心理的影响。

传说解放前曾任青海省政府主席的马麒，有一次在家乡河州八坊的一位朋友家做客，正在院落中赏花品茶之际，忽然听到街巷中的“桶——子——肉”的叫卖声，马麒在深宅大院中品尝过无数的山珍海味，而叫卖于平民街巷的桶子肉还是第一次听说，主人看到马麒主席对桶子肉颇感兴趣，于是，就把卖桶子肉的人叫进来，当面切了二斤上等的好肉。只见那精选的羊肉，肥而不腻，醇香无比，马麒大加赞赏，主人也大喜过望，重赏了卖桶子肉的。自此，河州的小吃桶子肉给马麒留下了很深的印象。

马麒回到自己的家乡（八坊西边的乩［bié］藏），想起了在八坊吃到的桶子肉，就叫厨师去做，结果厨师怎么去烹制，马麒都不满意，底下人没办法，就直接去河州八坊的卖桶子肉的那家去购买，结果马麒也感到不满意。有一天，马麒在花园散步，底下人灵机一动，叫来卖肉的把肉装到桶子里，在主席的大院外叫卖“桶——子——肉”，马麒听到这声叫卖声，喜出望外，立即吩咐下面的人把卖肉的叫进来，也要了二斤上等好肉，果然和在八坊品尝到的一样醇香，这才使他心满意足。从这个传说也说明了吆喝声的魅力和对

---

① 中国回族穆斯林将领。字阁臣，甘肃省临夏人。幼习武，稍长随父从军，初任哨官，1900年父死后接统其部，驻防巴燕戎格厅（今青海省化隆回族自治县）。1912年拥护共和政体，受任西宁镇总兵兼青海蒙番宣慰使，1913年受封为“锐扬将军”。1914年率部进驻今玉树、果洛、黄南等地区，为尔后青海建省创造了条件。1919年青海建省后，初任建设厅厅长，嗣任省政府主席，在兴办回民教育与振兴实业方面做了一些实事。他还关心宗教事业，捐资修葺清真寺和发展经堂教育。1918年，伊赫瓦尼教派的马万福（果园阿訇）被新疆哈密王沙莫胡索特告发于都督兼省长杨增新，杨将马捕押于哈密，后应甘肃督军张广建之请拟押送兰州，马麒趁其途经河西平番时予以营救，接至西宁，尊为经师，支持其传播伊赫瓦尼派。陕西伊赫瓦尼派掌教马静山、社董马图生被陕西督军郭坚囚禁，马麒电请释放，并说明“伊赫瓦尼并非邪教”，遂使伊赫瓦尼教派在陕西、甘肃、青海3省传播开来。（喇秉德整理）

顾客的影响。

除了吆喝，河州商贩还有许多用器物声响来传达买卖的信息。例如，一些大铃铛晃晃荡荡在八坊街巷走过，人们就知道是收破烂的来了。现在许多的商贩也利用起了现代的录音和放音设备，小贩们再不用扯着嗓子叫喊，从录音喇叭中传出“酿皮子、甜麦子”等叫卖声，八坊人们就闻声而出了。

三、八坊特色手工业——皮匠业

“皮毛加工业在临夏历史较悠久，清末民初，就有加工经营者，民国十三四年，三户铺店开业，主要以加工羊皮袄为主，兼搞土法制革，加工车马挽具、皮绳。至民国 35 年（1946 年），皮货制革业八九户，工匠 30 余人。以牛、马、驴、骡皮为原料，年加工皮件 8000 件左右。至民国 38 年（1949 年），皮革业增至 57 户，从业者 600 余人，约有资金 21 万余元（硬币）。”[①] 1950 年 10 月解放军驻临部队后勤部办起临夏皮革厂，生产军用皮件和马挽具，1956 年停办。1957 年有皮革合作社一处，1963 年停办。1980 年办起八坊皮革厂，生产牛革面，次年因产品质量不合格而停产。1984 年和 1985 年两年，皮革加工的个体户开始大量出现。[②] 这些文字是历史史料对临夏皮革加工业方面的大轮廓描述。皮革加工业是临夏八坊传统的手工业，八坊的皮革业不仅做以牛、马、驴、骡皮为原料的马挽具、皮绳，更多的皮匠以羊羔皮为原料，制作皮袄，特别是藏袄和皮褥子，所以，在以回族为聚居区的八坊的繁华街道上出售大批的藏袍成为

---

① 石光弼：《解放前临夏的手工业和工业》，中国人民政治协商会议临夏回族自治州委员会编：《临夏文史资料选辑》第七辑。

② 临夏地方志编纂委员会：《临夏市志》，甘肃人民出版社 1995 年版。

八坊的一个街景和商业特色。

临夏八坊出售的藏服

皮革手工业在八坊的历史发展我们可以从以下的访谈内容中窥得一二。访谈者：陕某，回族，50余岁，八坊大西关人。他谈道：

我们的家族过去是陕西人，陕西有个陕家巷，听老人们说，晤（那）是我们陕家人的老根子。老汉们说：晤（拉长音，表示离现在较远的时候）会一个河州的镇台到陕西转了一呱，我们的祖上是羔皮匠，用羔皮做皮袄，镇台见到我们的先人说："我们河州的皮子多得很，你们就迁到河州去。"就这样，我们先人（两个兄弟）请到了河州，兄弟两个来了以后，也把家小（家眷）带着来了。

到我们的阿爷一辈，一直做皮货，我的阿爷一夏做皮货，到每年的7—8月就把做好的藏袄驮到拉卜楞（现甘南藏族自治州夏河县），一个冬天卖完皮袄，第二年又把生皮子驮着家里来，做当年的皮袄或者皮褥子。

到了我的阿大（父亲）的生活，公家皮子活不让做，晤会公家要是抓住我们皮匠做皮货，一个羔皮的爪子就要罚四块钱，晤个（那个）时候我们做皮货的工具有哩，手艺也有哩，就是谁也不敢做。我们皮匠是靠手艺生活的，皮货不给做，我们工作又没有，生活逼上后，我的阿大（父亲）拉架子车拉着家务，我也拉了20年的架子车，晤会拉货的卡车、拖拉机少得很，我们就用架子车到处拉货送货着过生活。

改革开放后，公家政策放开了，我的阿大（父亲）又做开皮货了，主要还是做藏袄，我们皮匠主要做藏袍的里子，做皮货，藏袍的面子裁缝做着哩。我的阿大做的时候，一年要做哈六七百件藏衣哩。

我是 1982 年先跟上阿大着做皮货，后来我们在小西关（皮货商店的集中地）开了个铺子，铺子主要是销售和批发。阿早（现在）我们除了做藏袍外，还做皮褥子，这些货主要发往藏区（西藏的那曲、黑河、日喀则）、成都等地方。

问：（附近的甘南、夏河发没发？）夏河近着都没发，夏河的人都个人（自己）做着哩。我们家除了自己做（阿大和弟兄三个人），生意最好的时候请了五六个人手做。

阿早（现在）我带上我的儿子们做皮货，我的大儿子在家里带上雇哈的匠人做，我和二儿子在小西关的铺子里一边做活，一边搞批发，我们个人家里做好的皮货发往西藏、青海的玉树、四川的阿坝，这些地方的藏民来的也有，我们临夏人去这些地方的也有，我们临夏人是野麦，啥嗒些（什么地方）去时有哩。

人家说："东有温州，西有河州。"这个话不假，就拿我们皮匠行来说，从青海、甘南收来的皮子，往南方拉，到了临夏得站一下，下（卸）哈些皮子再走，有的拉皮子的人专门到临夏下皮子。阿早（现在）做皮货的人在临夏越来越多了，听说去年临夏皮匠就有 1300 户。我做了这么长时间的皮货来看，1982 年到 1990 年这段时间里皮货生意最好。那个时候皮匠也少，这个行当好了以后，学的人也多了，徒弟们也多了，刚开始是独行，阿早插手的人多得很。

唔个时候好做是原料便宜。唔会最好的羔皮才 1.5 元，质量差些的羔皮才几毛钱，阿早好羔皮 40 多元，瓤（质量差）的也在 20 元左右，最瓤的才七八元，这些最瓤的羔皮只能用在藏袍的袖子上。唔个时候我们的皮货销路好也是买卖好做的原因。唔个时候卖主找上门着来着哩，藏袍要卖哈 110 到 120 元，还是现钱，阿早藏袍 400 多元，本钱大，利钱薄，不好做了。唔个（那个）时候劳力也便宜。原来手工铲皮子，一张皮子是 3 到 5 分钱，阿早铲一张羔皮要 2 到 3 毛钱，一般尕娃们一天要铲哈 120 到 130 张羔皮。阿早（现在）有些人专门买铲皮子的机器。我每年要铲四五次皮子，每次铲 1400 到 1500 张羔皮，我也没有买铲皮子的机器，我要铲的时候，雇上机器，机器一天要铲四五百张羔皮，机器铲时每张羔皮要 2 角。

做皮货是个恼倒（麻烦）的活，也脏得很，味道也大，阿早我们的买卖也不成了，我的儿子们说："阿大，我们开馆子走。"我说："我们阿一个（谁）在馆子行里站过，阿一个是面匠、炒匠？做什么都要雇匠人，匠人把我们呸治（整治）的话，个人（自己）还不知道。"算了吧，还是吃老本行吧。

（问：成型的皮货出来的工序是怎样的?）他先简单谈道：我每天早上到皮子市场收皮子，每天收五六十张，甚至上百张羔皮，积累到一千四五百张，叫上人手，拿上洗衣粉到大河滩（临夏的大夏河）中洗，洗好的皮子拉回家，配好硝水，放到木桶中泡，第二天拉出来，开始铲，这次铲我们行当叫"湿铲"，主要是将皮子上的肉屑铲干净。然后在皮子上打上苞谷面，放在大锅上热，这样要热十次，我们行当把这个过程叫"盘"，热的时候到了，又放上水，开始铲，这次铲叫"面铲"，铲完后，把皮子奔开，这样成皮就出来了。成皮出来后，还要裁皮子，一个藏袍是拿 7 到 8 张羔皮拼出来的，匠人裁了皮子后，还要把小块的皮子撩（缝）起来，（皮货生意好的时候，八坊里困难家里的媳妇、尕呢哈们各个撩［缝］皮子着挣些零花的钱着哩）才加工成皮袄和皮褥子。

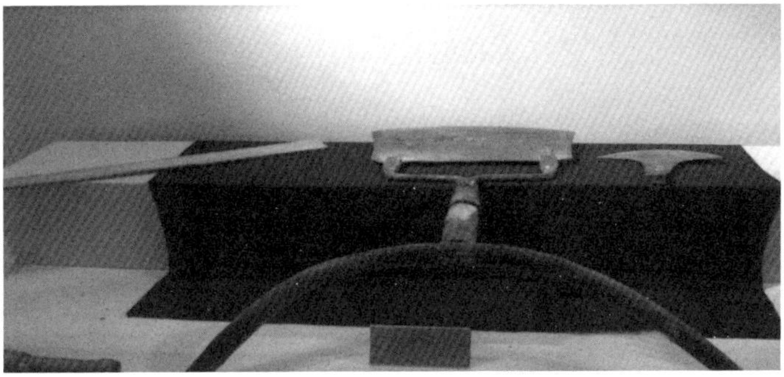

传统加工皮货工具

为什么皮革加工业在八坊会成为一种主要的民间手工艺，这还得从临夏所处的地理环境和回族传统的商业贸易传承说起。

临夏地区有着连陇右、接河湟、通洮岷、达金城的特殊地理位置，历史上曾以“河湟雄镇”著称，是西北有名的商品集散地。而且临夏历史上就是陆路丝绸之路南道之要冲，丝绸之路的南线由长安沿渭河过陇关、上邽（今天水）、狄道（今临洮）、河州（今临夏），由永靖渡黄河，穿西宁，越大斗拔谷（今扁都口）至张掖。临夏也是唐蕃古道之重镇。古老的“茶马古道”的青藏路线中的“唐蕃古道”，从秦州（甘肃天水）、渭州（甘肃陇西）、临州（今临洮）、河州（临夏），到鄯州（今青海乐都），再从青海连接西藏。所以，临夏历来是茶马互市的重镇。

据史料记载，河州的正规贸易始于汉代张骞通西域，以后历经唐、五代、宋、金各代，经久不衰。13 世纪初，成吉思汗出兵中亚，将俘获的工匠编入“金军”，还有大量的回回军、商人和平民，随军到达中国各地，河州城为集中地之一。这些回族先民，在从事农业生产的同时，利用临夏特殊的地理位置及良好的经商环境，又多兼营牧业及手工业和商业。作为善于经商的民族之一——回族组成部分的临夏回族，其经商优势从元代奠定了基础。明初，政府在河州等地设立了管理民间农牧贸易的行政机构“茶马司”，主要负责中原地区与藏区的茶马贸易。临夏回族在茶马互市中，积极参与茶马交易等项商业活动，使茶马互市成为他们发挥传统经商优势，从事商业贸易的主要依托和发展商业经济的一个有利条件。正如著名社会学家费孝通先生指出的：“明代挑选建立的内陆商埠的河州正是元初以来已形成的回族聚居区。即使撇开这个地方由于回族经营了近百年在事实上已成为农牧贸易的中心不说，也可以设想河州经济地理上的地位原来就具有十分适合于回族发展的条件，建立‘茶马司’之后更便于他们进行商品流通活动，因而巩固了这个民族聚居区。”①

清中叶以后，在临夏回族商业得到发展的同时，中部的山西、陕西、河南、湖北等省客商，也陆续来临夏经商。他们设立字号，成立庄口，当地商人称其为“客货家”“字号家”或“山陕商”。这些外地客商的许多新产品和舶来品，出现在临夏市场。这种形势，一方面促进了市场的繁荣，刺激了临夏的回族商业，使原先经营杂货的回族商人也开始兼营新产品；另一方面，外地客商的大量出现，对不少本钱小、信息闭塞的本地商人形成了严峻的挑战。在这种不利的情况下，一部分回族商人，开始将经商的目标转向气候严寒、外地客商很少涉足的甘南及青海藏族地区。他们根据藏族的生活习俗和需要，将青稞（藏民做炒面的主要原料）、松州大茶、布匹、装

① 费孝通：《费孝通民族研究文集新编（下卷）》，中央民族大学出版社 2006 年版，第 189 页。

饰品及宗教用品等，用牲口驮运到拉卜楞（今甘南藏族自治州夏河县），赶“丛拉”（集市），向藏民销售商品。同时，从藏民手中收购羊毛、皮张等土特产品，贩销给临夏及东部地区的商人。就这样，临夏回族商人凭着机动灵活、吃苦耐劳的精神，寻到了新的经商基地，自发地开始了与藏区的贸易。

皮货商是临夏回族商业中与羊毛商并驾齐驱的另一支商业队伍。皮货商业初期由于交通不便，收购及加工数量较少，只在本地及兰州、川北部分地区销售。进入民国以来，河州皮货的产销量才有了较大幅度的增长。临夏的皮货商业是和皮货加工联系在一起的，即先由皮货商分头去甘肃甘南、青海海南藏区及河西武威、永昌等地收购羊皮。一般以收购羔皮为主，也收少量的老羊皮和野牲皮，运到临夏后出售给皮货作坊老板，皮匠经过浸泡、发酵、清洗、裁剪、缝纫等工序，制作成各式男女皮袍，而后再由皮货商运到各地销售。

关于临夏皮毛商的兴盛，甘肃省文史馆馆长张思温先生在《河州经济琐谈》一文中指出：“民国初年，外商洋行收购皮毛，刺激了河州市场。于是回族资本家和军阀官僚资本大多开始皮毛的贩运销售，直走天津，回程即贩运百货。市场情况为之一变，皮毛商资本跃居河州商业的第一位。……当时八坊（今临夏市南关）货物云集，超过兰州，号称‘小北京’。”所以，临夏地区特殊的地理位置、河州人善于经商的秉性和皮毛业在临夏的兴旺造就了皮匠业在此地的产生和发展。

（选自《走进八坊——文化边界中的回族民俗文化》，民族出版社 2017 年版）

“花儿”与“花儿会”

“花儿”是流传于甘肃、青海、宁夏和新疆4省区的多民族民歌，因歌词中将青年女子比喻为“花儿”而得名。现有回、汉、藏、东乡、保安、撒拉、土、裕固、蒙古等9个民族歌唱。虽然有些民族有他们本民族的语言，但基础是以河州（今临夏）方言为基础的汉语来演唱“花儿”，因此，“花儿”是以临夏为中心的西北多民族共创共享的民歌。作为“花儿”起源地和传唱区，2004年，临夏州被中国民间文艺家协会授予“中国花儿之乡”称号，同时将州内的康乐县、和政县分别命名为“中国花儿保护基地”“中国花儿传承基地”，积石山保安族东乡族撒拉族自治县、永靖县被联合国教科文组织确定为“民歌考察采录地”。2006年，“临夏花儿”被批准列入中华人民共和国首批非物质文化遗产名录。2009年“甘肃花儿”被评为世界“非遗”项目，甘肃省拥有了第一个世界级“非遗”

项目。

一、“花儿”的“兴”“比”“赋”的构思方式

临夏在过去称为河州，所以，河州“花儿”就是临夏“花儿”。“花儿”的歌词，都是一首首短小的抒情诗。这种抒情诗的基本样式是每首由四句话（前两句和后两句）两部分组成。就整个河州“花儿”的实际看，绝大多数“花儿”的这两个基本单位在作品中所处的地位不是等同的，后者表达主旨，起主导作用，是主体；前者对主旨进行配合，处于从属地位，是从体。“兴”是兴起或开头的意思，常指“先言他物以引起所咏之词”的表现手法。对河州“花儿”来说，指的是用从体的景物把主体情感带出来，使它们共同组成一首具有艺术形象的“花儿”作品。如：“兰州的城里兵变了，四城门上了个锁了；我维的尕妹心变了，大眼睛认不得我了。”

这首“花儿”的主体对其主旨表现得十分明白，热恋的歌者遇到了情变，这一变故对他震动极大，简直把他打进了茫然不知所措的境地。对这种精神状态的表达，歌者没有采用一般常用的用景用物衬托的方式，而是选用了一件同类的变故，这种具有动态的事件往往要用静止的景物更能产生好的烘托效果。

“比”是比喻的意思，比喻也就是打比方。对临夏“花儿”来说，“比”就是要求从体的景物同主体的情感中有相比的因素，并以此把它们组织在一个艺术整体之中。例如：“尕妹是冰糖阿哥是茶，茶离了冰糖是不甜；尕妹是河水阿哥是鱼，鱼离了河水是不成。”

“花儿”中还有“赋”的表达方法。赋式的艺术构思，就是要尽力弥合兴式和比式“花儿”的主、从体之间的界限，使之成为一

个完整的生活图景，即四句“花儿”组成一幅画面，通过画面去表达思想感情。如：“三扇托笼蒸馍馍，案板上缩莲花哩；听见阿哥门前过，心急者拔肝花哩。”

全诗四句是一幅统一的画面，写歌者正做饭时听见意中人经过的激动心情。作品的表情达意主要靠主体部分实现，从体部分只起点明环境的作用。

“花儿”对“比”“兴”“赋”的运用，是歌者形象思维的结晶。歌手们所以能运用得那么巧妙，比喻得那么贴切，这不单纯是技巧问题，很重要的是歌手在生活中积累了大量的生动形象和生活素材，有感而发，脱口成歌。所以说，临夏悠久的历史和人们丰富的生活是“花儿”源源不断的创作源泉。

二、“花儿”的曲令

用“花儿王”朱仲禄的话来讲，曲令就是“花儿”的曲调。“花儿”的“令”绝大多数是属于河州“花儿”的，属于洮岷“花儿”的不多。河州“花儿”的“令”总共有多少，说法不一，有人说目前掌握的有 80 多种，有人则说 100 多种，还有人甚至说多达几百种。“花儿”是一种民歌，由于即兴性强，用方言歌唱，音乐形态不规范、不稳定。同一个曲令，流传的地域不同、传唱的民族不同，往往会有很大差别，甚至同一地区、同一民族不同歌手唱同一种曲令，也会各自带上自己的特点。

“花儿”的曲令极为丰富多彩，其命名形式也是五花八门。据学者周梦诗的研究，主要有如下 9 种：

（1）以地名命名，如“河州令”“西宁令”“马营令”“东峡令”“莲花山令”等；

（2）以代名词命名，如“尕阿姐令”“尕肉儿令”“黄花姐令”等；

（3）以人物形象特征命名，“大身材令”“大眼睛令”“乖嘴儿令”等；

（4）以衬词命名，如“呛啷啷令”“绕三绕令”“六六儿令”“哎哟哟令”等；

（5）以民族命名，如“撒拉令”“东乡令”“保安令”等；

（6）以花命名，如“金点花令”“水红花令”“白牡丹令”“山丹花令”等；

（7）以动物命名，如“尕马儿令”“喜鹊儿令”等；

（8）以曲调特点命名，如“三起三落令”“扎刀令”“直令”“哭令”“大转弯令”等；

（9）以劳动生产的内容和事物命名，如“麻青稞令”“梁梁上浪来令”“看一趟哥哥来令”等。

河州“花儿”的曲令还可以分为“长令”和“短令”两种类型。属于“长令”的有“河州大令”“水红花令”“尕马儿令”等，其特点是拖腔长，演唱速度慢。“短令”的特点是拖腔短，演唱速度较快，曲令有“金点花令”“河州三令”“白牡丹令”等。

三、“花儿”歌手

“花儿”是山歌的一种，又以情歌为主，以前只能在山坡野洼里唱，至多也只限在花儿会上演唱。歌者一般都是自编自唱。赶路、拾柴、锄草、淘金的人们是自己唱给自己听，仅仅是为了抒发个人的某种情思，而不是为了唱给别人听。有时也有对唱的，但人数不是很多，三五一群，你一首我一首，多是一人唱完完整的一首，大家随之呼应“咳—欧”之类的尾音。“花儿”歌手的演唱是自由放任的。他们的演唱场合往往是山间野外，演唱对象是自己的群体内部人，一般不会给歌手形成心理压力；其次，他们的演唱大多没有乐队伴奏，这就给了他们自由发挥的余地。在演唱中，句与句之间，段与段之间往往有较大的间歇，节奏、节拍也没有严格的限制，尽可以任兴而发。歌手的演唱方法具有开放性，一般歌手均能够根据自己的声音条件选择最佳的演唱方案。他们的声音也没有经过什么声乐大师的指导，天然生成，不加雕饰。由于是天然的和不加修饰的，因而他们的声音风格也是多样的，但是，这并不等于他们没有美好声音的概念，只是人们对此往往采取宽容的态度，宽容可以造就一切。

花儿歌手未必懂得什么“比”“兴”“赋”，但他们都可以自由地编词。物质的极端匮乏使他们满目苍凉，感触万端。他们的精神像一只在广阔天地自由飞翔的鸟儿，没有对物质的奢望，自由纵飞就是一切，发之为声，则如天河下倾，无阻无碍。如：

一溜溜山来两溜溜山，三溜溜山，脚户哥下了四川；

一日里牵来两日里牵，三日里牵，把好人牵成了病汉。

人的心灵也由一片荒地被牵成了万木葱茏的森林。

又如：

大燕麦出穗者索罗罗吊，穗穗里钻出个水了；

小阿哥说话者水活活笑，心儿里吃上个你了。

天然之情以天然之语道来，也以天然之音唱来，一如天籁。

新中国成立后，“花儿”开始步入舞台银幕，许多的文艺作品都采用了“花儿”的音乐和演唱形式。1953 年全国第一届民间音乐舞蹈会演中，朱仲禄（原籍临夏县北塬）、王绍明（临夏人）等人在北京中南海怀仁堂为党和国家领导人用“河州令”等曲令演唱了河州“花儿”。这是“花儿”在全国性的舞台上第一次大放异彩，受到了欢迎。改革开放以来，不断涌现了不少“花儿”歌手，他们使“花儿”走向了全国、走向了世界。与此同时，“花儿”也从山坡野洼漫走来，进入了影剧院，进入了广播电视，进入了群众的生活中间。

四、花儿会

“花儿会”通常是在一些川区和河滩里举行的演唱活动。演唱会场的传统称谓是“唱山”或“山场”，把参加“花儿会”叫“浪山场”。山场里的宗教活动和演唱“花儿”的活动多是同时进行的。“花儿会”之名，是50年代朱仲禄先生提出的，意思是聚集到一起唱“花儿”。

临夏“花儿会”一般都是在中国农历的五六月间，因为这一时节正好是丰收前的轻松时节，并且是气候最舒适的时间。“花儿会”从开始到结束，一般为期一到几天不等，参加者的人数也是从几千人到几万人不等。“花儿会”传统上是大规模地演唱“花儿”和青年男女互相交流情感的一种民间集会活动，以男女对唱的形式为主，即兴而唱，借物抒情，以歌示爱，以歌会友，形成了独特的场域。

临夏作为“花儿”的发源地，改革开放后“花儿会”也蓬勃发展。临夏地区主要“花儿会”有：

和政县松鸣岩“花儿会”

松鸣岩“花儿会”俗称四月八（实指四月二十八）“花儿会”，它的会址在甘肃省康乐县、和政县和卓尼县交界的松鸣岩山岗上。

据和政县县志记载，它原叫龙华大会，其活动内容有敬神、唱戏及漫“花儿”等。从农历四月二十六至四月二十九历时四天，而四月二十八则是整个“花儿会”的高潮。每逢会期，康乐县、临洮县、广河县、和政县、东乡县、卓尼县、临夏县等七县的汉、回、藏、东乡等各族群众数万人会集于松鸣岩。松鸣岩“花儿会”有独唱、齐唱、对唱等演唱形式，内容有历史故事、风土人情及情歌等。演唱的“花儿”不仅有丰富的唱词，也有曲目繁多的令调，包括临夏“花儿”的大部分令调，如河州大令、河州二令、水红花令等，尤以白牡丹令、二牡丹令更为盛行。清人黄陶庵编纂的《导河县志》，引用了张建的《游松鸣岩》一诗，诗曰：“我亦龙华游胜会，牡丹听罢独徘徊。”可见松鸣岩“花儿会”历史悠久，影响深远。

永靖县炳灵寺“花儿会”

炳灵寺在永靖县西七十华里，即刘家峡水库的上游，这里古称小积石山，石窟就开凿在大寺沟、洞沟、双木沟、水帘洞等内的峭壁上，在南北四华里的地段内，都有洞窟开凿。

五月端阳时节，地处永靖县、临夏县、东乡县、皋兰县及青海省民和县等两省数县的数万人，络绎不绝地来炳灵寺的药水泉，就在美丽的山水之间漫起了“花儿”，逐渐形成了一个小型“花儿会”。80年代后，五月端阳喝泉水的群众集会，就变成了一个规模宏大的“花儿会”。

炳灵寺“花儿会”的演唱形式与松鸣岩“花儿会”基本雷同，演唱的曲目主要是河州北乡“花儿”和撒拉“花儿”，其中主要是河州大令之二、河州三令之四、姑舅令、水红花令、撒拉令等，其演唱特点是缓慢、平稳、婉转、悠扬、高亢、舒展，充分发挥了临夏“花儿”旋律。

莲花山“花儿会”

莲花山“花儿会”是临夏地区参加人数最多的“花儿会”。从每年的农历初一至初六。历时六天，初一、初二两天的主要活动是上山烧香敬佛，在上下山的路上有零星的对唱和齐唱，这也算是“花儿会”的序幕。初三、初四两天，各路歌手聚会在莲花山北麓的足古川，正式设摊赛歌，初四下午就开始向杨家河畔的王家沟门转移，初五在王家沟门，初六又到紫松山对歌告别，“花儿会”宣告结束。

莲花山“花儿会”流行的曲目较少（主要是唱莲花山令），但唱词极为丰富。它的主要特点是，要求对歌者（主要是串把式）要即兴编出歌词与对方竞赛。这种赛歌实际上是赛词，而其他河州“花儿会”中，不仅赛词还要赛曲，获胜者往往是以精湛的唱词和动听多变的令调让竞争者服输，从音乐角度来讲，莲花山“花儿会”的曲调显得有点单调，这是因为，河州“花儿”的曲目令调要比洮岷“花儿”丰富得多的缘故。

早先的“花儿会”是以对歌为主的群众性活动，很少涉及经济。随着“花儿会”有规模和定期举行，加上参加人员逐渐增多，衣食住行都需要解决。再加上“花儿会”多在山花烂漫、天气炎热的农历六月举行，有些物品不便贮存，这就使做生意的人有了市场可寻。商业性活动的参与，使“花儿会”在一定程度上扩大了影响，推动了群众参加“花儿会”的积极性。

（选自《临夏回族史话》，甘肃文化出版社 2015 年版）

辑四

田野散记

这一辑是作者走出书斋，深入民间，对社会以及所研究的对象进行深入细致的调查研究并感性地表达自己所感所思的一些文化散记，这一辑共有两个系列：藏地之旅和白马人文化探寻散记，这一系列藏区日记来源于《历代中央政府治藏方略研究》课题的田野调研，在历时两年多的研究过程中，作者多次深入西藏和甘肃、四川、青海、云南四省藏区，广泛开展调查、研究，收集、整理第一手材料，在进行历史梳理研究，理论结合实际的基础上，最终形成了《历代中央政府治藏方略研究》专著（2013 年 7 月民族出版社出版发行）。理论之果已经结出，感性之花也要绽放，作者就藏地之行的所见、所闻、所思、所想，辑出系列小文。

白马藏族，亦称白马人、白马族，是居住在甘肃省陇南市文县和四川省绵阳市平武县、阿坝藏族羌族自治州九寨沟县交界的岷山东端摩天岭中的一个族群，人口 2 万多（2015 年）。在 5 · 12 地震之后，作者开始并长期关注白马人，围绕着白马人民俗文化进行了相关系列研究。《白马人文化探寻散记》总共有 4 篇散记，是作者在甘肃陇南文县铁楼乡进行调研时候的文化感受和文化思考。

草地之殇

2011 年 7 月 24 日下午，课题组一行进入了甘肃甘南藏族自治州玛曲县，在玛曲县外，当地负责同志给大家敬献了“哈达”。我们被安顿完毕，就需要补充点能量了。我和扎扎老师（课题组成员，甘肃藏学研究所副所长、研究员，藏学专家）被安排到玛曲“临夏清真饭馆”就餐，餐馆生意很好，顾客基本上是藏族，他们的餐桌上有肉，也有各种蔬菜，传统上像玛曲这样的牧区饮食比较简单，除了牛羊肉以及奶制品，就是糌粑了。人类学家、藏学家李安宅先生解放前深入藏区，曾在他的著作《藏族宗教之实地研究》中写道：“蔬菜一般在藏族地区见不到，普通藏族人见到汉人吃莴苣菜很奇怪，以为那是只有牛才吃的。”时至今日，藏族群众的饮食品种不断丰富，饮食结构也不断变迁。陪同我们的当地藏族司机说，现在藏族妇女在家也能炒土豆丝了，还使用电磁炉。随着社会的发展，藏区和内地之间的物资交流也便捷了，内地流行什么，在藏区马上也能普及起来。

玛曲的天气真是善变，刚才还是艳阳高照，现在却下起了急雨，还夹杂着小冰雹。藏族司机才智看到在冰雹雨中奔跑的一位穿短裙的藏族少女，大发感慨：“就那么热吗？穿上裙子！现在我们藏族姑娘们也时髦得很，就是下雪，也要穿上裙子！”我说：这是代沟，年轻人喜欢新事物。

不一会儿雨过天晴，我们课题组也会合了。高原的每一时刻都很宝贵，我们要利用这个下午尽可能去了解玛曲。

玛曲县位于甘南藏族自治州西南部，地处青、甘、川三省交界。玛曲，藏语意为“孔雀河”，即黄河之意，因河水青翠如孔雀羽毛而得其名，是全国唯一以中华民族母亲河——黄河命名的县。黄河从巴颜喀拉山发源，一路浩浩荡荡东下，在青藏高原东部边缘的玛曲县境内形成了一个433公里的“九曲黄河第一弯”，把美丽的玛曲拥容在这独特的第一湾里，构成了草原上秀丽风景线——黄河首曲。这里的人都骄傲地说：天下黄河都是由西向东流，唯独在玛曲是由东向西流。九曲黄河由青海入境，在这里弯了一个巨大的“U”字形弯后，带着由玛曲补充的大量水资源，又回到了青海境内。

在短暂的时间里领略黄河首曲整体风姿是不可能了，我们径直奔向了县郊的“黄河第一桥”。黄河第一桥，位于县城4000米处，建成于1979年，全长280米，桥面宽7.5米，是黄河上游建成的第一座大桥。首曲第一桥有两大美妙绝伦的景观，一是“拱桥托日”，清晨日出时，立于大桥西侧，见东方一轮红日冉冉升起，当升到拱面时，恰似拱桥托起了红日，颇为壮观；二是“长河落日”，黄昏时分，在黄河桥边远望长河之水，夕阳渐渐西沉，恰似落入长河之中。

我们有幸在长河落日时刻来到了“黄河第一桥”旁，桥旁立着汉藏文标示的“天下黄河第一弯”巨石，我们不约而同地在标志巨石旁留影。

夕阳西下，高原余晖仍然灿烂，此地没有熙熙攘攘的游客，此时没有复杂紧迫的心情，我们静静地享受着这一刻！

太阳还没有完全西沉，我们被当地向导领向黄河流向草原的腹地。从各种渠道早就听说玛曲出现草场沙化，尤其是黄河沿岸更是严重！但到底什么样，大家心里都没底。当我们兴冲冲地奔向草地腹地时，面对眼前的一片大沙丘，大家还是惊呆了……刚才还是绿油油的草原，却一下子变成了满眼的黄沙，一垄垄的沙丘沿着黄河，延伸到远方，让人战栗！

沙化的黄河源头

玛曲是九曲黄河之首曲，素有天下黄河“蓄水池”之称，是黄河水量的主要补充地，黄河在玛曲县境内流程达 433 公里，流域面积 10190 平方公里，同时，玛曲是世界著名的若尔盖湿地的重要组成部分，是丹顶鹤等国家特有珍稀禽类和野生动物重要的栖息地。

但随着近年来生态环境的不断恶化，玛曲每年增长的沙丘面积为3000多亩，黄河沿岸已出现220公里的沙化带，占全县境内黄河总长的50%。若任凭其恣意扩大，黄河首曲在不远的将来会变成高寒荒漠，其结果将使流淌了数千年的母亲河失去往日的风姿！

我们走向玛曲县途中，在草地上也依稀见到了一些斑点状分布的沙漠化草地，但此地呈现在我们眼前的是连片的沙丘！原来被草地覆盖的黄河边沿地带，现在如同敦煌月牙泉一样镶嵌在沙丘堆中，脚踩上去就会下陷，稀疏的牧草和沙生植物大多根茎裸露，几乎枯死。些许留存的植被艰难地扒住黄河岸边，但由于失去了后方植被的牵引，加之被黄河水长期侵蚀，掏空了植被下面的泥沙层，形成了大面积塌陷沙滩。这时候，恍然感觉自己不在海拔3000多米的青藏高原黄河首曲——玛曲，而在黄土高原腹地黄河中游地带的“沙坡头”！

玛曲草场沙化发展很快，导致了玛曲降水量下降，目前年降水量不足500毫米，同时，由于过度放牧，造成了草原退化。面对玛曲黄河流域生态环境的恶化，专家呼吁：“如不彻底治理黄河上游沙化问题，玛曲将成为第二个沙坡头！”而玛曲生态环境修复比黄河中下游要艰巨千百倍，黄河中下游虽然生态破坏严重，但只要有水，就可以“救活”，而黄河上游流域则不同，因为这儿海拔3500—4800米，一旦生态破坏到一定程度，再也无法治理了。如果今天的玛曲黄河源头成为明天的“沙坡头”，那就是草地之殇！黄河之殇！中华民族之殇！

旖旎郎木寺

郎木寺，是甘南藏族自治州碌曲县下辖的一个小镇，地处甘川二省边界。郎木寺不仅是一个古镇的名字，也是一座寺院的名字。郎木寺原名“达仓郎木”，藏语意为虎穴仙女，因该地有一石洞，洞中站立一尊婀娜如人形的钟乳石，其名由此而得。

“金盆养鱼”是对郎木寺古镇地理环境的形象概括。郎木寺四面群山环绕，林木茂密，金碧辉煌的寺院建筑群和错落有致的各色民居掩映在青松翠柏间。郎木寺四个方向的景色都不一样，一个方向以丹霞地貌为主，一个方向以石灰岩地貌为主，阳面是柏树，阴面是松树。柏树喜阳，松树喜阴，色彩也不一样。景色优美的郎木寺，有着“东方小瑞士”的美称。

郎木寺在国际上也是声名远扬。20 世纪 40 年代，一位美国传教士踏上了这块神奇的土地，一住就是十几年，直到 1957 年才离开。

他在这里完全融入当地人的生活之中，冬天，他穿上厚厚的藏袍，戴上狐皮帽，脚上穿着与当地人一样的皮靴子，然后骑上马去狩猎。他喜欢背着叉子和子弹袋，骑上高头大马在雪地里飞奔。夏天，他与牧民们一起畅饮青稞酒，跳锅庄，在开满各色野花的草原上打滚。似乎他的传教算不上成功，因为今天已经看不到除藏传佛教和伊斯兰教之外其他宗教的痕迹。他的传教，如奔腾的白龙江一样，在岁月的流转中去了远方，留下的只是一个过程——曾经在这里走过。

十几年的经历，对于人生不是一个短暂的时间。十几年与当地人的相处，让他感受到了一个有着久远历史的民族的生活。神奇的传说、秀美的山川以及豪放粗犷的民风，在他心中永远定格。他将耳闻目睹记之于笔下，最后，写成了一本英文书 *Tibetlife*（《藏民生活》），在美国出版后，便有更多的西方人知道了青藏高原东缘的群山、草原、寺院和藏民族。就像詹姆斯的那本《消失的地平线》引来了稻城热一样，郎木寺正因为 *Tibetlife* 的影响，汇聚了五湖四海的游客。

随后，又有很多摄影家、文学家和旅游者通过各种途径将古老小镇郎木寺一遍又一遍地介绍到世界各地，于是郎木寺成了西方旅行者到中国西部旅行采风的必去之地。

郎木寺院是我们一行必经之地，草草补充了点能量，就急不可待向郎木寺走去。作为游人身份，我们购买了一张 20 元的票，进入了郎木寺。我们的课题组成员——甘肃藏学所的扎扎老师，是藏学专家，关于郎木寺的概况在来的路上已经给我们普及了，藏传佛教博大精深，又是无比庞杂，一般人进入藏传佛教寺院也有一种刘姥姥进入大观园的感觉，与其泛泛地看寺院建筑和佛教雕塑，倒不如了解一下现实藏传佛教寺院中僧侣的生活。

爬到郎木寺寺院的半山腰，我们更清晰地看到了对面的石山松林和郎木寺镇全景，留一个影像吧！不管是考察调研还是旅游，人们免不了处处留景留影，行程匆匆结束，留下的影像则会成为重温回忆的美好线索！这不，时隔几年，打开图片，发现同一个影像分别被留在2007年和2011年仲夏镜头下，2008年甘、川交界处的郎木寺也受到了5·12大地震的影响，经过短短三四年的重建，山还是那座山，林还是那片林，沟还是那条沟，只是多了崭新的高层建筑！

2007 年的郎木寺

2011 年的郎木寺

闻名的郎木寺为藏传佛教寺院，创建于公元1748年，其创始人即第一任赤哇嘉参格桑，11岁受戒出家，27岁前往拉萨学法，投拜名师潜心学法，成为出类拔萃的大学者，年届55岁时，任西藏噶丹寺赤哇八年，声名远扬，倍受僧众崇敬。1747年，年届70岁的他应家乡人民再三请求，经第七世达赖喇嘛格桑嘉措的允准返回故里弘扬佛法，并于第二年创建了郎木寺院。

郎木寺经过历世活佛的创建、扩建，现有闻思学院、续部学院、时轮学院、医学院、印经院。寺院的佛塔主要有第五世活佛的肉身灵塔，有以数万两黄金、白银和松耳石、珍珠等制作的历世其他活佛的灵塔，以及70余座大小不一、制作各异的佛塔。郎木寺辖有10座属寺和两座静修院，前后有70任赤哇，1958年时僧人多达500余名，是安多地区闻名遐迩的大寺院之一。

对于一个历史悠久，文化积淀深厚的藏传佛教寺院，短短大半天的时间了解只能是走马观花。所以，我们的考察要另辟蹊径了。我们的考察是“参与式”的，见到许多藏族群众围着一个正方形房子转，我们在扎扎老师的带领下也加入了进去。在藏区几乎随处可见转经的人，因为人们认为转经就相当于念经，是忏悔往事、消灾避难、修积功德的最好方式。最常见的转经方式是转经筒，转经还有围绕神山、圣湖而转的，有围绕圣城、寺院而转的，有围绕佛塔、玛尼堆而转的……总之，转经的地方如同弥漫在藏区各个角落的宗教气氛一样，遍布城乡。其中被视为最高级的转经方式是围绕冈底斯山转经，因为，冈底斯山是藏传佛教信徒心中的圣山，他们认定，围绕冈底斯山转经一圈即可洗去一生的罪孽，转十圈即可洗去地狱之苦，转百圈即可成佛。因而围绕冈底斯山转经是他们心中最大的愿望。不管这个愿望能否实现，他们都会为此而努力，无论何时何地，他们都会怀着虔诚的心情，不停地走呀走，以转经的方式走过自己的人生。

郎木寺转经

寺院在群山的环抱中静静地伫立着，飘舞的经幡传导出浓浓的宗教气息，虔诚的信徒磕着等身长头来此转经，转动的经轮转去了今生的苦难，转来了来世的幸福。

我们继续前行，走进了郎木寺僧人的居住区域，在郎木寺寺院周围有很多僧舍，这里居住着很多修行的僧人，大多数是年轻的僧人。我们“贸然”进入了一个僧舍。这个僧舍住着两个喇嘛，老喇嘛出去了，家里只有两个小喇嘛（一个小喇嘛是串门来的）。房屋是木结构建筑，客厅中间有个火炉，有个满间炕，炕上摆放着炕桌和两张坐毯，炕桌上还放着个微波炉，用来做一些简单的饭。藏区群众的主食主要是酥油糌粑，现在随着社会的发展，物资的交流，藏区群众的生活方式也在逐步改变。现在的藏民“说藏话时嘴疼，穿藏衣时腰疼，吃糌粑时胃疼”，这个调侃的话以戏谑的方式说出了藏族群众生活方式的巨大变迁。

喇嘛从小离开家庭，作为男人，喇嘛的房子也许少了点整洁和温馨，但生活学习气息浓郁。墙上的书柜中摆放着喇嘛攻读的经典，房子里还有台电脑，用来辅助学习。郎木寺自己有经营收入，国家对僧人的生活也有补贴，所以，寺中的喇嘛生活条件和生活水平还不错！

和我们交谈的两个喇嘛一个十八九岁，一个只有十四五岁，大的相当于上高中，小的相当于上初中，屋子的主人是一个老喇嘛，和这个十四五岁的喇嘛是亲戚关系，老喇嘛是小喇嘛的舅舅。扎扎老师给我们讲，在藏传佛教寺院中，僧侣之间的传承也喜欢在亲戚中间进行，因为小喇嘛很小就来到寺院，要是有个认识的亲人，小喇嘛也就更容易适应寺院生活。而且还有个老喇嘛养老的问题，如果亲戚之间传承，亲上加情，小喇嘛就更加顺其自然地负责老喇嘛的养老了，所以，不管什么文化、什么社会，它都有适合自己文化传统的一套生活礼仪和规则。

直到现在我的脑海中还能浮现出那个小喇嘛腼腆和害羞的脸容，他从八九岁就进入郎木寺，家住 30 公里外的碌曲另一个乡，他说，刚来寺里的时候，虽然带他的喇嘛是他的舅舅，但是他还是想妈妈，有天他逃跑了，在路上拦了一部拖拉机回到了家，妈妈见他就哭了，但过了几天，还是把他送回来了。这样的逃跑进行了好多次，一两年后他才适应了寺院的生活，不跑了！他们是修行者，但无疑也是孩子，所有孩子的天性他们都有。他们很聪明，很机灵，很热爱生活，也很热爱藏传佛教，寺院生活是他们一切的一切，适应是唯一的办法。

郎木寺喇嘛们一天的生活紧张而充实。修习归来，或者面对我们这些贸然的闯入者，他们已经是习以为常了！好了，再见了，我们再不打搅你们了，玩耍吧，学习吧！

多元松潘

这次川藏行作为《历代中央政府治藏方略》课题的实地调研考察，我们本着尽可能多地走过多类型的藏地，在领略高原草地、平原山丘和河谷湿地的自然景观的千差万别之际，也考察藏民族千差万别的生产生态和生活方式，虽然是走马观花，但就是在这紧凑匆忙的过程中，我们也采撷到一朵朵的感性感悟和理性认识之花，而在这过程中松潘就是这样芬芳迷人的花朵。

课题组一行到达松潘已经是下午四五点钟了，寻找落脚之处是当务之急。松潘古城位于四川省阿坝藏族羌族自治州东北部，县城进安镇，海拔 2849.5 米，九寨黄龙机场距县城仅 17 公里。进入松潘县城，方圆十里的城门城墙高大古老，保存完好。经过一天的行程劳顿，我们大家思谋着找个条件好一点的宾馆休息，无奈县城毗邻九寨沟黄龙黄金旅游区，房价昂贵，只好作罢！也好，我们去找一家古城客栈，品味一下古城市民生活。我们如愿以偿，找了一家两层楼的客栈——兴州宾馆，居然是一家回族人开的，客栈的匾牌很有特点，第一行为阿拉伯文字，中间为汉文字，最下方为英文。这让我对松潘古城更感兴趣了！

松潘古城的回族可真多呀，古城一条街上两边都是传统木建筑，我们在这条街上很容易找了几家清真餐厅，已经到了四川界内了，该品尝一下传统的清真川味，果然有味，有有人喜欢有人厌的鱼腥草，有正宗麻婆豆腐，最主要是价廉物美。

早知道松潘回族很多，但没有想到这里的回族并不是客居，而是已经和当地汉族文化、藏族文化如此融洽！原来这里的聚居回族的历史还很久远。

自唐以来，松潘（古松州）由于地处关隘要塞，同时又是古丝绸之路上的“茶马互市”集散贸易地，吸引了不少阿拉伯、波斯（今伊朗）和我国陕甘等地的回族商人。特别是到了元朝，蒙古族西征，松潘成为其军事要冲之一。1271 年随元军征战的色目人、回纥人和其他穆斯林进入松潘等地，参加忽必烈统一中国的战斗，并遵从蒙军“上马则军备战、下马则民屯垦，就地联姻、履行宗教习俗、固守边防”的命令。战后，部分人留居松潘，成为“土生蕃客”。

明代建立了松潘卫，松潘军事重镇地位凸显，军屯人数大增。加之明洪武年间调集大量陕甘工匠、士兵修筑松潘城墙，其中有许多人是回族。

清同治十二年（1873 年），杜文秀领导的云南回民起义失败后，其家眷由部下马五和其子马正图护送进入茂县、松潘县境，随行回族一部分定居茂县。杜氏家族为逃避追杀，改姓朱，定居松潘归化关，马五后人定居松潘县城。

清嘉庆至光绪若干代至民国时期，青海、陕甘、云南以及四川内地回民因戍边、移民、逃避战乱、教派纷争，或经商，或传教移居松潘。从历史上看，元、明、清时，因为种种原因来松潘的陕甘等地回族商人、探马赤军中回族兵士、明清屯垦戍边回族移民，在成为该地居民后，他们都需要婚配，当时男女比例必然失调，只有向外谋求婚配对象，松潘回族族外婚随之产生，松潘回族得以发展，也因此有“回回爸爸、当地妈妈”之说。所以，观察当地的回族，操着一口的川腔，基本都是身材较为高大、浓眉大眼，具有穆斯林的形象特征，同时红扑扑的脸盘具有藏族的神韵，这种感觉只能意会不能言传，这也是千百年中各个民族共同生活在一块土地上，逐步走向多元一体，你中有我，我中有你的生存格局。

回到研究主题——汉藏关系！在走向松潘的路途上，草原一望无垠，就是现在几百里内都没有人烟，我常常思索，这块土地就是唐朝和吐蕃发生松州大战的地方吗？沧海桑田，物是人非！著名的松州之战就发生在这块区域，松州之战是唐蕃之间这种恶性对抗的产物。而另一方面，也正是松州之战，促成了唐蕃联姻，最终共同谱写了汉藏历史友谊。我们暂且回顾一下历史：

贞观十二年（638 年）八月，新兴的唐朝与吐蕃在松州（今四川松潘）地区发生了大规模武装冲突，史称松州之战。此战规模宏大，双方先后共投入约 30 万兵力，对唐与吐蕃的关系影响深远。

松州之战爆发前，唐和吐蕃有过四次政府间往来，其中第三次吐蕃派遣使者随唐使者冯德遐向唐王朝请婚，遭到唐太宗拒绝。这件事便成为松州之战的导火线。唐太宗之所以拒婚，从大的方面看，主要是由于对吐蕃的实力缺乏了解。唐、蕃本土此时尚未接壤，缺少联系和沟通，造成唐太宗对吐蕃难以有较为全面深入认识的客观原因。其次是唐朝廷对吐蕃及西南地区的忽视。吐蕃之前，西南地区一直处在分散状态，小国林立，没有形成强大的统一政权，不能构成中原王朝的主要威胁，因而长期以来也不是中原王朝的重点经略地区。对于新兴的吐蕃王朝，唐朝也不够重视。其时唐朝已击败强大的东突厥和吐谷浑，而在唐太宗眼中，吐蕃不过是一个西陲部落而已。唐太宗的拒婚，为唐蕃关系埋下了隐患。一方面，它是在对吐蕃不“知彼”的前提下作出的决定，带有很大的盲目性；另一方面，它忽视了此次拒婚对唐蕃关系的损害，特别是敏感的吐蕃新兴政权对此的感受，在吐蕃看来，唐廷答应突厥与吐谷浑的求婚却拒绝吐蕃的求婚，这无疑是对吐蕃的不尊重甚或是蔑视。在松州之战前夕，唐蕃有了第四次交往。吐蕃赞普“遣使贡金帛，云来迎公主。又谓其属曰：‘若大国不嫁公主与我，即当入寇’”。这种最后通牒式的威胁显然是实力强大且正处于上升期的唐廷难以接受的，至此唐蕃再无回旋余地，松州之战终于爆发。

贞观十二年（638 年），吐蕃大举向东用兵。此次出征，吐蕃首先攻略唐的盟友吐谷浑，接着攻破唐朝松州西面的党项及白兰诸羌，最后集众 20 余万，驻扎于松州西境，进攻松州。唐廷最初对此次吐蕃出征缺乏足够准备，具体表现是没有采取有效措施遏制吐蕃的扩张，战略缓冲空间丧失，因而不得不在极其不利的形势下被动应对吐蕃的挑战，这导致唐军首战失败。但随后唐廷沉着应对，调兵遣将支援前线，积极抵抗，并伺机发起反击，“先锋自松州夜袭其营，斩千余级”，这次夜袭虽不足以决定战争的胜负，但在一定程度上展示了唐朝强大的军事实力，改善了唐军处境，遏制了吐蕃的扩张势头，保护了唐本土的安全，并增加了唐对吐蕃和谈的筹码，因而有着重大意义。

之后唐蕃进入对峙阶段。相对于内线作战的唐军，战场胶着对外线作战的吐蕃军队带来的压力更大。首先，吐蕃攻松州城十余日不能下，又被唐军夜袭所败，兵锋已钝，士气已泄，短期取胜无望；其次是吐蕃的内部分歧和压力，吐蕃政权此时尚不稳固，内部凝聚力有待增强。更重要的是，对唐作战不利导致掠夺来的作为战利品的物资大量消耗，而又难以从唐地掠夺物资进行补充，这极大地影响到吐蕃的战斗力，加剧了内部分歧。正是在如此情况下，唐蕃开始由对抗走向和解。史载："弄赞大惧，引兵而退，遣使谢罪。因复请婚，太宗许之。弄赞乃遣其相禄东赞致礼，献金五千两，自余宝玩数百事。"

松州战后唐蕃联系更加密切。首先双方致力于停战和解，修复破损的关系，其后，双方通过联姻、通使进一步巩固唐蕃关系。松州之战是唐与吐蕃关系的另一个重要拐点，之后唐蕃关系逐渐走出战争的阴影，重归和平往来轨道。

回到现实，如今平静安详的高原古城，曾几何时，战马嘶鸣，不同势力陈兵万千，兵戈相见，而千百年轮回之后，不同的势力族群又共同存在于这个高原之城，形成了你中有我，我中有你的多元一体的中华民族共同体文化格局，这就是历史，这就是现实！

当第二天我们早起，由于匆匆离去，也由于我的粗心大意，把照相机充电设备留在了客栈，走出很远时才想起，由于不舍得对原装设备的信赖，就抱着试一下的念头，终于从114查号台找到了客栈的电话，说出了事情的原委，老板很爽快地答应给我邮寄来，当我考察回来时，充电设备已经提前到家了，老板还留言："欢迎再到松潘！"松潘小城给我留下了深刻的印象，不仅是它多元的文化，更是它的文化和人民的淳朴！我一定会再去松潘的。

一座嘉绒山寨的记忆

我们继续在四川阿坝藏族羌族自治州的崇山峻岭中穿梭，路边风景如画，不时我们就停下来，忙着采撷、定格那一幅幅现实图像。这里已经没有了藏区大草原的开阔与壮美，我们傍着山，沿着河在崎岖的山路中穿行，不时在我们的视野中出现一幢幢的白色石头碉堡，有的在山腰，有的在平坝，真有点世外桃源的感觉，我们已经进入了嘉绒藏区，也就是藏区中的农区。

关于嘉绒一词，在民间、在学术界曾经众说纷纭，莫衷一是，有的认为嘉绒藏族的族源是羌人，有的认为嘉绒藏族是靠近汉区的农人或者是靠东方河谷地带的汉人，还有的认为嘉绒藏族是隋唐时代称谓蜀（四川）“西山八国”之“嘉良夷”部落的后裔，等等。嘉绒藏族的先民是羌人，后来与吐蕃发生融合后才形成嘉绒藏族的观点在学术界占主流。

这些见解就让它留在学术探讨的层面吧，现在的嘉绒藏族是指居住在四川阿坝州内金川、小金、马尔康、理县、黑水和汶川部分地区，以及甘孜州雅安市、凉山州等地，讲嘉绒语，并以农业生产为主的藏族，藏区称这地区的藏民为“绒巴”（农区人）。嘉绒藏区处于四川的两大藏区阿坝藏族羌族自治州和甘孜藏族自治州之间，同时也位于两个藏语区安多方言和康方言的过渡地带。从地理单元上看，嘉绒藏区处于青藏高原东缘的横断山脉地区——河谷交错纵横，既有大峡谷也有海拔4000米以上的高山，还有冲积而成的台地与河谷平原。刚好在费孝通先生所说的“彝藏走廊”上。藏彝走廊自古就是西南民族北上、西北民族南下的重要通道，历史上众多民族通过该走廊迁徙和流动，是西北、西南各民族交汇的重要场所。特殊的地理位置和历史上的民族交融，使嘉绒藏族既具地缘上的边缘性特征，又有族源上的混融性特征，所以，历来学术界对嘉绒藏族的族源莫衷一是原因也在此。

我们此次考察服务的课题为《历代中央政府治藏方略研究》，而汉藏之间的关系梳理和考察也就成为此课题的主要内容和任务，从对“彝藏走廊”、羌族先民、嘉绒藏族等这些名词了解感到，汉藏民族之间的关系，如沈卫荣先生所指：汉、藏文化从来就不是两股道上跑的车，两个民族走的常常是同一条路。今天或许有人会对“汉藏同宗同源”的说法很不以为然，但美国最有成就的汉藏语言学家Christopher Beckwith（白桂思）先生近年曾发表鸿文指出，古汉语文献中“吐蕃”两个字原本的音读就是“发羌”，所以，人类学家王明珂先生将他研究羌族历史源流的名著题名为《羌在汉藏之间》确实是很有见地的，或许更确切的表达还应该是“羌在汉藏中间”。至少在今天的汉族和藏族人身上都还流着古代羌人的血液。历史以这样或者那样的形式给后世留下了可以觅踪的痕迹，四川的“彝藏走廊”或藏羌文化走廊就是对“羌在汉藏中间”的最大佐证，而嘉绒藏族也是不同民族之间涵化形成的一支独特的藏族支系。

从历史回到现实，回到我们穿行的画廊，需要停下脚步，真切感受嘉绒藏族！

马尔康城卓克基镇西索村

我们在叫西索村的地方暂且休停。西索村是典型的嘉绒藏族民居聚落，位于马尔康城东 8 公里处的卓克基镇，海拔 2700 米。西索民居保持了嘉绒先民“垒石为室”的传统建筑风格。房屋四周的墙体均用片石砌成，墙体厚达 1 米，石墙如刀切豆腐般整齐，棱角锐利。西索村依山傍水，鳞次栉比、错落有致，远目望去犹如一座壁垒森严的古堡。西索村这些线条分明，棱角突出的石头建筑，与绿莹莹的山峰、陡峭的崖石等自然环境浑然天成，鲜艳的图腾房、红色的瓦片、飘动的经幡，给这里增添了几分神秘。民居建筑形如碉状，也称碉楼。每层楼的窗户都外小内大，窗框很讲究，用上了雕刻、绘画、上彩等技巧，民族特色很浓。这种碉楼不仅冬暖夏凉，而且建筑艺术独特，审美价值高，就像一件件珍贵的艺术品。

一条河流把西索村挽进了臂弯，极其安全，进入寨子，首先要通过一座两面都安装了嘛呢筒的小桥，过了桥，就是民居了。西索民居共有63户，铺着青石板的小路把各家各户紧紧地连成一体，在细长的小道中延展，给人一种曲径通幽的遐想，漫步其中，你会感受到别样的美。令人耳目一新的，是这里家家户户都有一个露台或者窗台，窗台上都种着色彩艳丽的鲜花，把民居装点得更加清新雅致。

我们不想做普通的游客，想更深入地了解西索村的状况。寺院应该是每一个藏族村寨的心脏，虽然西索村只有63户人家，但还是有一个历史还蛮悠久，只有一个篮球场大小的佛教寺院——丹达轮寺。这个寺院属于藏传佛教宁玛派也就是俗称的红教，过去是土司的家庙，据说已经有600来年的历史了。我们在寺里见到了住持，是一位面相敦厚的年轻喇嘛，他的家也在离西索村不远的一个寨子。

这个看似世外桃源的藏族村寨在现代化、城市化的浪潮中也受到了这样那样的冲击。住持喇嘛无奈地说，现在寨子里的年轻人很少，都到阿坝或者成都甚至更远的地方去打工，只有过年过节才回来，他的工作也清闲，只是给寨子里的人们做做仪式，政府一月还给他1300余元的补贴，他的生活还可以。他叙述自己显得淡定，他已经是遁入佛门的出家弟子了。

西索村有许多人家可以投宿，水电基本都有，而且价格也不讹人，但我们不能在此逗留了，继续赶路，去追逐更好的风景！

牧民定居新生活

在许多人的印象中，藏族牧民过着“逐水草而居”的游牧生活，的确，在过去千百年里藏族牧民沿袭着这样的生活方式。但随着社会发展，生产力的不断提升、生产工具的不断改进和生产资料的不断扩大，不仅社会分工发生变化，人们的生产方式和生活方式也不断发生改变。对畜牧业来说，伴随着现代经济发展的要求，落后的游牧经济必然被现代畜牧业所替代，传统的畜牧业游牧生产方式也必须转变为规模化饲养，实行草场轮牧与圈养相结合，向畜牧业产业化和绿色畜牧业发展，而游牧民只有适应生产方式的改变，实现定居才能从传统的畜牧业转向现代畜牧业，这也是历史发展的必然结果。

我们在考察途中深切地感受到了藏族群众生活方式的巨大变化。在甘南自治州碌曲县的尕秀乡，早在2006年就开始了牧民定居，尕秀村庄房屋排列整齐，街道干净平坦，许多年轻人因为放牧住在牧场，生活在定居点的大多是老人和小孩，整个村庄安宁祥和。村里街道上，几名藏族老人在门前空地上晾晒取暖做饭用的牛粪。穿村而过的公路两侧出现了饭馆、旅店和汽车修理铺等门店，村里家家户户都用上了太阳灶，通了自来水和有线电视，许多家庭还买了小轿车。

我记得4 年前也是到藏区调研，到达尕秀村，走进一户人家，家里干净整洁，时值仲夏，屋里烧着旺旺的炉火，暖烘烘的。男主人不在，只有一位端庄、健康的40 多岁的女主人，她的儿子和儿媳们到牧场放牧去了，女儿在甘南合作师专（现在的甘肃民族师范学院）上大学，她和她丈夫已经从繁重的牧业劳动中解脱出来了，他们在家里接料加工藏袍，真是一位能干的藏族妇女！她从定居中切切实实地感受到了生活的变化，她说，没定居前，不管大病小病只能骑马到几十公里外的乡卫生院医治。定居后，就是一般的感冒发烧，打个电话医生就到家里来看病呢！现在牧民生病不用再拖了，敢看病了、能看病了。定居生活真好！许多的藏族群众也感到，定居使孩子们上学真方便！牧民定居下来后，学校在家门口，孩子们上学可真方便，离学校近了，家长送子女入学的积极性也提高了。

目前藏族牧民的定居，其实只是按季节实行冬季放牧和夏季放牧两种生活方式。藏族牧民的基本生活习惯并没有多大的改变。定居放牧是在地势比较平的地方，把原来的帐篷建成坚固的房子，让牧民在放牧时的生活更安稳些，居住条件得到改善，也就是说，牧民定居就是把原先的帐篷换成了房子。因为在一路上，我看到了好多牧民在山坡上搭着帐篷，自由地放着自己的羊群和牦牛。那些放牧的草地都是当地政府给每家牧民划分的牧场，就如同农民承包的一样。

作者和藏区妇女

在调研中我深切感受到牧区藏族妇女的辛劳！由于传统的性别分工，牧区的许多劳动要由妇女来完成。她们起床很早，一般在凌晨三四点就起床，首先要挤奶，每家有几十头甚至上百头牦牛，工作量很大，牛奶挤完后，家中的男性就把牛羊赶出去放牧到草原上，妇女开始把新鲜的牛奶做成酥油，现在有打酥油的机器了，工作量小多了，如果是手工制作酥油，需要妇女付出极大的气力和耐心。打完酥油，就要把圈场中的牛羊的粪收集、晾晒，因为在牧区牲畜的粪便是牧民日常生活中主要的燃料。几百头牛羊一晚上的粪便，劳动量非常大！当然在这期间还要照看孩子、制作家人的饮食，随着社会的发展，牧民的饮食也逐步多样化，再不仅仅是简单的酥油糌粑了，炒粉条、烩面片、土豆炖牛肉成为牧民的家常饭菜了。

一天的工作还没有完，该把制作酥油分离出来的辅料——曲拉（可作为一种食品添加剂）装入袋子中，大部分准备出售，当然到县城出售是男人们的事情，原来都是骑马或者骑“铁马”（摩托车）进县城交易，现在牧民收入高了，生活好了，可以看到藏族男人们开着各种越野车在草原上狂奔！女人们在自己的牧场中日出而作、日落而息！在一天的工作中还要把早上晾晒出去的牛羊的粪便收集起来，腾出地方，晚上牲畜还要归圈。还有，如果家庭中的男性出去办事或者玩耍没有归家，那妇女还要在牧羊犬的帮助下把自己家的牲畜赶回来。

辛勤劳作的藏区妇女

藏族妇女非常辛苦，可是她们的脸上永远带着与世无争和满足的笑容！

我们一路走去，在甘肃、四川和青海都深切地感受到了藏族群众生活方式的巨大变迁。通过集中定居，能够使游牧民群众结束“一年四季一顶帐篷”，逐水草而居的游牧生活，过上相对稳定、舒适的定居生活，进而转变传统的游牧生产方式，增强抗御自然灾害能力，提高畜牧业质量和效益。

通过游牧民定居工程的实施，鼓励、动员游牧民从草场特别是从核心保护区转移到城镇及公路沿线定居，减少放牧人口，科学合理确定草场载畜量，减轻草场超载过牧的压力和人类活动对水源补给区生态的破坏，有效保护草原生态环境，恢复和提高水源涵养补给能力。

通过牧民定居后发展舍饲畜牧业，缩短饲养周期，加快牲畜出栏，促进商品畜牧业的发展。同时，带动半农半牧区发展草产业和牛羊育肥产业，实现牲畜四季平衡出栏，提高畜牧业的市场竞争力和效益。促使牧区富余劳动力的有效转移，引导牧民进行转产，促进农畜产品加工业、流通业等二、三产业的发展，增加牧民收入。

通过实行牧民定居，能够从根本上改变牧民居住难、行路难、用电难、吃水难、通信难、上学难、看病难等实际问题，使广大牧民平等地享受国家提供的交通、供电、供水、通信、教育、医疗、文化娱乐等方面的公共资源和公共服务。

牧民集中定居后，能够使牧民群众通过参加科技培训、收看广播电视以及参与各项社会活动，更好地接受现代科技文化知识，不断提高牧民素质，促进牧区社会发育，逐步缩小与全国的差距，推动藏区社会事业的发展，提高牧区整体文明程度。

印象炉霍

太阳最先升起的地方
有一片祥瑞的土地
鲜水河是阿爸长久的期盼
卡萨湖是阿妈永远的柔情
这里祝福吉祥
这里荡漾慈祥
啊，炉霍
我终生铭记的地方
啊，炉霍
我永远把你眷恋

——摘自歌曲《炉霍恋歌》

在听这首用藏语演唱的《炉霍恋歌》时，贯注于它的悠扬的曲调和婉转的节奏，听不懂也就忽略了它的歌词大意。当再次翻找出它的汉语歌词，再浏览我们那些瞬间的定格，炉霍，值得记忆的地方！

炉霍县位于四川甘孜藏族自治州中北部，幅员面积 5796 平方公里。东接道孚县，西北与甘孜县相邻，西南与新龙县接壤，北面毗邻色达县，东北则与阿坝州的壤塘、金川两县相邻。川藏 317 线从东南至西北贯通全境，历为去藏抵青之要衢和茶马古道之重镇。

考察组抵达炉霍已经是下午了，首先映入我们眼帘的是一座宏伟的喇嘛寺院，金碧辉煌，僧舍连片。这时候扎扎老师（藏学专家）将这座寺院的历史给我们娓娓道来：

这座寺院汉语称作寿灵寺，原名霍尔谷噶丹、饶登朗加林寺，始建于公元 850 年左右，迄今已有 1000 多年的历史，先后为黑教、红教，1650 年后成为康区十三大黄教寺庙之一。

寿灵寺始建以来曾三度迁址，1973 年地震毁坏后迁至县城以北二公里处的然苏岗与色德龙之间，1983 年动工复建，1988 年 9 月复建竣工。现寺庙建筑面积 14000 多平方米，建成了以供养释迦牟尼佛为主的大雄宝殿一座（三层）、吉祥殿一座（两层），大小佛堂僧房 277 间，常住僧侣 246 人。该寺管辖十座寺庙，是炉霍县主要宗教藏传佛教寺院。寿灵寺历史悠久，寺藏文物丰富。传说供奉在大殿里的高达 3 米的主佛银质释迦牟尼佛像，是五世达赖派精细手工银匠铸造而成。1995 年从印度迎回的镀金铜佛也弥足珍贵。寺内保藏着的许多珍贵经卷、罕风“诏卡”以及那些栩栩如生的壁画，正是精湛的藏族文化的最好见证。

炉霍也是第二次国内革命战争时期的革命老根据地。1936 年 4 月朱德在炉霍主持召开了“炉霍会议”，这次会议是中国工农红军长征史上的一次重大事件。“炉霍会议”也是红军长征途中的一次重大会议，这次会议迫使张国焘1936年6月6日在炉霍县寿灵寺内最后撤销“第二中央”，这次会议后使红军与少数民族关系大大改观，出现了藏汉一家的可喜局面，这次会议为二、四方面军的会合和以后共同北上奠定了基础。

炉霍，过去被称为“霍尔章谷”，藏语“霍尔”意指蒙古人，“章谷”意为山岩石上。因霍尔章谷土司的官寨处于山岩上，为蒙古族后裔，所以称“霍尔章谷”。清光绪二十三年（1897年）置屯时取名“炉霍”，因炉（打箭炉）至霍尔为入藏要道，故起此名。熟知藏族历史的都可以从“炉霍”之地名感知到这个地方在遥远的过去留下了藏族和其他族群之间的恩怨纷争。

藏族英雄史诗《格萨尔王传》被誉为东方《伊利亚特》，《格萨尔王传》也被公认为世界最长的史诗。《格萨尔王传》中的主人公藏民族英雄岭·格萨尔曾在这里征战，《格萨尔王传》中有个章节为《霍岭大战》：分上下两部，即《霍尔入侵》和《平服霍尔》，讲述的就是在炉霍区域发生的故事，炉霍作为霍岭大战的主战场，留下了无数动人的传说和丰富的遗迹。

介绍了这么多关于炉霍的人文故事，我们还要进县城。炉霍县城不大，只有一条主街，我们找了一家宾馆，歇息下来。突然之间，全县没有电了，店家说这种间断性断电是常有的事情，过一阵子就会来电了。果然，不长时间就来电了，夜幕降临，我们不想在宾馆中闲聊，走上街头，看看街头风景。炉霍属于康区，街上行走的男人许多都高大威猛，典型的康巴汉子。康巴人，是指生活在藏东地区及其他使用康区方言的藏族人。长年的游牧生活使康巴汉子具有野性不驯的奔放性格，剽悍好斗，游牧民族豪放的天性在他们的身上得到了充分体现。有一首著名的康巴歌谣这样唱道："我骑在马上无忧无虑，宝座上的头人可曾享受过？我漂泊不定浪迹天涯，蓝天下的大地便是我家。"也许是千百年来格萨尔王的基因流淌在康巴汉子的血液里。

康巴汉子恩怨分明，即使是亲如手足也不例外，他们解决问题最惯用的方式是决斗。你矮你弱没关系，我先让你一刀，这一刀我挨不下算我倒霉，挨下了我们就得出生入死。刀光剑影后仇便没有了，缠着头裹着手的两人仍然一起喝酒做朋友，喝酒时论斤不论两。深受藏族同胞喜爱的歌手亚东也是一位康巴汉子。他的歌声浑厚、深沉，非常有震撼力，听他演绎的《康巴汉子》：

"我心中的康巴汉子哟，额上写满祖先的故事，云彩托起欢笑，胸膛是野性和爱的草原，任随女人和朋友自由飞翔，血管里响着马蹄的声音，眼里是圣洁的太阳，当青稞酒在心里歌唱的时候，世界就在手上……"

一方水土养一方人！

街道上大多店家已经关门歇业，只有几家餐饮业和娱乐业的店铺中飘出了动听的藏歌旋律，诱惑得我们在一家音像铺内采购了几张藏歌碟片，有劲爆的藏歌 DJ 舞曲，有传统的藏族弹唱，也有现代的藏歌流行曲，一路行进，虽然我们行走在自然的画廊之中，但有时候难免也会有些单调和沉闷，而音乐是最好的调节剂，尤其是听着高原之音行走在高原之巅。

藏地小城早早打烊，我们也卸下行装，为明天的旅途养精蓄锐，晚安，炉霍！

追着风去草原

正如一首歌中所唱："我们一路追着风，开着车去草原。好久没有见到这样蓝的天，万里白云，亲近在我眼帘。漫山遍野绿色的海洋，我像来到了梦里的天堂！"而现实的夏季草原，色彩缤纷，山是绿的，山下的草却是红的、白的、蓝的、黄的，太神奇了！我们不时停下脚步，想真切地触摸到眼中的色彩，原来红的蓝的黄的不是草，是一些很小的叫不上名字的小花，它们像小草一样铺在地上，远处山上依旧是绿得让人眩晕，加上头顶的湛蓝湛蓝的天空，这便是藏地高原特有的景色，我们不时忘却一切，只想徜徉在这油画般的景色中！

草原上随处能见到的白塔给藏地增添了缕缕神秘感。也许，再没有什么纪念碑，能比傲立于山野之中的白塔更美更显眼的了，它对外界是神秘的，而对藏民却是亲近而圣洁的，藏族乡民在虔诚转塔仪式中，寄托了期盼轮回的幸福。

“塔”是随同佛教一起从印度传入的。“塔”原意是坟墓，早在释迦牟尼以前就已存在。释迦牟尼圆寂后，遗骨分葬在多塔中，从此，塔就具有了宗教纪念意义。公元 7 世纪，松赞干布统一藏族社会，建立了吐蕃王朝，又先后从唐朝和尼泊尔两个渠道引进佛教，佛教开始在藏区传播。佛塔也就从此时起，开始出现在雪域高原的大地上。

中原佛教也有“塔”，据历史记载，中国最早的佛塔建于东汉永平十年（67 年）洛阳（北魏）的白马寺。据称白马寺塔是“犹依天竺旧状而重构之”（《魏书·释老志》），已显露了中印建筑融合的迹象；浮屠祠的塔是“上累金盘，下为重楼”（《后汉书·陶谦传》），中国的重楼成了塔的主体。金盘又称相轮，即塔的层层伞盖。而藏地白塔是根据尼泊尔带来的佛塔样式建造的，它的蓝本又是古代印度的覆钵式佛塔，覆钵式塔一直被藏传佛教所惯用，被人们俗称为“喇嘛塔”。由于它们的表面一般都涂抹着白灰，颜色洁白，又俗称“白塔”。

1300 多年过去了，白塔早已越出寺院窄小的天地，亭亭玉立地来到草原谷地、湖畔水边、山脊密林、村口寨前，只要有人居住之地，哪怕是再穷再小再边远偏僻之地，也有白塔相伴。甚至，它已扩散无人区伫立，孤独地出现在那些传说中曾有过圣迹的地方。

我们追逐着高原上的风，而风却去追逐漫山遍野的风马旗了，这些风马旗一串串、一丛丛、一片片的以经咒图像木版印在布、麻纱、丝绸和土纸上的各色风幡上，以方形、角形、条形的小旗的形状被有秩序地固定在门首、绳索、族幢、树枝上，在大地与苍穹之间飘荡摇曳，构成了一种连地接天的境界，它同白雪皑皑的山峰、

青藏高原上的白塔

绿毯茵茵的草甸、浩阔茫茫的漠野、金光灿灿的庙宇一样，成为藏区自然和人文环境的一种独有而鲜明的象征。

风马旗又称为“嘛呢旗”“经幡”等，或音译为“隆达”“龙达”，是藏传佛教地区的祈祷石或寺院顶上、敖包顶上经常竖立着以各色布条写上六字真言等经咒，捆扎成串，用木棍竖立起来的旗子。因布条上画有风马一只，寓意把祷文借风马传播各处，故得名“风马旗”。当信众们路过这些地方，都要下马致意，右绕一圈。风马旗也称为“风马经幡”。“风马”的确切意思是：“风是传播、运送印在经幡上的经文远行的工具和手段，是传播运送经文的一种无形的马，马即是风。”藏民族认为雪域藏地的崇山峻岭、大江莽原的守护神是天上的赞神和地上的年神，他们经常骑着风马在雪山、森林、草原、峡谷中巡视，保护雪域部落的安宁祥和，抵御魔怪和邪恶的入侵。这种意识是用经幡上印有一匹背驮象征福禄寿财兴旺的“诺布末巴”（圆锥形火焰图案）行走的马，以及印在经幡上的咒语、经文或祈愿文的图像来表达的。

对于风马旗的信仰意识更多的来源于原始祭祀文化，主要由对动物魂灵的崇拜而来。最初的风马是直接将羊毛系挂于树枝草丛，如今在大大小小的玛尼堆上仍可看到牛羊头颅等物。藏族原始宗教认为，山神是地方保护神，它无时无刻不在注视着本地区众生的安全，常骑马巡视辖区，保护一方水土和人畜平安。藏族认为，“风马”在深层意义上指人的气数和运道，或者特指五行；在灵气聚集之处（神山圣湖等），挂置印有敬畏神灵和祈求护佑等愿望的风马，让风吹送，有利于愿望向上苍神灵的传达和实现。为报答山神和上苍神灵，每到祭日，人们便虔诚地举行煨桑仪式，献上“隆达”。所以制作插挂“隆达”成为不可或缺的仪轨。

风马旗的颜色分白、黄、红、绿、蓝五种。民谣中唱道：黄幡象征自现莲，红幡象征雨调和，青幡象征后裔长；红幡插在草坪上，如鹿角光耀眼；红幡插在屋顶上，如红火永兴旺……布的颜色在这里是有明确的寓意的，即所谓西赤、东青、南黄、北绿的宇宙四方之说。在藏族人心目中，白色纯洁善良，红色兴旺刚猛，绿色阴柔平和，黄色仁慈博才，蓝色勇敢机智。

在离天最近的藏地高原，在险峻的山脉、在茫茫草原、在严寒的气候中，藏族民众创造了自己的文化，向外界表达了自己鲜明的民族文化符号，他们通过自己的文化符号所蕴含的意义来传达自己的文化价值和文化理念，而外界则通过这些文化及其符号认识了解了他们的生活，他们的世界观和价值观。

或许是草原的开阔心情的开阔，高原反应的头疼减轻了很多，我居然能在海拔 3200 多米的地方奔跑起来。牦牛悠闲地散步，无视这群好奇兴奋的游客，偶尔见到的华丽装饰藏屋孤零零坐着，傍着小山依着小河，这一户藏民或许几代人都这样孤独地生活在这里，放牛牧羊拜佛轮回。天真的孩子们对每一个过路的内地游客表现出极大的好奇。世外桃源？估计最浪漫的诗人也无法忍受这所谓“世外”，而这里的藏民脸上都是那样的安静，或许是精神的寄托让他们如此耐得住寂寞。

白马人文化探寻散记

废墟中站立起的白马寨子——麦贡山

在甘肃省的最南端，和四川九寨沟交界的文县白马沟生活着有独特生活习惯、民族风俗，文化形态相对独立的一个族群——白马人，人口3000余人。20世纪50年代，白马族群被划归为藏民族的一个边缘地域分支，并定名为白马藏族。关于白马人的族属识别问题，20多年以前曾引起社会各界广泛关注，但迄今未有统一定论。根据史学界考证，白马人与古代的氐族无论在血缘、地缘还是传统习俗上，都有十分密切的联系。《史记》上记载："白马最大，皆氐类也。"

当文化多样性成为全世界发展民族文化基本愿望和追求之时，

白马人特有的、典型的、古朴的和稀有的绚丽文化吸引了全国乃至全世界相关学界和媒体的关注。特别是经过2008年的5·12特大地震的重创，对濒临灭绝的白马文化抢救和保护也成为了各界刻不容缓的任务。为了进一步加大对甘肃省情的研究，挖掘和发扬甘肃特色文化，甘肃省社科院于2009年把对甘肃白马人社会、文化的研究立为重点研究项目，派出专家多次深入白马人聚居区，进行田野作业，通过民族学、历史学和社会学的视角来描绘白马人的社会文化轮廓。从2008年末至2009年初，我有幸参加了三次对白马人社会文化调查，随手写就了几篇田野日记，通过粗文简语，感性认识白马沟的山、白马沟的水和白马沟的人，这些感受和认识也是对这种文化进行深入的基础。

2009年正月十三

正月十三我们到达文县，没有进县城，直接从东峪口进入白马沟。虽然春天已悄悄来临，北方仍然春寒料峭，但白马沟已是一片葱绿，生机盎然。白马沟里年气未消，但勤劳的白马人已散落在地里，展开了劳动。白马河水时续时断（由于在白马河上修建了多座水电站），白马河水哗哗流过的地方树木葱绿，风景宜人，但河水干枯的河段，裸露的河床向我们静静地诉说着在它们身上发生的故事。

正月十三是白马人聚居地之一的麦贡山寨子跳池歌昼（“池歌昼”，当地人称作“鬼面子”或“跳曹盖”，是白马人从祖上传承下来的一种较为原始的傩舞。跳这种舞蹈时，人们反穿皮袄或者五彩花袍，足蹬长筒毡靴，身后系一根长长的牛尾巴，肩挂一串铜铃，头戴青面獠牙的各种动物或凶神恶煞的木雕彩绘面具，男性表演者叫“池哥”，女性表演者叫“池姆”。每逢重大节日，好多村寨都要进行表演，意在驱邪逐鬼，祈祷安宁。）的日子。麦贡山海拔1700

多米，是全县海拔最高的村庄，也是在5·12大地震中受损较严重的一个山寨。在2009年元月份的调查行程中，研究队伍就造访了麦贡山，当时山口的石山还未完全打通，从山上劈下来的山石割裂了我们所乘坐的小面包车的轮胎，当时凭借“白马人家”经理赵广田精湛的技艺，在众人的配合之下，迅速换上了备用轮胎，队伍才得以继续前行。面包车在高山顶上盘了若干个狭窄的急、陡弯道，向下一看，万丈深渊。逐步接近了寨子，但最终被挖路的大铲车阻挡了前进的山路，我们迫不及待地下车，因为坐在车上，在万丈高仞的崎岖山路上盘旋，还不如踏踏实实在山路上行走。

白马人跳池歌昼

这次通往麦贡山寨子的道路已经完全打通。在寨子下面我们遇上一位白马妇女——马金莲，她的热情、大方和开朗深深地打动和吸引了我们。离寨子还有些山路，马金莲主动给我们带路，她坦然地对我们说：“欢迎你们到我们麦贡山，地震了，房子倒了，我们就在外面跳舞。”是的，在5·12大地震中麦贡山是受损比较严重的一个高山寨子，村里的大部分屋子已经倒塌，大部分人至今住在帐篷里。而白马人就是用这种乐观的精神面对灾难。

山上寨子里传来阵阵鼓点声，池歌昼已经开始。我们径直进入了那欢腾又肃穆的氛围中。池哥、池姆戴着沉重的面具，踩着节奏分明的鼓点陆续进入到各家各户，被主家热情招呼，其实跳池歌对扮演池哥、池姆的人来说，是个耗费体力的事情，进入主家休息，被招待一方面能够表达主家对神的敬仰，另一方面也是扮演者休息，恢复和补充体力的时机。“神们”在休息，伴着酒歌的敬酒仪式已经开始。虽然我们听不懂白马话，但从人们那投入的情绪可以体会出他们对“神”的敬意。当时笔者站在一位名叫班翔云的歌者的身边，他那浑厚的声音震得我只有后退几步。他们都想把自己对未来的祈福通过投入、专注的敬酒歌淋漓尽致地表达出来。在人们极力取悦神的时候，“知玛”（猴娃子）们进行各种各样滑稽的表演引得围观群众发出愉悦的笑声，人、神共乐！

池哥、池姆品尝了主家的饭菜和咂杆酒，（“咂杆酒”是白马人一种十分古老独特的喝酒方式，逢家中来客，其往往将自家用青稞、高粱、大麦、燕麦等五谷杂粮酿造之酒倒入一小陶罐，兑以蜂蜜，将一根细竹管插入罐中，轮流吮吸，别有情趣。）休息片刻后，三声三眼铳响后，他们又出发到了另一家中进行，按部就班地在院中和各屋中进行了“舞蹈”，就这样从一家串入另一家，最后表演队伍来到寨子中的一块平坦地，人们围起了大小不等的圆圈子，跳起了“圆圆舞”。身着艳丽“五彩服”的白马姑娘在队伍里尤其引人注目，沙嘎帽上的白羽毛在风中灵动，百褶裙在节奏中飘动，白马小伙子也是盛装出行，精神抖擞，这时候笔者有个联想，在封闭的过去，可能这种跳池歌昼和圆圆舞不仅是一种仪式，也是男女青年进行社交、互定终身的场合和机会。突然，圆圆舞队伍变成了长蛇阵，而且人们紧紧地手臂相连，口中发出“哎嗷、哎嗷”的声音，那一刻，舞蹈的气氛紧张而肃穆，好像战争前的壮行舞。

白马人跳起了“圆圆舞”

麦贡山之旅就要结束。我们在下山的时候，在寨子入口碰上了前来探亲的文县民委主任班喜贵，他是土生土长的麦贡山白马人，在铁楼乡主持工作达 13 年，他家兄弟姐妹 8 个，现在许多亲人在麦贡山居住、生活。他被热情的亲人围住敬酒迎接，面对亲人，他流下了眼泪，我能理解他的眼泪是为了亲人们在 5・12 大地震中遭受的不幸而流的伤心泪，更是在国家各方面支持下，麦贡山人民重建家园的热情而流的感激和感动之泪。再会了，下次来时，我们将见到一个焕发生机的白马人山寨！

入贡山：寨存，人在，白马文化兴

大年十四我们上午起来，由于正值正月，文县县城里的店铺还未开张，我们只能将就吃了些早餐，就匆匆进了白马沟。白马沟早春的田还是那样的葱绿，文县特有的蔬菜老娲扇已经可以采食了。

入贡山在旧寨的头上，原来这个山寨不通路，我们来之前的一个月之前才通了山路。我们的金杯车艰难地向山上爬去。可能是由于这是新修的“路”，此“路”相对于麦贡山、强曲等寨子的“路”还是比较平坦。快到寨子的地方还有两个推土机在工作。我们爬了一段山路才到达真正的寨子。寨子里到处散落着着盛装的白马女性，相对而言，白马男性着民族服饰的较少。

寨头有个小学，也是寨子里人们节日期间活动的主要场所。于是我们也进入了小学，正当我们在小学里对多姿多彩的白马少女左拍右摄的时候，池歌昼队伍在震耳欲聋的三眼铳炮声中进入了小学，让笔者感到新奇的是，入贡山的池歌昼队伍中“知玛”众多，竟有六位，可以看得出，都是由活泼调皮的小男孩装扮。他们和着节奏跳着规范的步伐，但忙里偷闲地互相打闹、嬉笑、捣乱。笔者想，他们就是将来池哥和池姆的表演者。入贡山表演队伍比较年轻，一位池姆把面具拉上头休息时，露出了稚嫩的面庞。寨子里的人解释说年轻人要锻炼一下，所以，年长的就退下来。传统的文化就这样一代一代地在白马山寨中传承。

相比较麦贡山，入贡山在 5・12 大地震中受到的影响较小，所以，入贡山上的建筑大多安然无恙，而且村容很整洁。人们的精神面貌也较好，尤其是那些无忧无虑的小孩，更是活力四射。

白马文化已经引起了各方面的注意，我们不是今天造访入贡山唯一的外地客人。在正月十四入贡山跳池歌昼的日子，来自天南海北的学者、摄影记者等都不约而同地聚集在了白马山寨里了。我们

盛装的白马少女

有幸邂逅了哈尔滨工业大学的两位学者，他们不远万里而来主要是研究白马社会经济发展状况的，还有西北民族大学的，陇南市文联、政协、文化局等单位的学者、专家。这么多的外界人的造访，在带给寂静的白马山寨少许的喧闹外，也带给他们一个向外界展示和宣传白马人文化的机会。

白马山寨人非常热情，不时地要把我们邀请到自家里品尝一杯咂杆酒，但我们被难得一遇的池歌昼表演所吸引，就只能放弃美酒的诱惑，时刻跟随着池歌昼表演队伍，一家一家地串行，虽然听不懂他们的语言，但感受着周围环境和人们的这种氛围，时不时抓拍些年迈的白马老人、俏丽的白马女性、憨敦敦的白马幼儿，这一切对我们有巨大的文化冲击力和文化震撼。在偏僻的白马沟的高山之巅，住着一些几乎与世隔绝的白马人，他们在这样恶劣的生存条件下，运用他们的智慧创造了丰富多彩的文化。例如：他们的土墙板房，保暖又通风；他们多彩的服饰是白马沟里一道亮丽的风景；他们每年的池歌昼仪式则满足了白马人更多的精神层面上的需求，等等。在这里我感受到了白马文化的独特性、稀有性、原始性和典型性，更深地理解了民族的才是世界的这句经典文化感悟！

薛堡寨之旅

今天我们要去石鸡坝乡的薛堡寨，它是个白马人聚居的寨子，但不在白马沟里，而是在明目沟里。通往石鸡坝乡的道路也很崎岖，明目沟中的植被很稀疏，沟里的河水也不时地输送到半山腰里，我想也是为了发电吧。这次实地考察让笔者深切感触到建造的小水电站对沟里的生态环境影响极大，极大地破坏了白马人世代生衍的自然景观。

修建小水电后干枯的河道

我们的车在爬山坡时极为吃力，下面就是万丈深渊，我们决定还是走上去比较安全、稳当。走了大约十几分钟，我们就到达了一个寨子，远远地就听见寨子里播放着藏族人的“锅庄舞曲”，在寨子一片较为平坦的公共活动场地，拉着一些欢迎客人的横幅，不知是为我们还是为其他造访的客人而备。还有在周边的墙上拉着一些藏文的经幡，在藏区这些印在布上的经文一般被悬挂在嘛呢杆上，从这些现象看，这个寨子的白马人受的藏文化比较浓郁。

正当笔者观察寨子的周边环境时，两个天真活泼的孩子（一个背着拳头大的铜铃，一个拿着一条牛尾巴）大方地在操场的空地上表演起来，他们时而面对面，时而背对背，他们稚嫩的舞姿还不时受到旁边一位老人的指导。从这几天的观察和感受，我觉得他们跳的是池歌昼舞蹈，而且比白马沟里跳的动作复杂。

两个小孩的表演引起我们队伍的注意，我们拍摄正酣时，通知我们的目的地薛堡寨还没到，继续前行。又经过一段“艰险”的行程，终于到达薛堡寨。寨子外面锣鼓喧天，三眼铳震耳欲聋，这是白马人迎接客人的阵势和礼节。我们在这种热热闹闹的氛围中被带到了支书家。今天薛堡寨更多的人着便装，这让我感到走入了一个普通的汉族高山寨子一样。

薛堡寨和白马沟里各寨子的池歌昼仪式样式不一样，薛堡寨的白马人跳的是动物面具池歌昼，我们在支书家看到了六个动物面相，狮面、牛面、虎面、鸡面、猪面和龙面，还有两个小鬼，被当地人称为干昼和四个武将，这些动物面具雕刻有些是写实风格，惟妙惟肖，有些是抽象风格，寥寥几笔，抽取了动物的主要特征，体现出了它们的神韵。我们这些好奇者一面听当地人对他们动物面相池歌昼的描述和解释，一面也自己思考着在这些面具中体现出的文化之间的联系和融合。

午后，陆陆续续，盛装的寨民，尤其是寨子中的女性集中到了寨子中的一片空地。这时候笔者注意到薛堡寨的女性头饰中基本没有白马人典型的“沙嘎帽”，都是亮丽的缠头，上面点缀着艳丽的装饰物，戴“沙嘎帽”的白马女性俏丽灵动，而戴装饰鱼骨片缠头的白马妇女显得更成熟。

观看“池歌昼”的白马人

白马人的生活与火密不可分，他们一年四季都离不开火塘。让研究者感受最深的一句话是，白马人见面邀请客人“到屋里烤火来”！在白马沟里，常看到在路上人们燃起篝火在烤火，在院里也燃起篝火在围聚，在屋里更是设有火塘在取暖。一般火塘所在，也是全家人的活动中心所在，室内生活的全部如吃饭、喝酒、待客、开会，尤其是正月里跳“池歌昼”、敬神等都在这里。日夜燃烧的火塘是白马人的生命摇篮。白马人还爱跳火圈舞，每年的腊月初八，全村的小伙子都要上山打柴，打来的柴摆在大场上。到晚上，白马人燃起篝火，扯起圈子，唱歌跳舞，从腊月初八一直跳到翌年的正月十七。每年的正月十五是白马人的“火把节”，人人高擎火把向山顶进发，祈求五谷丰登。火也是白马人这个古朴民族心灵深处对自我生生不息的期盼反映。火是白马人生活和仪式中必不可少的，所以，即使白天，薛堡寨的寨民还是燃起了篝火，可能是寨子上面丛林密布，所以薛堡寨人家里主要燃料还是木柴，而且家家木柴垛子很充足。但也正是由于人们的肆意砍伐，明目沟的植被破坏严重，环境异常荒凉。但笔者又想，在这道路崎岖的高山寨子，寨民们不就地取材，靠山吃山，那他们又能靠什么？煤很稀奇，天然气、沼气等燃料可望而不可即，我感觉这样的白马寨子是被这个日益现代化的社会遗忘的角落，也正是这种遗忘，使他们能够避免被现代化格式化的命运，能够使他们的传统民俗文化在千百年中传承下来。

篝火已经噼里啪啦地燃起来了，大股大股的烟雾随着风向也转换着方向，笔者为了躲避烟雾的熏呛，也不得不调换自己的观察位置。动物面相池歌昼终于出场了，前面四个穿着羊皮袄，打着绑腿，拿着战刀的武士和两个小鬼面子舞在队伍的前面。他们步伐稳健，动作幅度不大。戴着六面动物面具的池歌昼舞者紧随其后，他们穿着宽大的丝绸上衣和裙子，舞步动感强烈，幅度大，使笔者联想起藏戏中的一些表演成分。在池歌昼表演过程中，他们被来访者打断，要求摆出若干姿势，供他们拍摄，在调查过程中，笔者常常感到，学者或者记者等外来者应该反思自己的行为和语言，外来者根据自己的学科研究需要，得到了许多珍贵的材料和画面，那些被研究者得到了什么？我们给被研究者留下了什么样的印象？这应该是我们反过来了解调查的。

场子中聚集了许多的寨民和外来者，仪式仍在继续，一会儿是舞蹈，一会儿是歌唱，研究者们也感到了饥饿。这时看起来精明强干的白马女性把我们请到了他们家。通过这种邀请我们也了解了她

薛堡寨的池歌昼表演

的故事。

程厚菊，她是一位薛堡寨的白马女性，由于从小家境贫寒，父母不得已将她送给了邻近四川境内的一个汉人家庭，长大后，她又嫁到了文县。2008 年她四川的养父母过世，把这个隐瞒了 40 余年的秘密告诉了她。

心地善良敦厚的她，终于和亲生父母及姊妹相认了。今天她着白马女性盛装，在自己的亲生父母家里热情地招待了我们这些远方的陌生人。碰巧今年春节也是她省亲的时候，也就是正式到薛堡寨相认父母、姊妹和亲戚的日子。她的认亲成了她的家族甚至寨子的一件大事，家家为她的归来举行“欢迎仪式”，让她感到了自己族人的热情。

程女士也是从薛堡寨飞出去的金凤凰，她是县上的女能人，三八红旗手，甘肃省第十三届妇女代表大会代表。她是一位农民企业家，主要经营小杂粮种植。她生产的产品已经远销日本、韩国等地。文县境内有上千妇女包括白马妇女在为她的产品种植8000多亩杂粮，其中薛堡寨是她们一个重要的种植点。当她提到这些时，她对自己的乡亲父老充满了感情，她还想在薛堡寨下的山坡上种植油橄榄，带领自己家乡的女性和自己一起发家致富。我们祝福她！

表演结束了，表演者和寨民受到了村支书的严厉批评，话虽然我们听不太懂，问旁边的人，说是在责怪寨民领导们来了，没按照安排，及时着装，等等。从几次调查可以看出，如果不是在过年期间，如果没有村委会的安排，白马人已经不经常穿自己民族的服装，大多着现代装束。作为研究文化的学者来看，文化的消失也是正常的，但在工业化和现代化的冲击下，这种文化的消失之快也让我们时常感到惋惜！

寨民们燃放着鞭炮，敲锣打鼓地为我们送行。同时池歌昼队伍也进入了每家每户进行着每年的仪式，为大家为来年的安康和幸福进行祈福！我们也为白马寨的日益兴旺祈福！

草河坝的火把节

我们从薛堡寨下来天还没黑，在这样难得的机会中，我们不想回到宾馆休息，决定要奔到草河坝去看他们的火把节。虽然元宵节已经过去，但到处张灯结彩，家家悬挂红灯笼，浓浓的节日气氛还未散去。我们在“白马人家”（白马人赵广田经营）吃了一碗元宵，他们家的元宵是用醪糟汤煮的，异常香甜。

天已经黑了下来，赵经理说草河坝的火把节已经开始了。我们出发，不到十分钟，我们就到了草河坝村。

草河坝村是一个汉藏杂居的村寨，村支书为汉族人，文书为藏族人。白马河将汉藏两族人隔开，汉族居住在河边的空地上，白马人大多居住在山腰与河谷的空地上。两种不同的民俗与文化的交融，使得这个村子具有典型性与代表性。村子里一共有 86 户人家，白马藏族 44 户。关于草河坝村当地有句谚语：“枕头坝不是坝，草坡山不是山。”意思是枕头坝在山上，草坡山在坝里。白马河从草河坝村潺潺流过，白马人的房屋在茂密的树木间若隐若现，草河坝村风景的确秀美！

草河坝村中流过的白马河

白马人的生活与火密不可分，他们一年四季都离不开火塘。日夜燃烧的火塘是白马人的生命摇篮。白马人还爱跳火圈舞，每年的腊月初八，全村的小伙子都要上山打柴，打来的柴摆在大场上。到晚上，白马人燃起篝火，扯起圈子，唱歌跳舞，从腊月初八一直跳到翌年的正月十七。每年的正月十五是白马人的“火把节”，这天晚上，白马山寨里的男女老少排着火把的长龙，一路高呼着，弯弯曲曲地穿过山寨，走遍田野地角，他们要用火把驱除邪气，祈求吉祥和幸福。在白马山寨，点燃第一支火把很有讲究，要依照农历年号属相，推举最年长的阿尼（爷爷——白马藏语）承担。届时，老阿尼最先点燃火把，紧跟着，众人一边跑，一边高喊着“喔—把”。若是两寨相邻，两队火把往往向中间靠拢，并行糅杂，然后旋成一圈儿，人们就在中间载歌载舞，欢呼雀跃。

图书在版编目（CIP）数据

陇上丝绸之路三千里：文本和故事／马东平著．--北京：中国文史出版社，2019.6

（政协委员文库）

ISBN 978－7－5205－1140－7

Ⅰ．①陇… Ⅱ．①马… Ⅲ．①社会科学—文集 Ⅳ．①C53

中国版本图书馆 CIP 数据核字（2019）第 120924 号

责任编辑：程　凤

出版发行：**中国文史出版社**

社　　址：北京市海淀区西八里庄 69 号院　　邮编：100142

电　　话：010－81136606　81136602　81136603（发行部）

传　　真：010－81136655

印　　装：北京地大彩印有限公司

经　　销：全国新华书店

开　　本：1/16

印　　张：21.5

字　　数：255 千字

版　　次：2019 年 10 月北京第 1 版

印　　次：2019 年 10 月第 1 次印刷

定　　价：65.00 元